한식조리
사전 역할

고급 한국요리

지구문화사
JIGU PUBLISHING Co.

머리말

음식문화는 그 나라 사람들의 기호적 취향보다 지리적 · 지형적 · 기후적 · 생태학적 조건에 따라 결정되어 발전하며, 특정한 사건 등에 의해 일시적인 변화를 겪으면서 융합되어 나아갑니다.

100세 시대를 맞이하여 사람들은 "무엇을 어떻게 조리하여 누구와 함께 행복하게 먹고 즐길 것인가?" 하는 즐거운 고민을 하게 됩니다. 따라서 현대사회는 음식에 관한 높은 관심과 해박한 지식, 그리고 고급스럽고 영양가 있는 음식을 요구하고 있습니다. "동의보감"의 허준과 "사상의학"의 이제마는 "질병의 치료는 음식 조절로 할 수 있다." 고 하였으며, 히포크라테스도 "음식으로 다스릴 수 없는 질병은 약으로도 치료할 수 없다." 고 하였습니다.

그러면 다양해지는 현대인의 질병을 이기기 위해서는 어떻게 먹고 생활해야 면역력을 높일 수 있을까요? 수많은 음식들로 넘쳐나는 현대에 한국인은 꼭 전통음식인 한식을 먹어야 하고, 이 전통을 이어나가야 할까요? 한식은 조리하기가 복잡하고 시간도 오래 걸리는데 말입니다.

음식에 포함된 다양한 성분을 조화롭게 섭취하면 우리의 몸은 건강해집니다. 우리의 한식은 사람 몸에 이롭고 유용한 다양한 성분을 함유한 정말로 훌륭한 세계적인 식품입니다. 발효식품인 김치류, 맛과 영양이 우수한 불고기와 당면, 그리고 육류와 채소류를 함께 섭취하는 쌈류 등 이루 헤아릴 수 없을 만큼 수많은 종류의 건강하고 맛있는 음식이 한식입니다.

이 책은 평생을 한식문화와 조리 등을 강단에서 가르치고 현장에서 음식을 만들었던 10명의 저자들이 노하우와 현장경험, 그리고 시험 감독을 하면서 피부로 느꼈던 점을 모두 모아서 펴낸 사전적 요리지침서입니다. 이 책에는 한국음식에 대한 이론과 한국음식의 전반적인 조리법, 궁중음식 조리법 등 150여 종류의 한국전통음식을 망라하여 사진과 함께 자세한 설명이 실려 있습니다. 이러한 한국음식 조리방법은 전문가의 국가고시인 한식조리기능장과 한식산업기사 시험을 준비하는 분들이 반드시 익혀야 할 중요한 내용들로 구성되어 있습니다. 아울러 호텔조리과 등의 대학이나 학원 등 교육기관에서 학생들을 가르치는 주 교재로 사용함에 부족함이 없을 것입니다.

가정에서는 한국음식을 조리하기 위한 사전이 될 것이며, 음식점을 경영하시는 여러 독자들께는 메뉴 개발을 위한 필독서가 될 것입니다. 이 책의 출간을 위해 동분서주하셨던, 한국의 식문화산업에 평생을 바치신 집필자 여러분, 그리고 이 분야를 개척하신 선구자 ㈜지구문화 임직원 여러분께 심심한 감사를 드립니다. 모쪼록 이 책이 한국음식을 사랑하고 전문가가 되고자 하는 분들의 든든한 친구가 되기를 바라 마지않습니다.

무술년 새 봄

저자 대표

차례

Contents

제2부 고급 한식 실기편

제1장 주식류

제2장 부식류

제3장 후식류

제3부 조리기능장/한식조리산업기사 기출문제

제1부 한국 음식 원론

제1장 한국 음식문화의 형성

제2장 한국 시절 · 의례 음식

제3장 한국 전통음식의 재료

제 1 장

한국 음식문화의 형성

1. 한국 식생활문화의 시작

1. 구석기~신석기의 한국 식생활문화

한반도에 구석기 · 신석기에 사람이 살았다는 증거로, 한반도 전역에서 발견되는 유적과 동굴 등이 있다. 예를 들어, 평양 상원읍에서 3km 거리에 있는 석회암 언덕 남쪽 비탈에서 발견된 검은 모루동굴이 있다. 또한, 두만강변 함경북도 근처에서 발견된 주거의 흔적은 짐승의 가죽이나 나뭇가지를 엮어서 만든 막을 치고 살던 집자리로 돌덩이와 돌무지로 막의 가장자리를 고정시켰던 것으로 보인다. 그 밖의 구석기시대 중기 유물로는 뼈로 만든 연모가 많이 발견되었다.

지경동 유적에서 발견된 세석기 중에는 일종의 조립식 도구인 활촉이나 끼움날로 쓰였을 것으로 보이는 것들이 있다. 활로 사냥을 하면 멀리 있는 짐승을 잡을 수도 있기 때문에, 그만큼 생활의 폭이 넓어졌음을 알 수 있다.

2. 신석기~청동기 시대—정착생활과 농사

한반도에서의 농사는 신석기 중기에 피와 조 같은 잡곡으로 시작되었고, 나아가서 수수 · 콩 · 팥 등을 재배하였다. 청동기문화가 시작된 시기에는 벼농사가 널리 퍼지게 되었고, 이러한 농경의 발달로 인류의 문명과 문화가 발달되었다.

한반도에서 농업이 일찌감치 시작되었다는 사실은 신석기시대 중기(BC 3,000년경) 유적인 황해도 봉산군 지탑리 유적에서 발견된 농업용구와 피와 조의 탄화된 낟알을 통하여 알 수 있으며, 또한 농사를 지어 생활하였던 흔적은 평안남도 온천군 운하리 궁상유적에서 발견된 농업용구를 통해서도 확인되었다.

3. 발효식품의 출현과 식생활문화

BC 3,000년대 후반 유적인 평양 남경유적 31호 집자리와 BC 2,000년대 후반 유적인 36호 집자리, BC 2,000년대 후반 유적인 함북 회령 오동 집자리 등에서 콩이 발견된 것으로 보아서 일찍부터 콩을 재배하였음을 짐작할 수 있다. 이 지역은 모두 지금의 중국 동북부에 인접한 곳이다.

『삼국지 위지동이전』에는 "고구려가 장양을 잘 한다"라고 되어 있는데, '장양(醬釀)'이란 술 · 간장 · 식초 등을 담는 것을 의미한다. 양조(釀造)란 발효작용을 이용한 술 · 간장 · 식초를 담는 것으로, 술 빚기를 비롯하여 장담기와 젓갈, 채소절임과 같은 발효식품을 만들어 먹었을 것으로 추정된다. 이 시대에 술과 간장, 식초 및 장류와 젓갈, 김치류가 처음으로 등장하게 되었다.

2. 한국 음식문화의 원형—삼국시대~통일신라시대

1. 삼국시대의 식량

고구려 · 백제 · 신라 삼국은 모두 왕권을 중심으로 한 중앙집권적인 귀족국가이며, 이 시대에는 국토를 확장하려는 군사적인 전쟁이 끊임없이 이어졌다. 식량생산 면에서는 삼국이 모두 벼농사를 으뜸으로 여기는 중농정책을 시행하였으며, 벼농사에 필요한 관개공사를 적극 추진하였고 흉년에 대비하여 양곡의 원활한 공급을 위한 임대법과 진휼제도 등을 확대하였다. 이러한 환경에서 쌀이 증산되고 보리 · 밀 · 조 · 기장 · 수수와 같은 잡곡과 콩 · 팥 · 녹두와 같은 콩류 등 주요 곡물이 증산될 수 있었다.

백제가 4세기에 왕국으로 체제를 완성하였을 당시에는 청동기시대 고대미가 출토된 지금의 김포 일대, 경기도 여주 일대, 전남 무안군 등이 모두 백제 관할이었고, 백제의 영토가 축소된 이후에도 백제 지역에는 벼농사 지대가 많았다. 이런 환경에서 백제에서는 일찍부터 쌀의 주식화가 확대되었다고 볼 수 있다.

7세기 말에 백제가 멸망하던 시기에는 부여에 있던 군창이 병화를 입은 채로 불타서 남아 있었는데, 그곳에서 출토된 낟알의 수가 쌀 · 밀 · 녹두 · 겉보리 · 귀리 · 팥 · 콩 순으로 발견되었다고 보고되었다. 신라는 삼국을 통일하면서 백제와 가야국의 비옥토였던 벼농사 지역을 흡수하여 더욱더 강병한 나라가 되었다. 이처럼 식량은 국가 차원에서도 중요한 요소이다.

2. 삼국시대의 식량원—어업·수렵·가축

고구려는 압록강 · 두만강 · 대동강과 같은 내수면(內水面)이 풍부하였으므로 민물고기가 많았고, 민물고기를 기르기도 했을 것이다. 백제의 어업에 대해서는 『삼국사기』에 다음과 같이 기록되어 있다.

"백제는 서남해안에 천혜로 좋은 어장이 펼쳐져 있으므로 어류의 자원이 풍부하고 어법도 발달하였다."

신라는 동 · 남쪽이 바다에 면하여 어업이 발달할 수 있는 위치에 있었고 계절에 따라 연해를 회유하는 어종도 풍부하였다. 그에 따라 배를 만드는 조선기술이 우수하였으며, 그 기술을 일본으로 전수하였다. 『해동역사』 권26에도 "신라 사람은 허리에 새끼줄을 매고 바다에 잠수하여 깊은 바다에서 대엽조를 채취한다"라고 기록되어 있다. 다시마는 명물이어서 해표피(海豹皮)나 해구신(海狗腎) 등과 함께 중국으로 수출되었다.

고구려는 고분벽화에 수렵도가 있듯이, 수렵이 상무훈련으로 성행하였는데, 3월이면 정규행사로 수렵회를 실시하였으며, 맨 먼저 잡은 멧돼지나 사슴을 산신께 올렸다. 산신께 제를 지낸 후, 산돼지는 구워서 나누어 먹었을 것으로 짐작된다. 이런 자리에서 시작한 고구려의 고기 구이가 '맥적(貊炙)'과 같은 명물의 발단이 되었을 것으로 추측된다.

3. 삼국시대의 과일·채소 및 차와 신라의 차

잣은 품질이 좋아서 중국과의 무역에서 좋은 수출품이 되었다. 오얏이나 잣 등 현재 우리들이 먹고 있는 대다수의 과일류와 견과류는 이미 상용화되어 식생활에 사용되고 있었다. 또한, 재배채소로는 무 · 상추 · 가지 등과 호과 · 동과 · 박 · 마늘 · 파 · 부추 등을 길렀는데 『주서(周書)』에서 백제의 산물을 언급하면서 "오곡(五穀), 잡과(雜果), 소채(蔬菜) 및 주예(酒醴), 효찬(肴饌) 약품 등이 내지(중국)에 있는 것과 많이 같다."고 기술되어 있다.

가사협(賈思勰)이 534년에 지은 『제민요술(齊民要術)』이라는 중국 농서에는, 순무 · 파 · 마늘 · 부추 · 오이 등에 관한 상세한 재배법이 기술되어 있는데, 이러한 채소가 삼국시대에도 있었다고 유추할 수 있다.

『본초도경(本草圖經)』에서 "신라에서 박하를 재배하여 그 잎을 달여 차로 마신다."라고 소개하고 있는 것으로 미루어 보면, 차나무를 재배하기 이전에 이미 박하차를 마셨음을 확인할 수 있다. 차나무 재배 이전에는 박하와 구기자 및 오미자 등을 우려서 차로 마셨다고 한다.

4. 삼국시대의 식품가공과 주방설비·조리용구

삼국시대의 도정과 제분용구에는 절구, 디딜방아와 맷돌 등이 있다. 그 중 맷돌은 더 진보한 도정용구로써. 사찰 여러 곳에 대형 맷돌이 남아 있는 것은 당시 두부를 사찰에서 만들어 먹었고 일반인들에게 보급하였을 것이라는 추측을 가능하게 한다. 중국 '한'나라의 문물이 삼국에 도입되던 때이므로 두부 가공기술이 도입되었던 것으로 추측된다.

4세기 고구려의 고분인 안악 3호분(동수묘, 冬壽墓) 전실동측실(前室東側室) 벽화에는 주방의 그림이 선명하게 남아 있다. 이는 부엌 칸의 장벽을 없애고 내부를 보여준 그림으로 아궁이 앞에서 한 여인이 장작을 지피고 있고, 다른 여인은 부뚜막 앞에서 국자(또는 주걱)로 시루 안의 것을 다루고 있다. 부엌의 오른쪽에 따로 있는 공간에는 탁상에 반(盤 ; 접시 또는 쟁반)이 포개어져 있고 그 앞에도 여인이 있다.

이 그림에서 부엌과 배선 공간이 나란히 따로 배치되어 있었고, 난방과 취사용 열(炊事用熱)의 설비는 별도로 설치되어 있었음을 알 수 있다. 부뚜막의 높이로 보아 입식 주방이고, 걸려 있는 시루에는 9부 가량 무엇인가 가득 담겨 있는데 마치 떡가루를 안친 것같이 보인다.

이것으로 미루어 볼 때, 이 시대에는 시루가 주방의 상용필수 기본 용구였음을 알 수 있으며, 고분층 우물가의 모습으로는 물을 풀 때에는 도르래 같은 것을 이용했음을 알 수 있다. 육간에는 고기가 걸려 있는데 사대부가에서는 곡물과 함께 고기가 상용 식품이었음을 짐작케 하나, 동시에 일반 평민들의 식생활과는 거리가 멀었던 것으로 추측된다.

평북 운산군(雲山郡) 용호동(龍湖洞) 1호분에서 출토된 고구려시대의 철제 아궁이는 높이 28.1cm, 장변 66.7cm의 장방형으로, 굴뚝이 달려 있는데 위로 올라갈수록 굴뚝이 점점 좁아진다. 5~7세기에 실제로 사용했던 것으로 윗면에 간단한 문양이 있으며 한때 부엌에서 사용하였던 흔적이 있고 이와 유사한 도제(陶製) 아궁이가 통구(通溝)지방에서도 발견되었다.

조리용구는 뚝배기 같은 발형 토기로 시작하여 토제 시루 · 도제 시루 · 철제 시루 · 청동제 시루 · 쟁개비 등으로 발전하는데, 삼국시대 중기 이후로는 뚜껑이 달린 무쇠솥의 출현으로, 시루에서 찌는 곡물음식에서 벗어나 쌀을 끓이고 뜸을 들여 밥을 지었음을 추측할 수 있다. 삼국시대 중기 이후의 시루는 청동제품이나 화도제품 등으로 소재가 더욱 고급화 되었다.

또한, 우리나라는 BC 3세기경에 중국의 철기문화를 도입하였지만 삼국시대 후기에 무쇠솥이 일반화되면서 예부터 지녀왔던 아연과 청동의 합금기술에 의한 뛰어난 청동기제법을 가지고 있었다. 이러한 청동합금기술이 신라를 거쳐 고려, 조선시대에까지 이어져서 명물 '고려동(高麗銅)'으로 불리며 생활용구 및 식생활용구를 만들어 사용하였다.

5. 삼국시대와 통일신라의 음식과 문화

① 삼국시대의 떡과 종류

신석기시대 중기 즈음에, 잡곡농사를 지었을 때 지진떡이나 구떡 등으로 시작한 떡이 벼농사가 퍼지던 청동기시대에 시루가 등장하여 찐떡과 친떡으로 발전하였다. 삼국시대에 이르면 쌀을 비롯하여 잡곡과 콩류가 증산되고 도정용구와 조리용구가 발달하면서 떡 만드는 솜씨가 더욱 다양해진다. 『삼국사기』 가락국기에는 법민왕 19년에 수로왕 17대손에게 선조의 제사를 지내도록 상답(좋은 논)을 하사했는데 해마다 술 · 감주 · 떡 · 쌀밥 · 차 · 과로 제사를 지냈다는 기록이 있다.

『삼국사기』 신라본기에는 친 떡을 물어 잇자국이 많은 쪽을 왕으로 모셨다는 유리이사금의 이야기가 있다. 떡을 물었을 때 잇자국이 남는 떡이라면 멥쌀가루를 쪄서 익힌 것을 다시 친 절편이나 찰밥을 쪄서 익혀 친 인절미 등 친떡 즉 도병(搗餠)류라고 짐작할 수 있다.

『삼국유사』 2권 효소왕대 죽지랑 이야기에 나오는 설병(屑餠)은 죽지랑이 부하인 득오를 위로하기 위하여 술과 함께 가지고 간 음식이다. 떡의 이름이 문헌에 등장하는 것은 이것이 처음이다. 일본으로 전해진 떡 중에 대두병(大豆餠), 소두병(小豆餠)이 있는 것으로 미루어 보아 『삼국유사』에 있는 설병은 설기떡으로 추측된다. 삼국시대 떡의 종류를 조리법별로 보면 지진떡(전병류), 찐떡(설기떡, 시루떡 등), 친떡(인절미, 절편), 찐밥(찰밥 또는 오곡밥)으로 구분된다.

② 찐 밥에서, 끓인 후 뜸 들이는 '밥 짓기'로 발달

『삼국유사』에 실린 내용 중 "진정법사 효선"이란 이야기를 근거로 삼국시대 후기에는 철제 솥이 일반 가정에 보급되어 있었다는 사실을 유추할 수 있는데, 진정법사인 효선이 홀어머니를 남기고 출가할 때, 어머니는 집에 있는 쌀 7홉을 모두 털어서 밥을 지어주며 "…행로에서 밥을 지어먹으면서 가자면 더딜 터이니 내 눈 앞에서 그 하나를 먹고 나머지 여섯 개는 싸 가지고 속히 가라…" 라고 하였다. 갯수로 셀 수 있는 밥은 '주먹밥'이었을 것이며 주먹밥은 고슬하게 지어야 한다. 또한 시루에 쪘다면 오랜 시간이 걸렸을 것이나 먼 길 떠나는 딸을 속히 보내야 했기 때문에 불을 때서 빠르게 밥을 조리할 수 있었던 철제 솥이 그 당시에도 있었음을 추측할 수 있다.

『임원십육지』 정조지 권2에 '청(淸)대에 동성(안휘성)의 학자인 장영(張英)이 말하기를 "조선 사람은 밥을 잘 짓는다. 밥알이 고슬고슬하고 윤이 나며 부드럽다"고 칭송'한 기록이 있다.

③ 원행에 휴대하는 미숫가루와 주먹밥

『삼국유사』 4권 관동풍악발연수 석기에 "진표율사는 전주 벽제군 나산촌 대정리 사람인데, 12살에 출가의 뜻을 갖고 금산사의 순제법사에게 가서 중이 되었다. …후에 스승의 교를 받들고 사퇴하여 명산을 편력할 때, 나이 27세였는데, 상원 원년에(신라 경덕왕 19년-760)에 쌀 20말을 쪄서 말림으로써 양식을 삼고 전북 부안에 가서 변산 불사의 방에 들어갔다.…"고 기록되어 있는 것으로 볼 때 여행을 할 때 쌀을 쪄서 말려 가루로 만드는 오늘날의 미숫가루가 예로부터 원행에 휴대한 식량이었으며, 군량으로 이용하였을 것으로도 짐작할 수 있다.

④ 당화식품 감주(식혜)

『삼국유사』 2권 가락국기에는 "…신라 30대 법민왕 19년(661) 3월 어느 날에 …가락국 원손의 17대손 갱이 조정의 뜻을 받들어 그 전지를 주관하여 세시(歲時)마다 술 · 감주 · 떡 · 밥 · 차 · 과 등 여러 가지로써 제한하여 해마다 끊이지 않게 하고…"라고 적혀 있다. 여기에서 말하는 감주는 밥을 엿기름으로 삭혀서 달게 만든 식혜를 말하는 것이며, 이런 기록에서 삼국시대에 당화식품을 가공하였음을 알 수 있다.

6. 삼국시대의 발효식품

(1) 장 류

삼국지 『위지동이전』에서는 고구려의 ‘장양 솜씨’가 출중하다고 칭송하고 있으며, 일본은 고분시대(4~6세기)에 우리에게서 가공기술을 전수받아 만든 장을 ‘고려장(高麗醬)’이라고 칭하였다. 된장은 간장을 따로 뜨기 이전의 장류를 말하고 밀장은 미장(末醬), 즉, 일본 된장인 미소와 동의어이며 이것이 고려장이라고 한다.

또한 “갱말장(粳末醬)” 이 있는데 쌀을 섞어 담은 것인지 또는 쌀겨(糟)를 혼합한 것인지는 확실하지 않다고 『위지동이전』에서 전한다. 현재 일본의 미소는 우리 고려장이 전수된 것이며, 우리의 장은 미소와는 다른 대두만을 사용하여 담았다.

(2) 절 임

『삼국사기』의 신문왕 3년 기록에 나타나는 혜(醯)는 식초 “혜”자이다. 식초는 발효 · 가공된 것으로 장(醬) · 시(豉) · 포(脯) 등과 함께 상용 기본식품임을 알게 하는데, 이 혜는 어패류의 절임, 수조육류의 절임, 채소의 절임 또는 이러한 식품을 섞어서 절인 것 등을 총칭한 것으로 추측한다. 물론 절임은 소금이 있던 시기에 실시하게 되었다고 생각한다. 다만, 고대에는 소금보다 술이 얻기 쉬운 식품이었으므로 여러 가지 혜(醯)를 가공할 때에 소금과 술 또는 소금과 술지게미 등을 섞어서 절였을 것이다. 혹은 현재도 동해안의 일부 지역에서 배추를 바닷물에 절여서 김치를 담그듯이 바닷물에 절이는 경우도 있었을 것이다.

삼국시대의 채소절임은 김치와 장아찌의 원조라고 할 수 있다. 당시 절임법으로 ① 소금에만 절인 것, ② 소금과 술에 절인 것, ③ 소금과 술지게미를 섞은 것에 절인 것, ④ 소금과 식초를 섞어서 절인 것, ⑤ 장에 절인 것, ⑥ 소금과 술이나 지게미에 쌀죽이나 조죽을 섞어서 절인 것 등이 있었을 것으로 추정한다.

‘산채김치’는 고비 · 고사리 · 죽순과 같은 단단한 산채를 제철에 채집하여 소금에 절이거나 소금과 쌀죽 섞은 것에 절였을 것이다. 또 『본초연의(本草衍義)』에 “신라의 가지는 은은한 광택이 있는 연한 자색이고 모양이 달걀과 같다.”고 소개하고 있듯이 가지의 품질이 좋았으므로 소금에도 절이고 장에도 절이고 소금과 쌀죽을 섞은 것에 절여서 ‘가지김치’를 만들었을 것이다.

‘무김치’는 삼국시대에 도입하여 재배한 것인데 처음에는 짜게 절인 짠지, 장에 절인 것, 혹은 소금과 쌀죽을 섞은 것에 절인 것 등을 만들다가 통일신라기에 이르러 좋은 무를 산출하게 되면서 무를 삼삼한 소금물에 절인 동치미로 만들게 되었다고 본다.

또한 ‘달래, 마늘, 마늘종 김치’가 있는데 달래는 우리나라 산야에서 자생하는 식용 채소이다. 신라에는 산원(蒜園)을 두고 있었으므로 마늘도 재배하였다고 볼 수 있다. 이런 배경으로 보아 달래와 마늘, 마늘종 등을 앞에서 설명한 여러 가지 방법으로 절였을 것이다.

7. 삼국시대의 음식 조리법

(1) 포

포(脯)는 생선 · 조개 · 고기 등을 통으로 그대로 말려서 저장했다가 사용하는 음식이다. 농경생활 이전부터 있었고, 술을 빚어 마시면서 술에 절였다가 말려서 맛 좋은 포를 만들었을 것이다. 소금의 제조가 쉬워지면서 소금간을 하여 말리거나 소금과 술을 섞은 것에 절였다가 말렸을 것이다. 이러한 과정은 세계의 수많은 민족이 공통적으로 거쳐가는 식품건조법이다.

(2) 구 이

구이요리 중에는 고구려의 '맥적'이 예부터 명물이었다.

(3) 찜

우리나라에서 시루가 등장한 것이 벼농사가 퍼지던 청동기시대이므로 이 시기부터 생선이나 고기를 쪄서 익힌 음식이 많아졌을 것으로 추측된다.

(4) 나 물

삼국시대에는 이미 장류 · 기름 · 술 · 식초 · 소금 등이 구비되어 있었고, 산야에는 죽순 · 고비 · 고사리 · 달래와 같은 자생 식용채소가 많았으며, 가지 · 무 · 오이 등을 재배하였고 신라에서는 관직으로 산원(蒜園)을 두고 채소재배를 담당하게 하였다. 또한, 조리도구나 용구(부엌)조리실 등으로 볼 때 모든 환경이 채소를 여러 가지 양념으로 무치거나 볶아서 나물요리를 할 수 있도록 조성되어 있었으므로 다양한 조리방법으로 음식문화를 즐겼을 것으로 보인다.

8. 식생활의 관행과 양식

(1) 평소의 식사

삼국시대 후기에 쌀을 비롯하여 곡물이 증산되어 비축하게 되었고, 한편으로는 장 · 시 · 절임 · 포와 같은 식품의 가공기술이 정착되어 사용되었으며, 무쇠솥이 보급되어 쌀이나 잡곡을 끓여 익힌 후 뜸을 들이는 밥 짓기가 일반화된다. 곡물음식 중에서 밥은 떡이나 죽에 비하여 조리하기 쉽고 따뜻한 밥은 맛이 좋으므로 밥을 조석으로 상용하는 주식으로 삼게 되는데, 밥에는 반찬이 필요하다. 때마침 밥반찬으로 먹기에 좋고 영양도 풍부한 장 · 시 · 포 · 혜와 같은 음식이 만들어졌으므로 이러한 음식을 밑반찬으로 상비해 두고 나물이나 구이와 같은 음식을 함께 차려서 밥상을 꾸미게 된다.

『삼국유사』 태종 춘추공 이야기에는 당시 왕의 식사내용에 관하여 “왕의 식사는 하루에 쌀 서 말과 꿩 아홉 마리를 먹더니, 경신년에 백제를 멸한 후로는 점심을 그만두고 다만 아침 · 저녁뿐이었다. 그러나 계산을 하여 보면 하루에 쌀 여섯 말, 술 여섯 말, 꿩 열 마리였다.”고 기술하고 있다.

이러한 기록에서 평소의 식사는 쌀밥과 고기음식이 주를 이루고 술이 따랐음을 알 수 있는데, 저녁식사 때 주로 밥상에 반주가 따르는 관행이 삼국시대에 이미 이루어졌음을 알게 한다. 하루의 식사 횟수가 일을 할 때에는 3회이지만 일이 없을 때에는 2회로 줄였음도 알 수 있다.

(2) 식생활 양식

밥그릇은 발이 모양과 고배 모양 그릇을 사용했으며 숟가락과 젓가락을 사용하였다. 유물로 출토된 식생활용구인 금동 합과 토제 합을 살펴보면, 그릇의 모양이 뚜껑에 꼭지가 있는 발이 모양으로 뚜껑이 있어 따뜻한 밥을 담는 밥그릇으로 조선시대의 밥상차림에서 밥그릇으로 쓰이던 놋발이의 모양과 같은 형태이다. 또한, 고배 모양 그릇은 예부터 식기로 많이 쓰였는데, 삼국시대 고분에서 가장 많이 발굴되는 것이 고배이다. 식사관행은 숟가락과 젓가락 한 벌로 음식을 먹었고 이는 그 당시 사람들이 상당히 격조 높은 문화 환경에서 생활하였음을 알 수 있으며 음식에도 숟가락으로 먹기 좋은 것, 젓가락으로 먹기 좋은 것 등으로 다양하였음을 알 수 있다.

(3) 잔치

『삼국유사』 권1 내물왕과 김제상 이야기에, “눌지왕 10년(426)에 왕이 신하와 나라의 호협한 사람들을 모아 잔치를 베풀었는데, 술이 세 순배 돌게 되자 음악이 시작되었다. 충신 김제상이 어려운 사명을 받들고 떠날 때 왕이 그를 가상하게 여겨 술잔을 나누어 마시고 손을 잡아 작별하였다.”고 하며 그 당시 회식상차림은 음식이 다채로웠다고 전해진다.

신라 30대 문무왕의 동생 차득공(車得公)이 재상의 직을 맡고 민간의 실정을 살피고자 국내를 암행하던 때, 무진주(武珍州)의 주리(州吏)로 있던 안길(安吉)에게서 후대를 받고, 후일의 해후를 약속했다. 후일에 그가 차득공을 찾았을 때 그를 크게 환대했는데, 이때의 상차림을 『삼국유사』에서 찬(饌)이 50가지였다고 기록하고 있다. 찬이 50가지라는 기록은 음식이 크게 발전하고 있었음을 확인하게 한다. 고구려, 백제, 신라가 통일되고 신라가 귀족문화를 전개하던 이 시기의 식생활문화의 발전상을 알게 한다. 먼저 몇 가지의 기본찬을 차려 놓고, 술이 돌아감에 따라 술안주로 좋은 음식은 뜨거운 것과 찬 것을 배려하면서 2~3차례로 나누어 접대하고, 끝으로 식사가 될 만한 음식을 접대했다고 추정하는 것이 타당하다.

고대 부족 연맹국인 부여에서 행하던 영고, 고구려의 동맹, 한의 제천, 예의 무천과 같은 제천행사가 우리나라 잔치의 근원이다. 고대의 제천행사는 양식과 절차를 조금씩 달리 하면서도 신라의 팔관회, 고려의 팔관회로 이어지고, 조선시대를 거쳐 오늘날까지 단오제를 비롯한 여러 마을의 공동제로 이어졌다.

19세기 중엽의 규방서인 『음식법』에도 주연차림은 음식을 서너 번으로 나누어 접대하라고 쓰여 있다. 우리나라는 제사를 지낼 때 술잔을 세 번 올릴 때마다 적을 새롭게 올리는데 이러한 절차에는 상고적인 의미가 있다. 또한 선농제, 중농제, 후농제, 풍백제, 우사제, 영성제를 행하였다. 이것은 고대 제천의식에서 전해오는 관행이다. 제사를 행할 때 올리는 제물에 대해서 상세한 내용은 알 수 없으나, 삼국이 모두 생(牲)을 기본으로 하였다.

3. 한국 음식문화의 고급화—고려시대

삼국을 통일한 고려는 정치 · 경제 · 문화적인 면에서 귀족문화인 고급화의 바탕에서 출발되었다. 특히 음식문화는 통일신라의 귀족정치와 독특하고 강성하였던 삼국의 정치 · 경제 · 문화적인 바탕을 근거로 하여 그때까지 남아 있는 향토 음식문화를 더욱더 고급화하는 계기가 되었다.

한편, 불교국가인 고려는 청담한 김치나 무짠지 등을 담는 조리기법이 발달하게 되었으며 숭불사상으로 인하여 식물성 식품을 이용한 조리법이나 사찰음식이 발달하였었다. 또한 음다(飮茶) 풍속과 함께 떡, 한과류가 발달하였다.

그러나 고려 중기 이후 무신정권의 쇠퇴와 함께 불교가 쇠퇴하면서 불교 음식문화와 음다 풍습이 쇠퇴하였고, 그 대신에 술과 숭늉의 문화가 발달하게 되었다. 육식문화가 성행하였으며 거란과 몽고의 침략 등 내우외환을 거치면서 음식문화의 다양한 발달을 가져왔다.

고려 후기에는 육식을 즐기고 약과 · 상추쌈 등이 인기를 끌었으며, 간장 · 된장 · 술 · 김치 등의 저장식품이 삼국에 이어 더욱더 발달하게 되었고, 대두를 이용하여 콩나물을 길러 먹게 되면서 식생활문화는 더욱 다양해졌다. 이후 원나라(몽고)와의 교역을 통해 후추와 설탕, 포도주 등이 수입되었음이, 송나라 사신 "서긍"이 저술한 『고려도경』(1123)에 상세히 기록되어 있다.

4. 다양한 음식문화의 발달—조선시대

고려시대를 바탕으로 세워진 조선시대의 음식문화는 한층 세련되고 섬세하며 보다 다양한 음식문화를 발달시켰다. 조선시대에는 초기부터 중농정책을 펴서 농서인 『고사집요』, 『농사직설』 등의 전문서적을 간행하였으며, 경작기술의 개발과 품종개량 등은 다양한 식품 생산을 가져왔다. 전국 농산물의 산출 상황을 한눈에 파악할 수 있는 『동국여지승람』의 간행은 효율적인 정책으로 국민들의 생활과 식생활문화에 풍요로움을 선사했다. 조정에서는 농산물의 품종 개량과 수리사업을 통해 식량을 증산케 하였으며, 화채 · 탕차류 · 주류의 종류가 다양해졌다.

조선 중기 이후에는 남방으로부터 고추 · 감자 · 고구마 · 호박 · 옥수수 · 땅콩 등이 수입되어 백성들에게 풍부한 먹거리를 선보였다. 한편, 원양어업과 식품의 생산가공을 통한 상품 보급은 화폐의 수단을 바꾸는 계기가 되었다.

삼국시대 이전부터 발달하여 왔던 우리의 젓갈 문화는 결구배추의 유입과 함께 더욱 활성화되었다. 영양과 맛의 향상을 위해 김치류에 젓갈을 양념으로 사용하였고, 고춧가루의 사용 또한 더욱더 다양해지고 많은 양을 사용하게 되었다. 조선시대 초기엔 조정의 계획적인 향약 음식문화의 보급에 따라 식생활문화가 과학적으로 발달하였으며 조선의 땅에서 생산되는 약초 등 식품재료를 이용하여 보양, 보익, 수명연장을 위해 '약식동원(藥食同源)'사상을 생활화하게 하였다.

또한, 허준이 엮은 한의학서『동의보감』과 이제마의『사상체질론』을 바탕으로 약식동원과 마음의 평안을 주장하여 백성들에게 식생활의 과학화를 유도하고 권장하였다. 즉, 향약은 조선 땅에서 자생하고 재배하는 한의약 재료와 식품 등을 이용하여 보양과 질병치료 등을 하면서 식품으로 조리한 음식을 먹음으로써 곧 질병을 치료하고 수명을 연장케 하는 원리이다.

그러한 바탕 위에 음식문화를 육류와 생선류, 비타민류가 풍부한 채소류, 건과류 등 현재의 영양학에서 주장하는 5군 식품, 즉 모든 영양이 골고루 포함되는 상차림문화를 격식에 맞게 구성하여 제도화한 3첩 · 5첩 · 7첩 · 9첩 · 12첩을 형식적인 면에서 구성하여 식생활을 과학적으로 한 것이 오늘날 반상차림의 밥상문화이다.

그럼에도 불구하고 이러한 격식있는 식문화는 유교문화권의 잔재가 남아 있는 조선 후기까지도 경직된 사회에서 적응되지 못하였으며, 정책적으로도 백성들을 위한 특별한 식생활문화를 발달시키지 못하였다. 자연재해나 전쟁, 조정의 당파싸움 등과 더불어 백성들의 반란 등으로 많은 백성들이 굶어 죽는 등 인구가 증가되지 못하였으며, 정치 · 경제 등의 부패와 타락으로 결국은 일본으로부터 임진왜란의 침략과 함께 200년 뒤에 일제강점 36년이라는 또 한번의 국치를 당하는 슬픈 역사 속에서 조선시대가 막을 내리게 되었다.

한편, 고려시대부터 유행하던 향약 음식문화는 조선 중기를 거쳐 후기까지 음식문화의 발달과 함께 음식문화를 기록하여 후세에 남기고자 하였던 조상들의 노력으로『식료찬요』,『산가요록』,『수운잡방』,『주방문』,『음식디미방』,『규합총서』,『동의보감』,『임원십육지』,『시의전서』,『음식법』,『규곤요람』,『조선요리제법』등의 고조리서와 고문헌에 기록되어 전해내려오고 있어 그 명맥을 유지하고 있다.

제2장

한국의 시절·의례음식

1. 한국의 계절과 절식 음식문화

1. 사계절의 음식문화

우리나라에서는 사계절 음식을 시절음식(時節飮食), 혹은 시식(時食)이라고 한다. 시식음식은 다음과 같다.

(1) 봄철 음식

겨우내 꽁꽁 언 땅 속에서 생명력을 부여받고 움트려는 봄기운의 새싹들은 자연의 네 가지 기운(뜨거운·차가운·건조한·습한 기운)을 사람의 몸 안에 모두 불어넣을 수 있어 최적의 보양식품이 된다. 봄에 나는 식품을 이용하여 만든 음식으로 애탕(쑥국), 모시조개탕, 미나리복어탕, 탕평채 등과 두견화주, 송순주, 이강주, 도화주, 벽화주 등이 있다.

(2) 여름철 음식

여름에는 더위에 지친 몸과 마음을 식혀 줄 보양음식을 주로 만들어 먹었다. 밀삼, 증편, 규아상, 삼계탕, 임자수탕, 편수, 어채, 암치 지짐, 여름과일 등을 먹으며 여름을 난 것으로 보인다.

(3) 가을과 겨울철 음식

가을과 겨울철에는 추운 계절을 이기기 위하여 몸을 따스하게 할 수 있는 국물 음식을 주로 먹었다. 신선로, 어복쟁반, 메밀만두, 떡볶이, 갈비찜, 두부찌개, 시루떡, 청어구이, 대구탕, 냉면, 동치미, 동치미냉면 등이 있다.

2. 12개월 절식(명절) 음식문화

(1) 1월 음식

① 정월 초하루 설날 음식

1월 1일 설은 해가 바뀐 날로 1년 365일을 아무런 탈 없이 잘 지내기 위해 몸을 조심하였고 농경을 근본적인 식생활의 근원으로 삼고 살았던 조상들은 설날에 농사가 잘 되기를 비는 마음으로 떡국을 끓여 먹었는데, 쌀로 떡을 빚어 만든 떡국은 태양신처럼 둥글게 만들어 그 해의 풍년을 기원했다.

설날의 음식을 '설음식' 또는 '세찬(歲饌)'이라고 한다. 설음식 중에서 가장 대표적인 것은 떡국이다. 떡국은 흰쌀을 빻아서 가는 체로 치고 쌀가루를 물에 반죽하여 찐 후 안반에 쏟아 놓고 떡메로 수없이 쳐서 찰지게 한 다음, 한 덩어리씩 떼어 손으로 비벼서 굵은 가닥으로 길게 만들어 이것을 타원형으로 얇게 썰어서 장국에 넣어 끓인다. 이후, 소고기나 꿩고기로 꾸미하여 지단채와 후춧가루를 뿌린다. 떡국은 정월 초하루 제사 때 제물로도 차리고 손님에게도 낸다.

설날의 떡국은 지금은 소고기나 닭고기로도 끓이지만 옛날에는 꿩고기로 많이 끓였다. 설날에는 데우지 않은 찬 술을 마시는데, 『경도잡지』에는 "술을 데우지 않는 것은 봄을 맞이하는 뜻이 있는 것이다."라고 기록되어 있다. 설날 떡국을 먹음으로써 나이 하나를 더하게 된다는 뜻에서 첨세병(添歲餠)이라고도 하는데 이런 까닭에 나이를 물을 때 떡국을 몇 그릇이나 먹었느냐고 비유하여 묻기도 한다.

떡국을 먹는 풍속은 지방에 따라 다른데, 북한 지방에서는 주로 만둣국이나 떡만둣국을 먹었다. 떡과 만두는 형제같은 관계로, 쌀농사가 적은 북쪽 지방에서 만둣국이 떡국을 대신하는 것은 자연스러운 풍속이었다. 설음식은 지방이나 집집마다 또한 형편에 따라 다르지만 떡국을 비롯하여 갈비찜, 강정, 수수전병, 떡찜, 떡볶이, 약식, 꽃약과, 다식, 유과, 조과, 편육, 족편, 버섯전, 녹두빈대떡, 삼색 나물, 떡잡채, 사태떡찜, 소고기찹쌀구이, 생치구이, 전복초, 밤초, 대추초, 강정류, 나박김치, 장김치, 수정과, 식혜, 사과, 배, 귤 등을 형편에 따라 만들어 먹는다.

② 대보름 음식

최남선의 『조선상식문답』 제5장에 「명일 대보름이라 함은 무슨 뜻입니까?」에 대하여 "옛날 아주 오랜 옛날에 사람들은 달이 밝은 날은 신비(神秘)로 여겨서 좋아하여 동네마다 보름날에 잔치를 하였다. 1년 12달의 첫 보름은 1월 보름으로(음력 1월 15일) 이 날은 1년 운을 점치는 첫해로 특별히 소중하게 취급하였고, 보름 가운데 큰 보름이라 하여 대보름이라고 하였다. 이 날의 날씨와 달의 밝음과 흐림, 풍세(바람)가 있고 없고를 따져서 일년 동안의 길흉을 판단하고, 농사의 풍작을 점치는 풍속이 있었다."라고 답하고 있다.

보름에 먹는 특별음식인 '부럼'에 대하여 설명하자면 "보름날 새벽에 밤, 호두, 잣, 은행 등을 깨물면서 부스럼이 나지 않게 하여 주십사 하는 마음 속 바람을 비는 풍속을 세속에서는 '부럼 먹는다' 고 하였다. 한편, 이 풍속이 어떻게 생겼는지는 확실하지 않으나 중국이나 일본에서는 단단한 엿이나 과실 등을 먹어 '이'를 굳힌다(튼튼히 한다)는 뜻으로 먹는 풍속이 있다"라고 하였다.

조선에서는 이구치산적과 함께 부럼으로 딱딱한 과실 등도 먹었다가 이구치 과실과 부스럼 나지 않게 하는 과실인 부럼이 혼합되어 두 가지 풍속이 동일하게 전해오다가 밤 · 호두 · 땅콩 등 견과류가 '부럼'으로 정착된 듯하다.

보름 음식의 종류로는 소주(귀밝이술), 교창과(咬瘡果), 작저(嚼疽), 부럼(호두, 밤, 잣, 은행, 땅콩), 복쌈(김, 참취나물), 약밥, 오곡밥, 묵은나물 9가지(외꼭지, 말린가지나물, 시래기나물(진채), 호박오가리, 표고버섯나물 외), 팥시루떡, 이구치산적[고치적(固齒炙)], 승병(僧餠), 팥죽 등이 있다.

③ 입춘(立春) 음식

입춘이 되면 산수가 좋은 경기도 육읍(六邑 : 양근, 지평, 포천, 가평, 삭녕, 연천)에서 움파, 메갓, 당귀싹(辛甘草), 미나리싹, 무싹 등의 오신반(五辛盤)을 궁중에 진상하는데, 이를 진산채(進山菜)라고 하여, 민가에서도 서로 선물로 주고받았다. 메갓은 이른 봄에 눈이 녹을 때 산속에서 자라는 겨자이고, 당귀싹은 움에서 키운 것으로 깨끗하기가 은비녀의 다리 같은데, 꿀을 찍어 먹으면 맛이 좋다고 하였다.

이 날은 매운 생채요리를 만들어 새봄의 미각을 돋게 하는데 대표적인 음식으로는 탕평채, 승검초산적(신감초), 죽순나물, 죽순찜, 달래나물, 달래장, 냉이나물, 산갓김치 등이 있다.

(2) 2월 음식(중화절 음식문화)

조선 정조 때 당나라 중화절을 본 떠서 정한 이 날은 임금이 재상과 시종들에게 잔치를 베풀고, 중화척(中和尺)이라는 자를 나누어 준 것에서 비롯되었다. 농사철의 시작을 기념하는 음력 2월 초하루를 일컬으며 노비일 또는 머슴날 등으로 불렀다. 이 날 농가에서는 그 해의 풍년을 빈다는 뜻으로 정월 대보름날 세워 두었던 벼가릿대를 내려서 큰 송편을 만들어 노비에게 나누어 줌으로써 농사일을 격려하였고, 노비들에게 나이 수만큼 송편을 만들어 주며 하루 쉬게 하던 풍습이 있었다.

노비송편은 김장철에 말려 두었던 시래기를 양념하여 송편의 소로 넣거나, 콩 · 팥 · 대추 등을 많이 넣어 만드는데, 1년 내내 고약한 병과 액운을 면할 수 있다고 하여 액막이로 노비송편을 먹기도 했다. 그리고 여러 곡식을 한 솥에 볶으면서 그 중에 먼저 볶아지는 곡식이 새해에 풍년이 든다고 하여 곡식 점을 치기도 하였다.

(3) 3월 음식(삼짇날, 화전놀이, 곡우, 한식 음식문화)

① 삼짇날

삼월 삼일을 상사(上巳), 중삼(重三) 또는 답청절(踏靑節)이라고 하여 초봄의 가장 큰 명절로 삼는다. 삼동을 꼭 갇혀 살다가 화창한 봄을 맞은 기쁨을 만끽하는 날로, 이 날은 강남에서 제비가 돌아오고, 뱀이 나오기 시작하는 날이다. 이 날은 동으로 흐르는 내에 나가 불계(佛戒)를 행하여, 모든 묵은 때를 없애 버린다는 뜻으로 제액을 제거하는 의식을 행한다. 들판에 나가 무성한 풀을 밟고 새로운 생명을 반기며 풍류를 즐기는 인사들은 냇가에 모여서 유상곡수연(流觴曲水宴)을 벌였다.

삼짇날 절식으로는 찹쌀 반죽에 진달래꽃을 붙여서 지지는 화전, 두견화주, 청주, 육포, 절편, 녹말편, 탕평채, 조기면, 화면 등이 있다. 화면은 마른 오미자를 찬물에 담가서 우려낸, 신맛이 나는 오미자국에 꿀을 타서 녹말국수를 띄운 화채인데, 제철꽃인 진달래꽃을 띄우기도 한다.

② 화전(花煎)놀이

조선 말기 궁중에서는 창덕궁 후원의 옥류천에 나가서 궁녀들이 진달래꽃을 따서 그 자리에서 화전을 부치면서 즐겼고, 가을에는 국화전을 부치며 꽃놀이를 했다고 한다. 『동국세시기』에는 '당시 서울에서는 필운대의 살구꽃, 북둔의 복사꽃, 홍인문 밖의 버들이 아름다워서 이곳에 모여서 꽃놀이도 하고 하루를 즐겼다.'라고 기록되어 있다. 화전은 찹쌀가루를 반죽하여 번철에 지질 때 진달래꽃(참꽃)을 따서 꽃술은 빼고 부친다. 이를 먼저 가묘에 천신하고 모두 함께 먹는다.

③ 곡우(穀雨)

음력 3, 4월이면 밴댕이와 웅어가 많이 잡혔다. 조선 말기 궁중에서는 웅어를 한강 하류인 고양군 양주 근처의 사옹원의 관망으로 잡아서 진공하면 고추장을 넣고 감정을 만들어 올렸다. 농사에서 모판을 만들기 시작할 무렵으로 이때 한강에는 공미리가 한창이고, 연평도 조기는 가장 기름이 많이 오른 때로 맛이 좋았다. 밴댕이는 안산 군자만에서 많이 잡혔고, 회, 구이, 전, 찌개 등을 해서 먹었다. 곡우 시식에는 증편, 개피떡, 화전, 어채, 어만두, 복어, 도미, 조기 등이 있다.

④ 한식(寒食)

민가에서는 설날 · 한식 · 단오 · 추석의 네 명절에 제사를 올리고, 궁중에서는 동지를 보태서 오절사(五絕祀)를 지낸다. 한식은 동지에서 105일째 되는 날로 청명절이라고도 하고 조상의 묘소에 성묘를 한다. 제물로 술, 과일, 포, 식혜, 떡, 국수, 탕, 적 등을 차린다. 민가에서는 닭싸움이나 그네 등의 유희를 즐기며, 미리 장만해 두었던 찬 음식과 쑥탕 · 쑥떡을 먹는다.

(4) 4월 음식(석가탄신일 음식문화)

석가모니 탄생일을 욕불(浴佛)일 또는 초파일이라고 하는데, 신라 때부터의 풍습으로 이 날에 절을 찾아가서 재(齋)를 올리고, 가족의 평안을 축원하는 뜻으로 가족 수대로 등을 만들어 밝히면서 큰 불공을 올린다. 연등의 풍습은 고려 때 성행하여, 절은 물론이고 가가호호마다 등을 달고 거리에도 달아 관등(觀燈)하였다. 민가에서는 등간(燈竿)을 세우고 위쪽에 꿩의 꼬리를 장식하며, 깃발을 만들어 자녀의 수대로 등을 달아 올렸다. 초파일에는 고기를 먹지 않는 소연(素宴)을 베푼다. 소찬(素饌)으로 삶은 콩, 미나리강회, 느티떡 등이 있다. 느티떡은 유엽병(楡葉餠)이라고도 하는데, 느티나무의 연한 잎을 따서 멥쌀가루에 섞어 찐 시루떡이다.

(5) 5월 음식(단오 음식문화)

5월 초닷새를 단오, 수릿날, 중오절(重五節), 단양(端陽)이라 하고, 여름을 알리는 시작으로 여겼다. 이 무렵 더위가 시작되므로 부채를 사용하기 시작한다. 그래서 조선시대에는 공조에서 왕에게 진상한 부채를 재상이나 시종들에게 하사하는데, 이를 단오선이라고 하였다. 이 날은 쑥을 뜯어 말려서 1년 내내 약용으로 쓰고, 부녀자들은 창포 삶은 물로 머리를 감으며, 창포 뿌리를 깎아 비녀를 만들어 수복(壽福) 글자를 새겨 꽂기도 하고, 그네뛰기를 하였다. 단오날 오시(낮 12시)에는 쑥과 익모초를 뜯어서 응달에 말려 1년 내내 약용으로 쓰고, 대추나무의 두 가지 사이에 돌을 끼워 놓으면 대추가 많이 열린다고 하여 '대추나무 시집보내기'를 하였다.

단오 절식은 수리취떡, 앵두화채, 준치국, 북어찜, 제호탕, 앵두편, 도행병, 준치만두 등이 있다. 수리취떡은 절편을 찧을 때 삶은 수리취를 함께 쳐서 수레바퀴 문양 떡살을 박아 만들어서 차륜병(車輪餠)이라고도 한다. 때로는 쑥을 넣은 쑥떡도 만든다.

제호탕(醍醐湯)은 약이면서 청량음료에 속한다. 재료는 꿀, 오매, 백단향, 축사, 초과 등인데, 먼저 꿀을 끓이다가 가루로 빻은 약재들을 넣어 되직하게 될 때까지 달여서 백항아리에 담아 둔다. 이를 단오부터 여름 동안 냉수에 타서 마시면 더위를 타지 않고 건강하게 지낼 수 있다고 한다. 속이 시원하고 향기가 오래도록 가시지 않는다. 앵두편은 앵두를 살짝 삶은 후에 체로 걸러 살만 발라서 설탕을 넣고 졸이다가 녹두녹말을 넣어 굳힌 과편이다. 앵두화채도 이때 만들어 먹는다.

(6) 6월 음식(유두 음식문화)

천신(薦新)은 철에 새로 나온 식품을 조상이나 신에게 올리는 일을 뜻하는데, 유두 무렵에는 햇과일인 참외 · 오이 · 수박과 피 · 기장 · 조 · 벼나 보리단술 · 수단 · 건단 · 유두면 등을 천신하였다. 유월 보름에 동으로 흐르는 냇물에 머리를 감아 모든 부정을 다 떠내려 보내고, 액막이를 한다. 산골짜기나 물가 등 경치 좋은 곳에 모여서 마시는 술자리를 유두연(流頭宴)이라 하여 시를 짓고 자연을 즐기는 풍류놀이를 하였다.

유두 절식으로 편수, 준치만두, 화전(봉선화, 색비름, 맨드라미), 밀쌈, 구절판, 깻국탕, 어채, 복분자화채, 떡수단, 보리수단, 참외, 기주떡 등이 있다. 유두면은 밀가루로 만든 국수를 닭국에 만 것으로 이것을 먹으면 더위를 안 탄다고 하였다. 떡수단은 멥쌀가루로 가래떡을 만들어 구슬처럼 빚어서 오미자국에 띄워 낸 것이고, 건단은 국물에 넣지 않은 것이다. 기주떡은 증편 또는 상화병이라고도 하는데, 쌀가루에 막걸리를 넣어 반죽하여 부풀려서 쪄낸 떡으로 여름철에도 쉬지 않고 새콤한 맛이 여름철 입맛을 돋운다.

하지 후 셋째 경일을 초복, 넷째 경일을 중복, 입추 후 첫 경일을 말복이라 하고, 이를 합하여 삼복이라 하며 더위가 극치를 이루는 때이다. 복날은 양기(陽氣)에 눌려 음기(陰氣)가 엎드려 있는 날이라고 한다. 더위를 대처한다는 뜻으로 조선조에는 복 중에 높은 벼슬아치들에게 얼음표를 나누어 주고 장빙고에서 얼음을 타가게 하여 더위에 지친 몸과 마음을 보양하게 하였다.

복 음식은 계삼탕과 개장국(보신탕)이 대표적이며, 닭죽, 육개장, 임자수탕, 민어국, 팥죽 등이 있다. 개장국은 더위를 견디고 기를 돋우며 몸을 보하는 음식으로 『동국세시기』에는 "삼복에 개를 삶아 파를 넣고 푹 끓인 것을 개장이라고 한다. 닭이나 죽순을 넣으면 더욱 좋다. 또 개장국에 고춧가루를 타고 밥을 말아서 시절음식으로 먹는다. 그렇게 하여 땀을 흘리면 더위를 물리치고 허한 것을 보충할 수가 있다."고 하였다. 육개장은 소고기로 개장국처럼 파를 많이 넣고 매운맛으로 끓인 국이다.

복중 음식으로 즐기는 계삼탕(鷄蔘湯)은 어린 닭의 내장을 빼고, 배 속에 인삼 · 찹쌀 · 마늘 · 대추 등을 넣어 푹 곤 보양식으로 지금은 삼계탕이라고 한다. 임자수탕(깨국탕)은 닭 국물에 볶은 깨를 갈아서 밭친 국물을 합하고 미나리 · 오이 · 버섯 · 달걀지단 등을 건지로 넣은 냉국이다. 민어국은 여름이 제철인 민어와 애호박을 고추장으로 간을 한 매운 국이다.

(7) 7월 음식(칠석 음식문화)

칠석(七夕)인 칠월 칠일은 견우와 직녀가 오작교에서 1년에 한 번 만나는 날이다. 부녀자들은 마당에서 바느질 차비를 하며, 음식을 차려놓고 길쌈과 바느질을 잘 하게 해달라고 직녀에게 빈다. 이날은 집집마다 책을 볕에 쬐는 쇄서포의(曬書曝衣) 풍습도 있고, 집집마다 우물을 퍼 정갈히 한 다음 시루떡으로 칠성제를 지낸다. 칠석 절식에는 밀전병, 증편, 육개장, 게전, 잉어구이, 잉어회, 오이김치 등이 있고, 복숭아나 수박으로 과일화채를 만들어 먹는다.

칠월 보름은 중원, 백종(百種)일 또는 망혼일(亡魂日)이라고 한다. 불가에서는 먼저 세상을 떠난 망혼을 천도하는 우란불공(盂蘭佛供)을 드린다. 도가(道家)에서는 천상의 선관이 1년에 세 번씩 인간의 선악을 기록하는 때를 원이라 하고, 정월 보름을 상원(上元), 칠월 보름을 중원(中元), 시월 보름을 하원(下元)이라고 하여 이 삼원에 제사를 지낸다. 민가에서는 이른 벼(올벼)를 가묘에 천신하고, 술자리를 마련하고 팔씨름 내기를 즐긴다.

(8) 8월 음식(추석 음식문화)

추석 차례에는 철 이르게 익는 벼인 올벼로 만든 오례송편과 햅쌀로 만든 술과 햇과일, 햇곡식으로 만든 음식과 토란국 등을 올린다. 추석은 한가위 또는 가배일(嘉俳日)이라 하여 설과 더불어 가장 큰 명절이다. 오곡이 여물고 모든 과일이 다 익는 풍성한 추수절이므로 햇곡식으로 신곡주(新穀酒)를 빚고 햇과일을 따서 제물을 차려 조상께 제사를 올리는 추석 차례를 지낸다. 계절이 살기에 알맞으니 '더도 말고 덜도 말고 한가위만큼만'이라는 말이 생긴 것이다.

추석 때면 농사도 한가하고 인심이 풍부한 때이므로 며느리에게 말미를 주어 친정에 근친(覲親)을 가게 했는데, 떡과 술병, 달걀꾸러미를 들고 간다. 근친을 갈 수 없을 때에는 반보기라고 하여 딸과 친정어머니가 중간 지점에서 만나서 맛있는 음식을 나누면서 그리운 정을 나누는 풍습이 있다. 추석 시식으로 오례송편, 토란탕, 송이구이, 화양적, 누르미적, 배숙 등이 있으며 햇과일로는 밤, 대추, 사과, 배, 감 등이 있다.

(9) 9월 음식(중양절 음식문화)

중양절(重陽節)은 양(陽) 수가 겹치고 구(九)가 겹친 날로 삼짇날 돌아온 제비가 다시 강남으로 떠나는 날로, 제삿날을 모르는 사람과 연고자 없이 떠돌다가 죽은 주인 없는 귀신의 제사를 지냈다. 이날은 향기가 좋은 국화꽃이나 잎으로 화전을 지지거나 산과 들로 나가 단풍을 감상하고 국화주를 마시면서 시를 읊으며, 황국전을 지져서 가묘에 천신한다. 이 날의 절식으로는 감국전, 국화전, 국화화채, 밤단자, 유자화채, 생실과 등이 있다. 국화주는 초가을에 찹쌀로 술을 빚어 다 익어 갈 때쯤에 국화 꽃잎을 따서 깨끗이 씻은 후에 함께 섞어 넣었다가 며칠 후에 걸러 뜬다. 음복 시에 국화꽃잎을 말려서 밀봉한 주머니에 넣어 담가 두었다가 건지면 술에 국화향이 가득히 서린다.

(10) 10월 음식(상달 음식문화)

이 시기에는 햇곡식으로 술을 빚고 붉은 팥시루떡을 만들어서 마굿간에 갖다 놓고 무병하기를 빌었다. 성주신을 가내의 안녕을 관장하는 신으로 생각하여 시월 중 말일(午日)이나 길일을 택해서 성주에게 제사를 지냈다. 대개는 주부가 고사떡을 해서 지내지만 때로 크게 하려면 무당을 데려다가 성주(안택)굿을 한다.

시제는 시월 보름을 전후하여 문중에서 한데 모여서 제사를 지내는 것을 말하는데, 시사(時祀) 또는 시향(時享)이라고도 한다. 이 날 절식으로는 무시루떡, 만둣국, 신선로(열구자탕), 연포탕, 쑥단자, 밀단고, 강정 등이 있으며 김장을 담근다. 연포탕은 두부를 가늘게 잘라서 꼬챙이에 꿰어 기름에 부친 것에 꿩고기나 닭고기를 섞어 끓인 국이다. 김장은 겨우내 먹을 김치를 담그는 가정의 중요한 행사로 '겨울의 반양식'이라 하였다.

(11) 11월 음식(동지 음식문화)

동지는 1년 중 밤이 가장 길고 낮이 가장 짧은 날로 아세(亞歲) 또는 작은설이라고도 부른다. 동지 때 가장 짧았던 해가 하지로 오면서 조금씩 길어지는 현상을 고대인은 태양이 죽었다가 부활하는 것으로 생각하여 생명과 광명의 주인인 태양신에 대한 축제를 열었다. 동짓날에는 온갖 귀신과 잡신을 쫓는다는 벽사의 뜻으로 팥죽을 쑤어 사당에 올려 차례를 지낸 뒤 팥죽을 방 · 마루 · 광에 한 그릇씩 떠놓고 대문이나 벽, 동네의 고목에 뿌린다. 팥죽의 붉은색이 액을 막고, 잡귀를 없앤다고 여겼기 때문이다. 동지팥죽은 팥을 삶아 거르고, 찹쌀가루를 반죽하여 새알 모양의 단자를 만들어 함께 끓인다.

동지팥죽에는 반드시 나이 수만큼 새알심을 넣어 먹는 풍습이 있다. 조선조 궁중 내의원에서는 타락죽과 전약을 만들어 진상하였는데, 타락죽은 쌀을 갈아서 우유를 넣고 끓인 죽으로 궁중의 내의원에서 10월 초부터 정월까지 왕에게 진상하였고, 전약(煎藥)은 쇠족, 쇠머리, 쇠가죽, 대추고, 계피, 후춧가루, 꿀을 넣고 고아서 굳힌 겨울철 보양음식이다.

(12) 12월 음식(섣달납일 음식문화)

동지로부터 세 번째 미일(未日)을 납일(臘日)이라고 했으며, 그 해 지은 농사 형편과 여러 가지 일에 대하여 신에게 고하는 제사를 납향(臘享)이라 했다. 제물로 쓰는 납육은 산짐승고기로 산돼지와 산토끼를 말한다. 또 민가에서는 참새고기를 먹으면 무병하다고 여겼다. 섣달 그믐날은 새해 준비와 한 해의 마무리로 분주한 날로써 조상의 산소에 성묘를 하고, 집안 어른과 일가를 찾아서 묵은세배를 한다. 또한, 집안 구석구석마다 밤새도록 불을 밝히고 자지 않는 것은 잡귀의 출입을 막고 복을 받는다는 도교적 풍속인 수세(守勢)에서 비롯되었다. 또한, 먹던 음식과 바느질 하던 것은 해를 넘기지 않으려 하였다. 그믐에는 비빔밥(골동반), 인절미, 족편, 돼지고기찜, 내장전, 설렁탕 등을 즐긴다.

2. 한국의 의식(儀式)과 음식문화

통과의례란 사람에 대한 숭고한 예의로써 태어나서부터 죽을 때까지 거치게 되는 탄생, 성년, 결혼, 장사(葬事) 등에 수반되는 의례문화 전체를 의미한다. 사람은 태어나서 죽을 때까지 출생, 삼칠일, 백일, 첫돌, 관례, 혼례, 회갑, 희수, 상례 등과 같은 통과의례를 거치게 된다.

문화가 발달하면서부터 어느 민족에게나 있는 통과의례이지만 우리나라에서는 특히 조선시대에는 유교의 영향으로 예법을 더욱 중요하게 여겼다. 모든 의례에는 의식(儀式)이 행해지며 그에 따르는 음식은 의례 시에 특별한 의미를 담은 음식을 배선하여 상차림의 규범을 정립하였다. 우리나라 음식은 음양오행설에 따라 음식의 색, 맛, 모양 등의 배합과 배열이 이루어졌는데, 이는 통과의례 때에 차리는 찬품과 상의 종류에도 영향을 주었다.

1. 출산의례

① 산전의례

산전의례는 아기를 낳기 직전까지의 의례로, 산모가 산고를 시작하면 윗목에 삼신상을 차려 산모의 순산을 기원하였다. 이때의 상차림은 소반에 쌀을 수북이 놓고 그 위에 장곽을 걸치고 정화수를 올리는데 전통적인 민간신앙에서 비롯되었다.

② 해산의례

아기의 탄생을 알리고 외부인의 출입을 막기 위해 대문에 금줄을 달았다. 남아가 태어나면 짚을 왼쪽으로 꼬아 붉은고추 · 숯 · 청솔가지를 끼우고, 여아가 태어나면 숯 · 청솔가지 · 종이를 끼워 대문에 달았다. 탄생과 순산을 감사하는 마음에서 삼신상에 올렸던 쌀과 미역으로 흰 쌀밥 세 그릇, 미역국 세 그릇을 정화수와 함께 차린다. 먼저 삼신에게 올리고 난 뒤에 그 상을 산모에게 대접하였다.

2. 백일과 돌

① 백일

태어난 지 백일이 된 아기가 무사히 자란 것을 축하하며, 이 날에는 먼저 삼신상(三神床)을 준비하는데, 상에는 흰밥과 미역국을 차리고 삼신에게 아기의 건강과 복을 기원하며 친척과 이웃을 초청해 잔치를 베푼다. 백일상에는 백설기 · 수수팥떡 · 과일 등의 음식을 차리고 아기의 수복(壽福)을 비는 의미로 쌀 · 실타래 · 돈을 놓는다. 잔치가 끝나면 백일 떡을 이웃에 나누어 주며 떡을 받은 집에서는 이에 대한 답례로 돈이나 흰 실타래를 건네준다.

② 돌

아기가 처음 맞는 생일치레로 초도일(初度日) · 수일(睡日) · 수(睡)라고도 한다. 병이 잦고 죽는 아기가 많았던 시절에 1년을 무사히 넘긴 아기를 축하하는 의례로, 돌잔치의 '돌'은 12개월을 한 바퀴 돌았다는 뜻이다. 음식으로는 귀신으로부터 아기를 보호하기 위한 붉은 수수팥단자와 평생 무탈하게 깨끗하게 살라는 의미의 백설기, 오래 살라는 의미의 인절미, 속이 꽉 찬 인생을 살라는 의미로 송편 등을 차린다. 돌잡이로는 무명실과 활 · 책 · 돈 등 장차 성인이 되어서 직업을 가져야 할 때에 대비한 것으로, 아기에 대한 부모의 사랑과 희망, 염원이 담긴 풍속이다.

3. 성년례(成年禮)

일가친척과 동네어른을 모시고 사당에 고하는 의식으로 행해졌다. 흔히 관례라고도 하는데 오늘날에는 '성년식'이라는 이름으로 행해지고 있다. 매년 5월 셋째주 월요일을 '성년의 날'로 정해 만

19세가 되는 청년들에게 가정 · 학교 · 직장에서 성년식을 거행해 준다. 이 의식은 한 사람의 어른으로서 권리와 책임의식을 심어주기 위한 것이다.

4. 혼인례(婚姻禮)

혼인이란 일정한 의식을 통해 남녀 간의 육체적 · 정신적 결합을 사회적으로 널리 알려서 인정받는 것이다. 이는 서로 공경하며 고락을 같이하는 평생의 반려자가 되는 의식이며, 가정이라는 공동체의 출발이다. 형식에는 전통 혼례, 현대식 혼례, 기타 종교 예식이 있다.

① 전통 혼례 절차

- **의혼**(議婚) : 양가에서 사람을 보내어 조사하고 궁합을 본 후에 두 집안이 합의하면 허혼한다.
- **납채**(納采) : 혼인이 결정되면 신랑집에서 신랑의 사주를 써서 신부집에 보내고 택일이 되면 예물을 신부집에 보낸다.
- **연길**(涓吉) : 혼례식 치르기에 좋은 날을 고르는 것을 말하는데, 사주를 받은 신부집에서 혼인 날짜를 잡아서 신랑집으로 보낸다.
- **함** : 신랑집에서 혼인을 허락해 준 데 대한 감사의 뜻으로 보내는 예물이다.
- **폐백**(幣帛) : 혼인식을 올리고 난 당일, 신부가 시부모와 신랑의 일가친척에게 처음 인사를 드리는 의식으로 밤과 대추고임 · 편포 · 육포 · 닭고임 등과 마른 술안주 · 정종 등을 올리고 큰 절을 한다.

② 현대식 결혼 절차

- **맞선** : 남녀가 직접 만나서 상대방을 평가하는 자리이다.
- **약혼** : 결혼을 준비하기 위한 날이자, 또 하나의 가족관계와 인척관계가 맺어지는 날이다. 대개 장소는 신부집에서 결정한다.
- **결혼** : 남녀 만 19세 미만일 경우는 부모의 동의를 얻어야 하며, 하객으로 참여할 때는 화려한 정장을 하는 것이 좋다(축하의 뜻으로 주는 선물이나 축하금을 부조(扶助)라고 한다).

③ 결혼기념일

- **지(紙)혼식** : 결혼 1주년을 기념하여 부부가 서로 그림이나 책 등의 선물을 주고받는다.
- **목(木)혼식** : 결혼 5주년
- **석(石)혼식** : 결혼 10주년,
- **은(銀)혼식** : 결혼 25주년
- **진주(眞珠)혼식** : 결혼 30주년
- **산호(珊瑚)혼식** : 결혼 35주년
- **녹옥(綠玉)혼식** : 결혼 40주년
- **홍옥(紅玉)혼식** : 결혼 45주년
- **금(金)혼식** : 결혼 50주년
- **회(回)혼식** : 결혼 60주년

④ 혼례 상차림

대례상(大禮床)은 전통혼례를 치를 때 차리는 상이다. 초례상(醮禮床), 친영상(親迎床), 교배상(交拜床), 혼례상(婚禮床), 행례상(行禮床), 독대상(獨對床)이라고도 불린다. 전통관습상 혼례는 신부집의 대청이나 마당에 준비하고 대례상을 가운데 두고 신랑신부가 백년가약을 맺었다. 대례상에는 장수 · 건강 · 다산 · 부부금실 등을 기원하는 음식과 물품을 올린다.

일반적으로 송죽(松竹)이나 사철나무를 꽂은 꽃병 · 밤 · 대추 · 쌀 · 보자기에 싼 닭 한 쌍 · 청실 · 홍실 · 쪽바가지(표주박) 두 개를 올려놓으며 지방에 따라 약간씩 차이가 있다. 이때 소나무와 대나무를 올리는 것은 굳은 절개를 지킨다는 의미이며, 밤과 대추는 장수와 다남(多男)을 기원하는 뜻으로 반드시 상에 올려야 한다. 경우에 따라 콩과 팥 및 술병 등을 올리기도 하며 지방에 따라 과일을 함께 놓기도 한다. 청색과 홍색의 촛대 한 쌍은 양쪽으로 올리고, 청 · 홍색 보자기에 싼 한 쌍의 닭은 남북으로 갈라놓는다.

⑤ 폐백음식

혼례식이 끝나고 신부가 시부모님께 올리는 음식으로, 지방이나 가문의 형편에 따라 육류 · 어패류 · 떡 · 한과류 · 술류 등을 만들어 마련한다.

5. 상장례(喪葬禮)

상장례는 한 사람의 죽음을 맞이하여 그 주검을 마무리하고 장사지내며 근친들이 일정 기간 예의를 다해 죽은 이를 기리는 의식절차이다.

① 조문객의 옷차림

- 옷차림은 검정색 계통의 정장과 검정 넥타이 및 검정 구두를 착용한다.
- 정장이 아니면 수수하고 깨끗한 느낌의 평상복을 입고, 여성은 짙은 화장이나 액세서리는 삼간다.
- 상가에 도착하면 코트 등은 대문 밖에서 벗고 들어간다.

② 조문절차

- 빈소에 도착하자마자 상주에게 목례를 한다.
- 영정 앞에 무릎 꿇고 분향을 한다.
- 영정을 향해 절을 두 번 한다.
- 한 걸음 물러나 상주와 맞절한 뒤에 조상인사를 하고 장일, 장지 등을 묻는다. 만일, 조객이 밀려 있으면 긴 말하지 않고 나오는 것이 예의이며, 조문인사는 뜻만 전하는 기분으로 발음을 확실히 하지 않는다.

6. 수연례(壽宴禮)

수연례란 어른의 60세 이후의 생신에 아랫사람들이 상을 차리고 술을 올려 오래 사시기를 비는 의식이다.

- 육순잔치 : 회갑을 맞기 한 해 전의 생일잔치
- 회갑잔치 : 61세가 되는 해에 음식을 높이 쌓아올려 자손들의 효심을 나타내는 잔치
- 진갑잔치 : 62세가 되는 회갑 다음 해의 생일잔치
- 칠순잔치 : 70세가 되는 해의 생일잔치
- 구순잔치 : 90세가 되는 해의 생일잔치
- 백수잔치 : 99세가 되는 해에 장수를 비는 생일잔치

7. 제의례(祭儀禮)

제의례란 돌아가신 조상의 음덕에 대한 보은과 감사를 나타내는 예절이다. 제사의 참뜻은 선조의 은혜를 돌이켜 생각하고 그 뜻을 기억하여 조상에 대한 추모와 조상이 못 다 이룬 일을 계승 · 발전시킨다는 다짐의 계기를 삼는 기념적인 의미를 갖는다. 정성을 다하고 경건하고 슬픈 마음가짐으로 임해야 한다. 제사는 각 집안의 종교에 따라 유교적인 음식상차림 제사와 천주교와 기독교적인 의식으로 각기 행해질 수 있다.

성묘(省墓) : 성묘란 조상의 묘를 찾아서 돌보는 일로 겨울철의 설날, 봄철의 한식, 여름철의 단오, 가을철의 추석 때 성묘를 한다. 성묘는 조상의 묘를 보살피고 조상을 추모하러 가는 것이기 때문에 제수를 차리지 않고, 적당한 때에 찾아가 묘 앞에서 재배 묵념하는 것이 보통이다.

3. 한국의 상차림 음식문화

1. 일상식 상차림과 특별 상차림

① 반상(飯床)차림

우리나라의 식사법은 음식을 한꺼번에 모두 차려 먹는 것이 원칙이다. 따라서 상차리기가 매우 중요한 만큼 그 형식도 까다롭다. 상차림이란 한 상에 차려놓은 찬품의 이름과 음식의 수를 말하며 일상음식의 상차림은 전통적으로 독상이 기본이다. 반상은 3첩 · 5첩 · 7첩 · 9첩 · 12첩으로 구분된다. 이 중 3첩 반상은 서민들의 상차림이었고, 5첩 반상은 비교적 경제적 여유가 있는 중류층의 상차림이었다. 7첩 반상과 9첩 반상은 양반가의 상차림으로, 7첩 반상에는 두 개의 조치(찌개)가 오르고, 12첩 반상은 임금 수라상 차림이다.

- 3첩 반상차림 : 국 · 밥 · 배추김치 · 간장이 기본음식이며 숙채나 생채, 구이류, 밑반찬인 장아찌나 마른반찬 중 한 가지를 올린다.
- 5첩 반상차림 : 국 · 밥 · 물김치 · 배추김치나 깍두기 · 간장이 기본음식이며 생채나 숙채 중 1개, 조림이나 구이 중 1개, 전, 마른반찬이나 젓갈, 장아찌 중 1개를 올린다.
- 7첩 반상차림 : 국 · 밥 · 물김치 · 배추김치나 깍두기 · 간장 · 찌개 · 새우젓국찌개 · 찜(선)이나 전골 중 1개, 간장, 초간장, 초고추장류는 3개를 놓아야 기본적인 상차림이다. 그 밖에 찬품류로 들어가는 음식으로 숙채, 생채, 구이, 조림, 전, 마른 찬이나 장아찌, 젓갈류 중 1개를 올리고 회나 편육 중 1개를 올린다.
- 9첩 반상차림 : 국 · 밥 · 물김치 · 배추김치 · 깍두기 · 간장 · 된장찌개 · 고추장감정, 찜(선) · 골중 1개, 간장, 초간장, 초고추장류는 3개를 놓아야 기본적인 상차림이다. 그 밖에 찬품류로는 숙채, 생채, 구이, 조림, 전, 마른 반찬, 회나 편육 중 1개, 젓갈, 장아찌가 있다.
- 12첩 반상차림 : 국 · 밥 · 물김치 · 배추김치 · 깍두기 · 된장찌개 · 새우젓국찌개 · 찜(선)이나 전골 중 1개, 간장, 초간장, 초고추장류는 3개를 놓아야 기본적인 상차림이다. 그 밖에 찬품류로 숙채, 생채, 구이류, 너비아니구이, 구이, 조림, 수란, 김구이, 북어무침, 오이통장과, 전, 다시마, 튀각, 새우젓갈 등이 있다.

② 죽(粥)상차림

죽은 약선음식으로 많이 이용되기도 하는데, 특히 병후 회복기 환자나 어린아이 이유식, 혹은 노인식에 이용되는 음식이다. 그러나 최근에는 많은 사람들이 건강을 위해 즐기는 음식이 되었다. 죽 음식 상차림을 할 때에는 국물김치, 장, 맑은 찌개 등을 기본으로 차리고 찬으로는 북어보푸라기나 자반 등을 차리지만 상황에 따라 달리할 수 있다.

죽 음식은 조리법과 재료 처리에 따라 다르게 조리되며 음식명도 달라지는데 '응이류'는 곡물을 곱게 갈아 앙금을 만들어 두었다가 마시기 쉽도록 끓인 음식이고, '미음류'는 쌀에 물을 붓고 끓이다 체에 밭쳐 거른 것으로 수술 후 환자나 아기 이유식에 이용되기도 하는 음식이다.

죽은 재료에 따라 흰죽, 두태죽, 장국죽, 어패류죽, 잣죽 등으로 구분된다. 이 외에도, 쌀을 통으로 끓인 옹근죽, 쌀을 반쯤 갈아서 끓인 원미죽, 전체를 갈아 끓인 죽 등도 있다.

③ 떡국 및 국수, 만두류 상차림

아침 · 저녁의 식사라기보다는 점심이나 잔칫상, 손님접대용 상차림, 혹은 별식으로 먹는 음식이다. 떡국 · 국수 · 만둣국 등을 주식으로 하며 그 밖에 찬품을 차리는 상이다. 종류로는 떡국, 온면, 냉면, 만둣국, 수제비(칼국수) 등이 있다. 주식류의 음식은 주로 밀가루로 만든 면류로서, 약간의 허기가 있을 때나 잔치음식이나 접대용으로 간단히 준비한 일품음식이나 떡, 한과류, 음료 등과 함께 올리는 상이다.

부식으로는 찜류, 잡채나 겨자채, 편육이나 전류 등이며 김치, 나박김치류와 음료, 과일류와 함께 구성할 수 있다.

④ 주안상(酒案床)

주안상은 주식류를 먹으면서 함께 내기도 하고 주안상만을 단독으로 내기도 하는, 주류(술)를 대접할 때 내는 상으로 손님의 기호, 술의 종류(청주, 약주, 양주, 맥주) 등에 따라 음식이 달라진다. 보통 약주를 내는 상에는 육포, 어포 등의 마른 안주와 전이나 편육, 신선로 등이 오르고 얼큰한 찌개 등을 낸다. 양주를 낼 때는 마른 구절판이나 인삼정과 등을 내고 과일안주를 내면 좋다. 또 소주 등 알코올 도수가 약간 높은 술에는 주꾸미숙회 등이나 육류 등을 내면 좋고 계절에 따른 물기 있는 음식을 내면 적당하다.

⑤ 교자상(交子床)

축하연, 회갑상이나 명절 등 특별한 손님을 초대하여 연회를 할 때 차린다. 주로 사대부가나 궁중에서 행해지던 상차림으로, 보통 4명 이상 10여 명까지의 상으로 주된 음식은 상의 중심에 놓고 술 등 일품음식(신선로, 전골류, 갈비찜류, 생선류, 어패류, 찜류) 등을 먼저 내오면서 차례로 7첩 이상부터 9첩, 12첩 등의 반찬 수(쟁첩 수)에 맞추어 반상차림이나 면상차림, 석류탕이나 국수장국을 내고 후식으로 떡 · 한과 · 과일류 · 음료 등을 낸다. 술안주용으로 건구절판과 진구절판이 나오고 국물 있는 일품음식으로 신선로나 전골 등이 특별하게 차려진다.

국물 있는 음식은 한 사람분씩 작은 그릇에 담아 내었지만, 요즘은 작은 신선로를 준비하기도 한다. 초대한 사람의 특성에 맞추어 술 등을 위주로 하는 연회이면 몇 차례의 술이 돌아갈 때마다 안주를 바꾸거나 계속해서 대접하였고 술 외의 일품음식 등을 계속 대접한 후 반상과 후식을 내었다.

교자상은 한국 음식문화의 대표적인 상차림으로 한국인의 인심을 대변하기도 하며, 손님을 극진하게 대접하고 싶을 때 혹은 회갑연이나 부모님의 생신 등에 조상들이 차렸던 상이기도 하다. 주식은 온면이나 냉면, 떡국, 만두 중 계절에 맞는 것을 낸다. 찬으로는 탕, 찜, 전유어, 편육, 적, 회, 겨자채, 신선로 등이 있다. 김치는 배추김치, 오이소박이, 나박김치, 장김치 중에서 두 가지 정도 마련한다. 후식은 각색편, 숙실과, 생과일, 화채, 차 등을 준비한다.

⑥ 다과상(茶菓床)

다과상은 손님 접대 시나 평상 시에 다과와 차류 등을 내는 다과상, 주안상과 교자상 후에 내는 후식상으로 분류되는데, 다과상일 때는 떡과 조과를 많이 준비하고 후식상인 경우 한두 가지만 준비한다. 계절에 따라 제철에 나는 과일이나 음식을 준비하면 된다.

⑦ 궁중(宮中) 상차림

궁중의 임금이나 왕비에게 올리는 일상적인 상차림을 궁중용어로 수라상이라 한다. 『원행을묘정리의궤』에 기록된 궁중식 상차림은 일상식(日常食)과 의례음식(儀禮飮食)으로 구분된다.

일상식은 수라상(밥수라, 죽수라), 미음상, 다과 상차림인 주다별반과(晝茶別盤果), 조다소반과(早茶小盤果), 주다소반과(晝茶小盤果), 만다소반과(晩茶小盤果), 야다소반과(夜茶小盤果) 등이다. 의례음식은 진찬상 등으로 구분되었다.

현재 전해 내려오는 궁중의 반상차림은 12첩인 수라상을 기본 음식으로 원반에는 백반, 곽탕, 청장, 초장, 초고추장, 토구, 북어보푸라기, 구이(냉), 구이(온), 회, 초나물, 수란, 전유어, 마늘장아찌, 생채, 조림, 편육, 찌개(새우젓), 찌개(된장), 찜(선), 깍두기, 배추김치, 동치미, 곁반에는 팥밥, 곰탕, 숭늉, 공그릇 2개, 은수저 5벌, 뚜껑, 육수, 생란, 참기름, 생채소, 소고기, 화로와 전골냄비, 수저집, 휘건 등이 놓인다.

『원행을묘정리의궤』의 12첩 반상은 백반, 생치연포, 생복 만두탕, 숙육초, 석화, 잡육구이, 불염민어, 치포 등 좌반, 수란, 웅어회, 석화해, 파, 미나리채, 오이김치, 치저, 간장, 초장, 고추장, 낙지탕, 세갈비, 숭어, 적, 휘건으로, 궁중 12첩 수라상차림과는 다르게 간소한 수라상차림이었다.

4. 한국의 궁중 음식문화

조선왕조의 궁중 음식문화는 고려 말에서 조선 성종까지의 기록인 『경국대전』과 『진찬의궤』, 『진연의궤』, 『왕조실록』, 『궁중의 음식발기』 등의 다양한 문헌을 통하여 기명, 조리기구, 상차림 구성법, 음식의 이름과 재료, 역사 등을 상세하게 알 수 있다. 궁중음식은 전국 팔도에서 들어오는 진상품을 음식재료로 하여 주방 상궁과 대령숙수(待令熟手)들의 손에 의해 최고로 다듬어져서 전승되어 왔다. 경우에 따라서는 왕족과 사대부가 서로 교류를 하면서 자연스럽게 궁중의 음식이 민가로 전달되고 사대부가에서는 음식을 궁중으로 진상하기도 했다고 한다.

우리나라는 예로부터 왕권 중심의 국가였으므로 궁중은 정치 · 문화 · 경제적인 권력이 집중되어 있었고, 그 결과 궁중의 식생활 또한 발달하였다. 특히 조선시대에는 왕가의 음식과 제도가 우리 민족의 음식을 대표할 만큼 다채로웠다.

1. 수라상(水剌床)

밥에 대한 궁중용어의 표현은 상을 받는 이의 위상(位相)에 따라서 달라지지만, 임금의 진지를 '수라'라고 하는데 이 용어는 몽골의 부마국이던 시대에 몽골어에서 전해진 말이라고 한다.

수라상은 12첩 반상차림으로 수라와 탕 2 가지씩을 포함해 기본 찬품과 쟁첩에 담는 12가지 찬으로 구성된다. 수라의 기본 음식으로는, 백반과 붉은 빛의 홍반 두 가지를 수라기에 담고 미역국과 곰탕 두 가지를 탕기에 담아 올리며 그날그날 좋아하는 것을 골라서 드시도록 한다. 조치는 토장조치와 젓국조치 2가지, 찜, 전골, 침채의 3가지 기본 음식이 있다. 조미품으로는 청장, 초장, 윤집

(초고추장), 겨자즙 등을 종지에 담아 낸다. 12가지 찬을 쟁첩에 담는데, 이때 다양한 식품 재료를 이용하고 조리법도 각기 달리하여 만든다.

궁중의 기명은 수라상인 대원반과 곁반인 소원반 및 책상반의 3개의 상에 차려지며, 대원반은 붉은 색깔의 주칠을 하고 중자개로 문양을 넣거나 대원반 다리에 용틀임 장식을 조각한다. 왕과 왕비가 앉아 있을 경우 대원반은 중앙에 놓이는 상이며 곁반으로는 소원반과 네모진 책상반이 있는데 책상반 대신 둥근 소반을 쓴다.

수라상에 사용되는 기명은 주로 겨울에는 은 반상기를, 여름에는 사기 반상기를 사용한다. 수저는 사철 내내 은으로 만든 것을 사용한다. 전골을 끓이기 위해 화로와 전골틀을 준비하고 상에 올리는 그릇들은 같은 문양과 같은 재질로 된 것을 사용한다.

2. 낮것상

낮것상은 점심상을 말하며 응이 · 미음 · 죽 등의 유동식이나 간단한 다과상을 차려서 올리거나 관가의 친척이나 손님들이 방문할 경우에는 다과상을 차려 낸다.

3. 면 상(麵床)

면상은 여러 가지 병과류와 생과, 면류, 찬물을 같이 차린다. 주식으로는 온면 · 냉면 · 떡국 · 만두 중 한 가지를 차려내고, 편육 · 회 · 전유화 · 신선로 등을 차려 낸다.

4. 초조반(初朝飯)

초조반은 아침 일찍 드시는 조반으로 주로 흰죽, 잣죽, 우유죽, 깨죽, 흑임자죽, 행인죽을 올린다.

5. 궁중의 연회식

궁중에서는 궁내 왕족들의 탄생일을 비롯하여 종친들의 생신 등 특별한 행사가 일 년 내내 있었으므로 대 · 소연회가 빈번하게 열렸다.

상차림은 임금의 수라상, 왕족의 경사 시에 차려지는 진연상, 가례 때 차려지는 고배상과 제례 때 차리는 제례상이 있다. 궁중의 잔치는 규모에 따라 진연 · 진찬 등으로 구분되는데, 진찬은 큰 행사가 있을 경우, 진연은 왕족에게 경사가 있을 때 치러지는 잔치로 진연이 진찬보다는 규모가 작다. 진연 · 진찬의 모든 절차는 도감에서 계획에 의해 필요한 물자를 조달하며 연회음식을 차리는 데 사용되는 상 · 기명 · 조리기구를 점검하고 필요한 식품재료는 잔칫날에 맞추어 준비하며 조리는 적당한 인원의 숙수(熟手)가 연회음식을 만든다.

음식발기는 '찬품단자'라고도 하며 일상식, 잔치음식, 제사음식에 사용되는 모든 품목과 수량이 기록되어 있다. 음식발기 중에는 음식 만드는 사람이 보기 위한 것과 진연청에 재료를 신청하는 용도의 발기는 흰색의 한지에 적었다. 찬품단자는 한지에 고운 색깔의 물감을 들인 선자지에 한문의 필사체나 한글로 쓰며 상을 받는 분에 따라서 발기를 적는 종이의 색깔이 달랐다.

주로 황색은 대왕대비전, 홍색은 대전, 청색은 궁중전, 보라색은 대원군, 갈매색은 부대부인, 주황색은 세자, 녹색은 세자빈을 위한 것이었다.

5. 한국의 향토 음식문화

삼국시대에 강성했던 나라들은 지방 특유의 식품재료를 이용하여 지역마다 독특한 향토음식을 발달시켰다. 이러한 음식문화는 통일신라시대에 더욱 다양하게 발달하였으며 고려시대에는 품위 있는 향약약선 음식문화가 발달했고, 유교적 관념으로 제도와 규범을 중요하게 여겼던 조선시대에 오면서 더욱더 제도화 · 과학화되었다.

향토음식은 그 지방에서 생산되거나 타 지방에서 공급받아 그 지방의 특색을 살려서 개발한 음식으로, '춘천 막국수', '속초 오징어순대'도 향토음식이라고 할 수 있다. 『도문대작(屠門大嚼)』에는 각 지역의 산출식품과 그 지방에서만 생산되는 특별한 식품재료를 이용하여 만든 음식들이 수록되어 있으며 현재까지 특별한 음식으로 전해지고 있다.

1. 서울의 음식문화

서울은 모든 귀한 식품재료가 집중되어 올라오는 곳이며 임금님이 계셨던 곳으로 궁중음식과 함께 사대부가들의 음식문화가 함께 발달된 곳이기도 하다. 서울 음식은 짜지도 맵지도 않고 대체적으로 중간의 간을 지니고 있다. 왕족과 양반 계급이 많이 살던 곳이라 격식이 까다롭고 맵시도 중히 여겼으며, 의례적인 것도 중요시하였다. 음식에 넣는 양념들은 곱게 다져서 쓰고, 음식의 분량은 적으나 가짓수를 많이 만든다. 중부 이북 지방의 음식이 푸짐하고 소박한 데 비하여 서울 음식은 모양을 예쁘고 작게 만들어 멋을 많이 낸다.

2. 경기도의 음식문화

경기도는 수도권과 가까운 곳으로 바다와 근접한 지역이라 해산물이 풍부하였다. 서해안은 해산물이 풍부하고, 동쪽의 산간지방은 산채가 많으며, 밭농사와 벼농사도 활발하여 여러 가지 식품이 고루 생산되는 지역이다. 음식은 소박하면서도 다양하나 개성 음식을 제외하고는 대체로 수수한 음식이 많다. 간은 세지도 약하지도 않은 서울과 비슷한 정도이고, 양념도 많이 쓰는 편이 아니다. 또한, 강원도 · 충청도 · 황해도 지방과 접해 있어 공통점이 많고, 같은 음식도 많이 있다.

개성은 고려시대의 수도였던 까닭에 그 당시의 음식 솜씨가 남아 있어서 한성, 전주와 더불어 우리나라에서 음식이 가장 호화롭고 다양한 지역이다. 개성 음식의 사치스럽기는 궁중음식에 비길 만하고, 공과 정성이 많이 들고 재료도 매우 다양하게 고루 섞어서 만든다.

3. 강원도의 음식문화

강원도는 산악지대로 도토리, 상수리, 칡뿌리, 산채 등이 많다. 이러한 식품류는 옛날에는 구황식물에 속했지만 지금은 일반식의 상용식품이나 기능성 식품재료로 많이 쓰이고 있다. 또한, 동해에서는 명태, 오징어와 미역 등이 많이 나서 이를 가공한 황태, 건오징어, 건미역, 명란젓, 창란젓을 잘 담근다. 산악지방은 육류를 쓰지 않고 소(素)음식이 많으나, 해안지방에서는 멸치나 조개 등을 넣어 음식의 맛을 낸다. 특히 감자, 옥수수, 메밀을 이용한 음식이 다른 지방보다 매우 많다.

4. 충청도의 음식문화

충청도는 농업이 발달하였으나 남도와 북도의 음식문화가 많이 달랐다. 충남지방은 바닷가 근처로 해산물이 풍부하여 다양한 음식문화가 발달한 반면, 충북지방은 해안이 없는 지역으로 해산물 음식은 발달되지 못하였다. 충북 내륙의 산간 지방에서는 산채와 버섯들이 많이 있어 이를 이용한 음식이 유명하다. 농경이 발달한 곳이라 죽 · 국수 · 수제비 · 범벅 등도 많이 만들고 호박떡도 많이 만든다. 서해안에 가까운 지역은 굴이나 조갯살 등으로 국물을 내어 날떡국이나 칼국수를 끓이기도 한다. 조미료 중 된장을 즐겨 사용하며, 겨울에는 청국장을 만들어 구수한 찌개를 끓인다.

5. 전라도의 음식문화

전라도는 풍부한 곡식과 해산물, 산채 등 재료가 다른 지방에 비해 많고 음식에 대한 정성이 유별나며 호화로운 편이다. 또한, 평야와 바다가 지리적으로 적절하게 위치하여 다양한 식품재료가 많이 생산되며 음식문화도 화려하다. 그러나 기후가 더운 지역으로 간이 조금 짠 듯한 맛을 즐겼다. 전라도는 조선조의 양반풍을 이어받아서 고유한 음식법을 잘 지니고 있다. 산물들을 잘 써서 다양한 음식을 만들어 내고 있다. 특히, 전주의 콩나물은 맛있기로 유명하다.

6. 제주도의 음식문화

제주도는 섬이라서 개방된 듯 하지만 고려시대 유행했던 '상외(상화)'떡이 아직도 전해져 내려오는 것을 볼 때 전통을 중요하게 여기는 제주도 지역성을 알 수 있다. 제주도는 양촌 · 해촌 · 산촌으로 구분되며 그 생활 태도에 차이가 있다. 양촌은 평야 지대로 농업을 중심으로 생활을 하였고, 해촌은 해안에서 고기를 잡거나 해녀로서 잠수 어업을 하고, 산촌은 산을 개간하여 농사를 짓거나 한라산에서 버섯, 산나물, 고사리 등을 채취하여 생활하였다.

농산물은 쌀이 거의 생산되지 않고 콩, 보리, 조, 메밀, 고구마 등을 많이 생산하고, 특산물로는 감귤과 전복이 있으며 이는 예전에는 진상품이었다. 제주도 음식의 주된 재료는 어류와 해초이며, 된장으로 맛을 내는 경우가 많고, 바닷고기로 국을 많이 끓이고 죽을 잘 쑨다.

자리돔과 옥돔은 제주도에서만 잡하며, 전복과 꿩이 많이 잡히고 한라산에서는 표고버섯과 산채가 많이 난다. 겨울 기후가 따뜻하여 김장이 별로 필요치 않고, 짧은 기간 동안 먹을 것만을 조금씩 담는다. 대표적인 제주도 음식으로는 전복죽, 조기죽, 옥돔죽, 닭죽, 매역새죽, 깅이죽, 생선국수, 메밀저배기, 곤떡국과 고사리국, 톨냉국, 돼지고기육개장, 상어지짐, 옥도미구이, 자리회, 양애무침, 동지김치, 꿩적, 초기적, 상어산적, 두루치기, 물망회, 전복소라회, 톳나물, 오메기떡, 빙떡, 차좁쌀떡, 상외떡과 닭엿, 보리엿, 꿩엿 등의 엿 종류가 많다.

7. 경상도의 음식문화

경상도는 남해와 동해에 좋은 어장이 있어서 해산물이 풍부하고, 경상남 · 북도를 크게 굽어 흐르는 낙동강은 풍부한 수량으로 주위에 기름진 농토를 만들어 농산물도 넉넉하다. 또한, 동해를 끼고 평야와 바다가 있어 다양한 식품재료가 발달되었다.

음식의 맛은 대체로 얼얼하도록 맵고 간이 센 편이고, 멋을 내거나 사치스럽지 않고 음식을 소담하게 만든다. 싱싱한 바닷고기에 소금 간을 한 후에 말려서 굽는 것을 즐기고 바닷고기로 국을 끓이기도 한다. 곡물 음식 중에는 국수를 즐기나, 밀가루에 날콩가루를 섞어서 반죽하여 홍두깨나 밀대로 얇게 밀어 칼로 썰어 만드는 칼국수를 제일로 친다. 장국의 국물은 멸치나 조개를 많이 쓴다.

대표적인 경상도 음식으로는 무밥, 갱식, 애호박죽, 건진국수, 조개국수, 닭칼국수 등과 재첩국, 추어탕, 대구탕, 깨집국, 미역홍합국, 아귀찜, 미더덕찜, 동태구이, 파전, 해파리회, 해물잡채, 장어조림, 미나리찜, 상어구이, 조개찜, 콩잎장아찌, 우렁찜, 대합구이, 고추부각, 골곰짠지, 모시잎송편, 만경떡, 쑥굴레, 칡떡, 잡과편 등이 있고, 조과는 유과, 대추징조, 다시마정과, 우엉정과, 안동식혜, 수정과, 유자화채, 유자차, 잡곡미숫가루 등이 있다.

8. 함경도의 음식문화

함경도에는 우리나라의 최고봉인 백두산이 있고 대부분의 지대가 개마고원이 있는 험악한 산간지대이다. 동쪽은 해안선이 길고 영흥만 부근에 평야가 조금 있어 논농사는 적고 밭농사를 많이 한다. 특히, 함경도는 밭곡식 중에서도 콩의 품질이 뛰어나고 잡곡의 생산량이 많다. 동해안은 리만 한류와 동해 난류가 만나는 주요 어장으로 명태, 청어, 대구, 연어, 정어리, 넙치 등 어종이 다양하다. 감자와 고구마도 질이 우수하며 녹말을 만들어 반죽하여 국수틀에 넣어 눌러서 쓰는데, 특히 냉면과 비빔국수를 잘 만든다. 음식의 모양은 큼직하여 대륙적이고 대담하며 장식이나 기교도 부리지 않고 사치스럽지 않다.

북쪽으로 올라갈수록 날씨가 추우므로 음식의 간은 싱겁고 담백하다. 그러나 고추와 마늘 등 양념을 강하게 써서 야성적인 맛을 즐기기도 한다. 근래에 아주 유명해진 회냉면은 홍어, 가자미 등으로 맵게 무친 생선회를 냉면국수에 얹어서 비벼 먹는 함흥식 비빔국수이다.

9. 황해도의 음식문화

황해도 해안지방은 조석 간만의 차가 크고 수심이 낮으며 간석지가 발달해 소금의 생산량이 많다. 황해도는 인심이 좋고 생활이 윤택하며, 음식은 양이 풍부하고 음식에 기교를 부리지 않고 구수하면서도 소박하다. 또한 황해도 북쪽 지방은 곡창지대로 쌀 생산이 많으며 잡곡의 질도 좋고 생산량도 많다. 특히, 남쪽 사람들이 보리밥을 즐기듯이 황해도에서는 조로 잡곡밥을 많이 해 먹는다. 곡식이 많고 품질이 좋아서 이를 사료로 활용하여 기르는 가축 고기의 맛도 유별하며, 밀국수나 만두에는 닭고기가 많이 쓰인다. 송편이나 만두도 큼직하게 빚고, 밀국수도 즐겨 먹는다.

간은 별로 짜지도 싱겁지도 않으며, 충청도 음식과 비슷하다. 김치에는 독특한 맛을 내는 고수와 분디라는 향신료를 반드시 사용한다. 김치는 맵지 않고 시원하게 담고, 동치미국물을 넉넉히 하여 겨울에 냉면국수나 찬밥을 말아서 밤참으로 즐기기도 한다.

10. 평안도의 음식문화

평안도는 예부터 중국과의 교류가 많은 지역으로 평안도 사람의 성품은 진취적이고 대륙적이다. 평안도의 동쪽은 산이 높아 험하나 서쪽은 서해안에 면하여 해산물도 풍부하고, 넓은 평야로 곡식도 풍부하다. 따라서 음식도 먹음직스럽고 크게 하고 푸짐하게 많이 만든다. 서울 음식은 크기를 작게 하고 기교를 많이 부리는 데 비해 평안도 음식은 매우 대조적이다.

곡물음식 중에서는 메밀로 만든 냉면과 만두 등 가루로 만든 음식이 많다. 추운 지방이라서 겨울에는 기름진 육류 음식도 즐겨 하고, 밭에서 많이 나는 콩과 녹두로 만드는 음식도 많다. 음식의 간은 대체로 심심하여 맵지도 짜지도 않다. 모양을 예쁘게 하기보다는 먹음직스럽고 크게 많이 만들어 먹는 것을 즐긴다. 평안도 지방에서는 평양의 음식이 가장 잘 알려져 있고, 그 중 평양냉면, 어복쟁반, 순대, 온반, 닭죽 등이 유명하다.

6. 한국의 발효 음식문화

1. 발효식품과 저장 음식문화

(1) 장류

① 간장

『삼국사기』에 683년 왕비를 맞을 때 납폐품목(納幣品目)에 간장과 된장이 들어 있었다는 기록이 있다. 조선시대 중엽의 『산림경제』에는 간장을 청장이라 불렀으며, 이때에 와서 콩 위주인 간장·된장 병용의 장 담그기가 전통화된 것으로 추측된다. 일제 강점기 때 특히 군용 장류의 대량생산이 필요함에 따라 왜된장과 왜간장이 대량 생산되었다.

간장을 만드는 방법에는 재래식과 개량식이 있다. 재래식은 일반 가정에서 만드는 방법으로, 종래에는 12월경에 콩으로 메주를 쑤어 자연 발효시킨 후, 다음해 2~4월경에 소금물에 메주를 담고 나서 1~2개월 숙성시킨 후 메주를 건지고 남은 간장을 끓이면서(달이면서) 맛과 수분을 조절했다. 그러나 근래에는 개량메주로 재래식과 같은 방법에 의해 간장을 담가 순수한 단맛이 나는 양질의 간장이 개발·유통되고 있다. 미생물학의 발달로 단백질과 녹말을 가수분해시켜 황곡에서 분리한 누룩곰팡이를 배양하고, 이것으로 만든 누룩을 삶은 콩에 접종·발효시킨 메주를 건조시켜 된장과 간장을 만든다. 개량식 간장은 황곡에 의하여 생성된 아미노산, 맥아당, 포도당 등과 그 밖에 효모와 젖산균에 의하여 생성된 알코올과 젖산이 함유되어 있어 좋은 향미를 지니고 있다.

간장의 소금 농도는 보통 18~20%이며, 간장이 갈색을 띠는 것은 아미노산의 분해산물인 멜라닌과 멜라노이딘 때문인데 속성 간장인 시판품에는 캐러멜(물엿류)로 착색한 것도 있다. 간장의 냄새는 알코올·케톤·알데하이드·휘발성산·에스테르·페놀 등의 혼합에 의한 것이며, 간장의 고유한 맛은 ß-메틸 메르캅토프로필알코올에 의한 것이다. 간장은 농도에 따라 분류할 수 있는데, 담근 햇수가 5년 이상 된 진간장은 맛이 달고 색이 진하여 약식이나 전복초 등을 만드는 데 사용하고, 중간장은 담근 햇수가 3~4년 된 장으로 찌개나 나물을 무치는 데 쓰인다. 묽은 간장은 청장이라고도 하며 담근 햇수가 1~2년 되어 맑고 색이 연하여 국을 끓이는 데 쓰인다.

② 된장

『위지동이전(魏志東夷傳)』에 "고구려에서 장양(醬釀)을 잘 한다"는 기록이 있는 것으로 보아서, 삼국시대 이전부터 이미 된장과 간장이 한데 섞여져 있는 걸쭉한 것을 담가 먹다가 삼국시대에 와서 간장과 된장을 분리하는 기술이 발달되었던 것으로 추정할 수 있다. 여기서 장양이란 술 빚기와 장 담그기 등 발효성 가공발효식품을 총칭한 것이다. 조선시대 초·중기에 기록된 『구황촬요(救荒撮要)』와 『증보산림경제』에는 각각 조장법(造醬法)과 장제품조(醬諸品條)가 기록되어 있어서 좋은 장 담그는 방법을 상세히 제시하고 있는 것을 보면, 한국 식생활에서 장류가 얼마나 중요한 식품이었는가를 쉽게 짐작할 수 있다.

된장의 종류에는 간장을 담가서 장물을 떠내고 건더기를 쓰는 '재래식 된장'과 메주에 소금물을 알맞게 부어 장물을 떠내지 않고 먹는 '개량식 된장', 두 가지 방법을 절충한 '절충식 된장' 등이 있다. 그 밖에 계절에 따라 담그는 별미장으로, 봄철에 담그는 담북장, 막장이 있고, 여름철에 담그는 집장, 생황장, 가을철에 담그는 청태장, 팥장 그리고 겨울철에 담그는 청국장 등이 있다.

재래식은 11~12월경에 콩으로 메주를 쑨 다음 목침만한 크기로 빚어 2~3일간 말린 후 볏짚을 깔고 훈훈한 곳에 쟁여서 띄운다. 30~40일이 지나 메주가 잘 떴을 때 메주를 쪼개어 볕에 말려 장독에 넣고 하루쯤 가라앉힌 말간 소금물을 붓는다. 메주콩과 물, 소금의 비율은 1 : 4 : 0.8 정도가 알맞다. 맨 위에는 빨갛게 달군 참숯을 띄우고 꼭지째 불에 구운 붉은 고추(말린 것)와 구운 대추를 함께 띄우는데, 이는 불순물과 냄새를 제거한다는 관례에 따른 것이다.

20~30일이 지난 후 메주를 건져서 소금을 골고루 뿌리고 간장도 쳐서 질척하게 개어 항아리에 꼭꼭 눌러 담은 후에 웃소금을 뿌린다. 빗물이 들어가지 않게 주의하면서 망사 등으로 봉하고 햇볕을 쬐면 메주가 삭아서 된장이 된다.

개량식은 간장을 뜨지 않고 된장을 위주로 하는 제조법이다. 재래식과 같은 방법으로 메주를 쑤어 주먹만한 크기로 빚고 너무 띄우지 않고 말려서 독에 차곡차곡 담는다. 가라앉힌 말간 소금물을 메주가 잠길 정도로만 붓고 뚜껑을 덮어서 한 달 가량 둔다. 또 다른 독에 이 메주를 옮겨 담으면서 켜켜이 소금을 뿌린 후에 망사 등으로 봉해서 햇볕을 쬐어 익힌다. 굵직하게 빻은 메주를 미리 삼삼한 소금물에 되직하게 개어서 삭혀 두었다가 간장을 뜨고 남은 메주건더기에 섞어 질척하게 치대어 담아 봉해 둔다. 된장에는 비린내를 없애는 교취효과가 있는데, 이것은 된장의 주성분인 단백질이 여러 냄새를 흡착하는 성질을 가지고 있기 때문이다. 이 때문에 고등어나 게 등 비린내 나는 생선요리와 일부 조수육(鳥獸肉) 요리에 된장을 섞어 쓰면 비린내를 없애고 맛을 돋울 수 있다.

③ 고추장

고추장의 원료로는 녹말과 대두국(大豆麴, 즉 메줏가루) · 소금 · 고춧가루 · 엿기름가루 · 물 등을 사용한다. 녹말로는 찹쌀가루 · 멥쌀가루 · 보릿가루 · 밀가루 등을 사용해 왔는데, 과학적으로 규명되지는 않았으나 관능평가 결과에 따르면 찹쌀가루를 사용한 고추장이 가장 맛과 품질이 좋다고 평가되고 있다. 고추장은 엿기름가루인 아밀라아제 녹말이 가수분해되어 생성된 당의 단맛, 메주콩의 가수분해로 생성된 아미노산의 구수한 맛, 고춧가루의 매운맛인 캡사이신 맛, 소금의 짠맛이 잘 조화되어 고추장 특유의 맛을 낸다.

고추장은 재료의 혼합비율과 숙성과정의 조건에 따라 맛이 달라진다. 그러나 상업용으로 대량 생산하기 위해 최근 연구한 결과, 재래식 메줏가루를 사용하였을 때는 당화 또는 단백질 가수분해가 잘 이루어지지 않아서 맛이 잘 조화되지 않았으나, 당화력과 단백질 분해력이 강한 국균(麴菌)으로 발효시킨 개량 메줏가루를 사용하였을 때 훨씬 더 맛있는 고추장을 만들 수 있었다고 한다.

근래에는 재래식 방법을 약간 개량하여, 엿기름가루를 물에 담가서 아밀로오스 효소를 추출하여 그 물로 녹말을 반죽한 후 60℃ 이하의 온도에서 녹말의 일부를 당화시킨 다음에 녹말을 완전히 효소화하고, 거기에 메줏가루 · 고춧가루 · 소금을 넣어 버무리는 방법도 고안되었다. 이 방법으로 담그면 고추장에 윤택이 나고 단맛이 더 강해진다.

최근 공업적으로 고추장의 속양법(速釀法)이 몇 가지 고안되었는데, 방법은 재래식과 같으나 재료에 납두균(納豆菌)을 첨가하여 60~65℃에서 추가 숙성시키는 방법이다. 다른 방법으로는 밀, 보리 등의 원료를 미리 분말로 만들고 여기에 콩고지, 고춧가루, 소금물을 적당한 비율로 혼합하는 방법으로 2~3일 뒤에 먹을 수 있는 속성 고추장이 개발되고 있다. 고추장으로 만들 수 있는 음식으로는 게감정, 나물무침, 찌개, 초고추장, 고추장구이류, 쌈장, 떡볶이, 볶음류 등이 있다.

(2) 김치류

김치류는 무 · 배추 및 오이 등을 소금에 절인 후 고추 · 마늘 · 파 · 생강 · 젓갈 등의 양념을 버무려, 젖산 생성에 의해 숙성되도록 하여 저온에서 발효시킨 식품으로 한국인의 식탁에서 빼놓을 수 없는 반찬이다. 배추포기김치는 한국의 김치를 대표한다. 배추를 천일염에 절여 헹군 후, 무채, 갓이나 파 · 마늘 · 생강 · 생새우 · 젓갈 등을 넣고 고춧가루에 버무려, 익으면 먹는 전통음식 김치는 발효음식으로 세계적인 식품 · 음식이 되었다. 김치의 또 다른 이름으로 지(漬), 침채(沈菜), 젓국지, 짠지, 싱건지 등이 있다.

정부에서는 2008년 광주에 '세계김치연구소'를 설립하였다. 또한, 제8회 대회에서 '김치와 김장문화'가 유네스코에 인류무형유산으로 등재되었다. 유네스코는 '김장문화는 한국 사회 공동체의 결속을 다지는 데 지대한 역할을 해왔다'며 '한국인의 정체성과 소속감을 형성하는 중요한 유산이다' 라고 등재 이유를 설명했다. 그러나 '김치'는 상품화될 수 있다는 이유로 등재되지 못하였다. 하지만 김장문화는 곧 '김치' 를 뜻하는 것이기 때문에 우리는 김치 종주국으로서의 위상을 지키며 김치에 대한 꾸준한 연구와 개발로 국민식생활과 세계화에 힘을 쏟아야 한다.

(3) 젓갈

젓갈은 우리나라의 대표적인 수산발효식품이다. 젓갈은 어패류의 살, 내장, 생식소 등에 소금을 많이 섞어서 발효시킨 것으로 자가소화되거나 미생물의 분해작용으로 알맞게 숙성되는 음식이다. 젓갈은 제조가 단순하고 발효 후 감칠맛이 나는 독특한 풍미가 있어 밥반찬으로 먹거나 김치의 부재료로써 사용되고 있다. 젓갈은 밑반찬이 되며 새우젓, 조개젓, 소라젓, 곤쟁이젓, 밴댕이젓, 꼴뚜기젓, 대합젓, 멸치젓, 연어알젓, 명란젓, 어리굴젓, 조기젓, 창란젓, 방게젓 등 종류가 많다. 육류와 생선 · 어패류를 섞어서 간장 · 소금 · 생강 등을 얹어 담근 것은 어육장(魚肉醬)이라고 한다. 태안반도 근해인 서해안은 생굴의 명산지인데, 그 중에서도 충남 서산의 어리굴젓은 특히 유명하다.

초가을에 좋은 생굴을 사서 깨끗이 손질하여 고춧가루, 파 · 마늘 다진 것, 소금 등을 섞어 살살 버무려 항아리에 담고 꼭 봉해서 10℃ 이하에서 보관하면 약 1주일 후에는 먹을 수 있게 익는다. 잘 담근 것은 이듬해 봄까지도 변질되지 않는다.

새우젓은 생산하는 계절에 따라 다른데, 5월에 생산하는 '오젓'이 있고 6월에 생산하는 '육젓'은 어체가 크고 흰 바탕에 붉은 색이 섞여 있으며, 9월에 생산하는 '어젓', 10월에 생산하는 '추젓'은 어체가 연약하고 희다. 잘된 젓갈은 새우의 형태가 변하지 않고 단맛이 있으며 액즙이 백색으로 맑다. 멸치젓은 뼈가 만져지지 않을 정도로 푹 곰삭은 것으로 비린내나 기름기가 없는 것이 좋다. 숙성되면 투명한 윗물이 고이는데 이를 '젓국'이라 하며, 짙은 갈색을 띤다. 젓국에 비린내가 남아 있으면 숙성이 불충분한 것이고, 윗물에 기름기가 남아 있으면 기름이 산패하여 쓴맛과 떫은맛이 난다.

7. 한국음식의 주식류와 부식류 조리방법

1. 주식류

(1) 밥

밥의 주재료는 쌀이 기본이지만 다른 곡식을 섞으면 혼합물의 이름을 붙여서 보리밥, 콩밥, 팥밥, 잡곡밥, 밤밥 등으로 부른다. 또, 한 그릇에 곡류, 채소와 육류 등을 섞어서 조리한 비빔밥, 김치밥, 탕반 등이 있다. 밥은 우리나라의 식생활에서 주식류 중 제1순위를 차지하고 있다.

밥을 조리할 때에는 쌀의 종류 · 건조도 · 쌀과 물의 분량 · 밥솥 · 열원에 따라 밥을 짓는 시간과 물의 양을 다르게 한다. 밥을 지을 때에는 쌀을 씻어서 30분 정도 물에 불리는 것이 좋으며, 밥물은 쌀 무게의 1.2~1.4배, 부피로는 1.0~1.2배가 적당하다. 불은 처음에 센불에서 끓이다가 중불과 약불로 조절한다.

(2) 죽, 미음, 응이

죽은 곡류, 견과류와 채소류 등을 이용하여 끓인 유동음식으로 쌀 문화권에서 밥과 죽류 등은 약식동원의 근간을 이루며 일찍부터 발달한 주식류의 한 가지이다. 죽의 조리방법으로는 쌀을 갈지 않고 그대로 끓이는 '옹근죽'(매화죽, 방풍죽)과 쌀알을 반 정도 갈아서 쑤는 '원미죽', 버섯죽과 곱게 갈아서 매끄럽게 쑤는 '무리죽'이 있다. 죽은 곡물을 충분히 물에 불린 다음에 사용하며 죽에 넣을 물의 양은 곡물의 약 6배 정도로 하여 처음부터 정량을 넣어 끓여야 부드럽고 맛있는 죽이 된다.

죽은 장시간 끓이는 것이 중요하므로 약불에 충분한 시간을 두고 서서히 끓이고 나무주걱으로 저어주되, 죽이 끓기 시작하면 자주 젓지 않아야 하며, 두꺼운 냄비나 솥을 사용한다. 간은 죽이 완전히 퍼진 다음에 하고, 죽을 상에 낼 때에는 간을 맞출 간장 · 소금 · 꿀 등을 종지에 담고 나박김치나 동치미 등 국물김치를 함께 곁들인다.

미음은 죽보다 쌀을 곱게 갈고 물을 많이 부어 끓이는데, 건더기가 없는 묽은 음식으로 흔히 병원에서 수술환자에게 처음으로 주는 유동음식이다. 죽을 끓이는 동안 국물이 걸쭉해지면 체로 밭친 다음에 으깨지 말고 떨어지는 것만 맑게 사용한다.

응이는 미음보다 더 묽은 음식으로 '의이(意苡)'라고도 하며 율무를 의미하는 의이가 변한 말이라 할 수 있다. 곡류 등 모든 전분이 다 재료가 될 수 있다. 녹두 · 갈근 · 연근 등의 전분을 말렸다가 물에 풀어서 멍울이 지지 않게 잘 저어서 투명하게 끓인 것이며, 죽이나 미음보다는 묽어서 마실 수 있을 정도이다.

(3) 떡국, 수제비, 국수

떡국은 새해 첫날에 온 가족이 둘러앉아 새해를 맞이하면서 먹는 전통 명절음식이다. 떡국의 둥그런 모양은 우주를 뜻하며 흰 빛깔은 백의민족을 의미한다. 흰쌀을 가루 내어 시루에 쪄서 안반에 긴 가래를 만들어 동전 크기로 썰고 육수에 끓여서 떡국 위에 오색 고명을 얹어 먹었다.

수제비는 밀가루 등 곡물가루를 부드럽게 반죽하여 손으로 얇게 떼어 넣어서 구수하게 끓여서 먹는 음식이다. 밀가루 이외에 다른 재료로는 도토리가루 · 보릿가루 · 보리 속겨 등이 있다. 고기를 재료로 한 맑은장국을 끓이거나 멸치장국이나 닭을 고아서 육수를 내고 미역을 넣고 끓인 별미 수제비도 있다.

수제비를 만들 때는 밀가루나 쌀가루 등에 여러 종류의 기능성 재료를 섞거나 한약재료 등을 넣어 만들어 먹었다. 또한, 육수나 끓는 물에 야채 등을 넣거나 찬물에 헹궈서 오미자국이나 깻국에 말아먹었던 기록이 문헌에 있다.

국수는 메밀가루나 밀가루 등을 넣어서 물과 반죽한 후 얇게 밀어서 가늘게 썰거나 국수틀에서 뽑아낸 음식이다. 우리나라는 밀 재배가 어려워 주로 중국에서 수입하였기에 국수는 귀한 식품으로 여겨졌다. 그래서 국수는 주식용이 아니고 혼례, 생일, 손님 접대용 별미 주식이었다. 그 대신에 메밀을 재배하여 주로 메밀 국수를 만들어 먹었다.

메밀은 국수처럼 뭉쳐지거나 늘어나는 성질을 가진 글루텐 성분이 부족하기 때문에 끈기를 위해 계란이나 두부, 녹두가루, 쌀가루, 찹쌀 끓인 죽 등을 섞어서 반죽하였다. 손으로 성형하거나 판에 밀기도 하였고, 국수틀에 내려 이용하였으나 조선 중 · 후기로 오면서 기계 면인 압착 면이 사용되었다. 밀가루를 섞거나 밀가루만을 이용한 국수의 이용이 늘어나면서 메밀은 '냉면국수'로, 밀가루로 제조한 면은 '칼국수나 일반적인 국수'로 정착되었다.

육수는 소고기나 돼지고기, 닭, 꿩 등을 사용하였고 오미자국물이나 깻국물을 이용하였으며 동치미나 김치국을 미리 담가 익혀서 냉면국물로 사용하기도 했다. 요즈음은 각종 어패류를 사용하거나 멸치와 다시마 등을 우려내 국수를 끓여 먹는다.

만두는 국수, 떡국과 마찬가지로 우리 조상들에게 특별 음식 중 하나였다. 밀가루 반죽을 얇게 밀어서 소를 넣고 빚어 쪄내거나 맑은 장국에 삶은 음식이다. 만두는 만두피의 반죽재료, 소의 재료, 모양, 만두를 삶는 장국 등의 종류에 따라 분류되고 맛과 모양이 달라지며 조리방법에 따라 찐만두 · 지진만두 · 탕교자 등으로 나누어진다.

만두를 삶을 때에 주의해야 할 점은 만두를 맑은 장국에 끓일 때 서로 붙지 않도록 삶아야 하는 것과 만두가 뜨면 대체로 익은 것이므로 오래 끓이지 않도록 하는 것이다. 또 찐만두도 너무 오래 쪄서 색이 누렇게 되면 맛이 저하되므로 적정시간 동안 쪄야 맛있는 만두가 될 수 있다.

2. 부식류

(1) 국, 탕

열사병에 걸려 며칠을 못 먹고 허덕이던 환자도 토장국을 먹고 기운을 차렸다는 옛 일화가 있다. 국은 음식을 먹기 전에, 처음 입 안을 축여서 입맛을 돋우는 흔히 '숟가락 기운으로 떠먹는 음식'으로 표현되기도 한다. 또한, 국은 일상 음식의 거의 모든 상차림에서 빼놓을 수 없는 부식 중에서 첫 번째 음식이다.

국을 조리할 때는 간을 무슨 조미료로 맞추느냐에 따라 맛이 다르게 느껴지며 국 특유의 맛을 즐길 수 있다. 소고기무국과 콩나물국 및 애탕국 등은 국물이 맑은 것이 특징이며 천일염을 정제한 소금으로 간해야 맛이 난다. 뼈와 사태를 함께 고아서 뽀얗게 우려낸 곰국도 굵은 소금이나 꽃소금 등을 넣어야 맛있다. 그러나 소고기 미역국은 1년 정도 숙성된 맑은 청장인 우리 전통간장으로 간해야 맛있다.

토장국, 시래기국, 된장국 등은 된장과 고추장, 고춧가루 등으로 국물을 풀면서 간을 맞추어야 제맛이 난다. 특히 시래기국은 시래기를 된장으로 주물러 국건더기에 된장간이 배게 하여 오래도록 끓여야 구수한 맛이 난다. 해물을 넣고 조리한 국이나 탕 등도 간장과 소금을 적당히 조화롭게 맞추어 넣어야 해물의 시원한 맛을 즐길 수 있다.

(2) 찌개류

찌개는 국에 비하여 건더기가 많고 간이 세다. 간을 맞추는 재료에 따라 고추장찌개 · 된장찌개 · 젓국찌개로 나눌 수 있다. 찌개류는 주재료에 물을 자작하게 넣고 부재료를 섞어 끓인 음식이다. 궁중에서는 고추장찌개를 '감정'이라고 불렀는데 오이감정과 게감정 등이 있다. 찌개는 끓이는 주재료의 명칭을 빌려서 음식 명칭을 붙이게 된다. 즉, 생선을 이용한 생선찌개, 된장에 호박을 넣었으면 된장호박찌개, 주재료가 숭어이면 숭어찌개, 콩을 갈은 비지가 주재료면 비지찌개 등으로 부른다.

(3) 전골류

전골은 한국의 전통적인 요리로 국물이 적어서 주재료의 맛을 느낄 수 있다. 음식상 옆에 화로 등을 놓고 그 위에 골틀을 올려놓고 익히면서 먹었던 조상들의 풍류를 엿볼 수 있는 음식으로 탕류와 유사하나 일품요리이다. 재료는 대개 생것으로 사용하지만, 국물이 탁하게 되거나 익는 데 시간이 걸리는 것은 미리 삶거나 우려서 사용한다. 전골은 안심 · 곱창 · 대합 · 낙지 등을 가늘게 썰어 양념을 하거나 전유어로 하고, 표고버섯 · 당근 · 미나리 등 채소의 색을 맞추어 골고루 담아낸 다음에 간을 한 맑은 육수로 국물을 부어 끓인다. 주재료에 따라 조개전골, 내장전골, 도미전골, 생치전골, 송이전골, 낙지전골, 두부전골, 닭전골, 고기전골, 곱창전골, 버섯전골 등으로 부른다.

(4) 신선로, 순대

홍석모의 『동국세시기』에서는 신선로를 '열구자신선로(悅口子神仙爐)'라고 부르며 음력 10월에 서울 사람들이 먹었던 음식으로 "소고기나 돼지고기에 무, 오이, 훈채, 계란을 섞어 장탕(醬湯)을 만든다." 라고 설명하였다. 주로 잔치에 많이 사용되었으며 현재는 한정식 음식점에서 특별 요리로 판매되고 있다. 신선로(神仙爐) 또는 열구자탕(悅口子湯)은 한국의 궁중음식에 속하는 전골로, 탕구자라고도 한다. 신선로라는 탕기에 끓여 먹는다고 하여 '신선로'라는 이름이 붙었다.

신선로는 조선시대 연산군 때 한림호당(翰林湖當)을 지낸 정희량(鄭希良)이 사화(戊午士禍)를 겪고 나서 갑자년(甲子年)에 다시 사화가 있을 것을 예견하고 속세를 피하여 산중에 은둔하여 살 때, 수화기제(水火旣濟)의 이치로 화로를 만들어 거기에 채소를 끓여 먹었는데, 그의 기풍이 마치 신선과 같았다고 하여 그 그릇에 신선로라는 이름을 붙였다고 한다. 그러나 최근 발굴된 원삼국시대 화로 모양 신선로 그릇으로 인하여 삼국시대부터 신선로를 즐겼을 것으로 추측하고 있다.

순대는 돼지창자 속에 당면, 야채, 찹쌀 등을 양념하여 넣고 찐 음식으로 오늘날은 간식용으로, 수시로 먹을 수 있는 대중화된 음식이다. 순대라는 이름이 생겨난 시점은 『시의전서』(1800년대 말)부터지만 순대 조리방법의 출현시기는 조선 초기로 추측된다. 『음식디미방』에 수록되어 있듯이 1600년대에도 조리서에 기록되어 있는데, 다만 음식명칭이 순대가 아닌 '개장'이나 '소창자찜' 등으로 표기되어 있다. 또한 문헌 속의 순대는 표고, 소고기 등과 채소류를 많이 넣은 고급 음식이었던 것을 확인할 수 있다.

(5) 찜, 백숙

찜은 갖은 양념을 한 생선 · 고기 · 채소류 등에 국물을 부어 거의 졸아들도록 뭉근한 불에 푹 끓이면서 찌는 형식을 빌려 재료에 맛이 들게 하는 음식으로 가리찜, 쇠꼬리찜, 우설찜, 사태찜 등이 있다. 또 다른 조리법은 재료를 연하게 하면서 재료 특유의 맛을 즐길 수 있도록 수증기로 찌는 방법으로 대하찜, 대합찜, 도미찜, 조기찜, 달걀찜 등이있다. 수증기를 이용한 찜 조리법은 약간의 육수만 흐를 뿐 재료 유출이 적어서 음식 자체가 온전히 보전되어 전체를 다 먹을 수 있지만 조리시간이 오래 걸리는 것이 단점이다.

찜의 조리법은 위의 두 가지 방법 외에도 솥 안에 물을 조금 붓고 그릇을 올려놓아 그 안에 음식물을 넣고 중탕법으로 익히는 방법이 있다. 고문헌 속의 전통음식은 대부분 이런 조리기법을 이용하였으며, 특히 닭이나 꿩 등은 주로 이런 방법을 이용하여 조리하였다. 조리 도중 흘러나오는 육수는 버리지 않고 나물 등을 볶아 먹었다고 문헌에 기록되어 있다.

고기류로 만든 찜은 대부분이 뼈째로 익혀 만든 음식이어서 골수(骨髓) 성분이 함께 우러난 별미음식인데, 요리할 때는 먼저 고기를 잠깐 볶다가 물을 붓고 살짝 익힌 후 간장 · 참기름 · 설탕 · 후춧가루 · 파 · 마늘 등의 양념이 잘 배도록 뭉근한 불에 오래 익히는 것이 찜요리 기법의 특징이다. 또한, 고기를 익힐 때 표고 · 느타리 · 무 · 토란 · 감자 등을 섞어서 끓이면 고기의 누린내가 가시고 익히는 동안 뼈에서 고기가 스스로 떨어질 정도로 연하게 무르며 골수 성분이 고기에까지 배어들어 맛있는 음식이 된다. 생선찜은 그대로 끓이면 살이 흐트러질 염려가 있고 단백질의 용출로 영양성분이 우러나오므로 표면에 밀가루나 전분, 달걀 등을 씌워서 잠깐 지진 다음에 장국을 붓고 양념장과 고명을 얹어서 끓인다.

백숙은 닭이나 오리 등을 손질한 후 물을 많이 넣고 찹쌀이나 쌀 등과 기타 재료를 넣어 푹 무르게 끓인 음식으로 닭백숙, 오리백숙, 낙지백숙, 도미백숙, 꼴뚜기백숙, 잉어백숙, 우렁이백숙 등, 10여 종류의 음식이 있다.

(6) 조림류, 지짐이

조림은 고기 · 생선 · 감자 · 두부 등을 간장으로 조린 식품이며 밥상에 오르는 일상의 찬(饌)이다. 또한 3, 5, 7, 9 등의 첩 수에 해당하는 조리법이 있으며, 궁중에서는 조림을 '조리개'라고 하였다.

조리방법은 재료를 큼직하게 썬 다음에 간을 하고 약불에서 오래 익히는 것이다. 생선조림을 할 때에 흰살생선은 간장을 주로 사용하고, 붉은살 생선이나 비린내가 나는 생선은 고춧가루나 고추장을 넣어 조린다. 소고기장조림, 갈치조림, 두부조림, 감자조림, 풋고추조림, 조기조림 등이 있다.

1938년 『조선요리제법』에 나온 명태지짐의 요리법은 다음과 같다.

"동태를 정히 다뤄서 내장을 꺼내고 살에 박힌 흰 벌레 같은 것이 있으니 죄다 빼버리고 대가리를 자른 후에 알맞게 토막을 내놓고 고기를 조금만 잘게 썰고 나서 무를 얄팍하게 나박김치같이 썰어 넣고 콩나물의 아래위를 잘라 한데 섞어서 갖은 양념을 해 가지고 고추장과 간장으로 간을 맞추어 물을 알맞게 붓고 끓이다가 콩나물이 거의 무르게 되면 생선을 넣고 충분히 끓인다."

조림은 약간의 국물이 있는 반면, 지짐이는 물기 없이 조리는 것이다.

(7) 구이류

구이류는 특히 석쇠에 구워서 먹으면 재료 특유의 감칠맛을 느낄 수 있으므로 맛이 좋으나 타기 쉽고 정성이 많이 들어간다. 구이는 양념으로 간장 · 기름 · 파 · 마늘 등을 발라 굽는 것과 소금과 기름으로 조미하여 굽는 기본 방법이 있다. 고추장양념 등을 발라 굽기도 하고, 요즈음은 다양한 기능성 식품재료를 소스로 만들어 굽기도 한다.

소고기는 약간 덜 익힌 것이 연하고 맛있지만, 돼지고기는 완전히 익혀야 기생충 감염의 위험이 없다. 고추장양념구이를 할 때는 두 번 구워야 하는데, 먼저 기름과 소금만을 발라서 애벌 굽고 고추장양념을 발라서 다시 굽는다. 처음부터 고추장양념을 바르면 겉만 타고 속이 익지 않기 때문이다. 식품재료와 양념에 따라서 굽는 방법이 조금씩 다르다. 구이 음식으로는 너비아니구이, 제육구이, 생선구이, 대합구이, 대하구이, 더덕구이 등이 있다.

(8) 적류와 느르미

적류는 찬품류에 들어가는 음식이며 제사상에도 오르는 음식이다. 수조육류나 버섯·채소 등을 4~5cm 길이로 썰어 갖은 양념한 다음에 꼬챙이에 꿰어 구운 음식이다. 적류의 조리기법은 굽는 조리법에서, 재료를 익혀서 꿰는 조리법, 또는 재료에 밀가루와 달걀을 씌워서 번철에 지지는 조리법 등으로 발달하였다.

적(炙)은 산적, 누름적, 지짐누름적으로 나눌 수 있다. 산적은 익히지 않은 재료를 같은 길이로 썰어 꼬챙이에 꿰어 굽는 것으로 파산적·고기산적·떡산적 등이 있고, 화양적은 재료를 익혀 꿰는 것이며, 지짐누름적은 재료를 꼬챙이에 꿰어 밀가루를 묻히고 계란을 씌워 지지는 것이다. 누름적은 재료를 양념하여 익혀서 꼬치에 꿰거나, 재료를 꼬치에 꿰어서 밀가루와 달걀을 묻혀서 지지는데 여기에는 지짐누름적·잡누름적 등이 있다. '느르미'는 재료를 양념하여 중탕하거나 팬에 볶은 뒤 양념(소스)을 만들어 위에 뿌리는 조리법으로 음식명도 느르미라고 한다.

(9) 전류

전(煎)을 궁중용어로 전유어(煎油魚) 또는 저냐라고도 하는데, 육류 · 어패류 · 채소류 등 각종 재료를 사용하여 만든다. 전류는 격식 있는 반상차림 또는 잔칫상이나 주안상에 두루 잘 어울리는 음식이다. 전은 팬에 기름을 두르고 다양한 재료들을 부치는 부침요리로서 전감의 두께를 얇고 고르게 저미고 크기와 모양을 일정하게 하여 밀가루와 달걀물을 입혀 부치는 것이 특색이다. 전의 종류는 재료에 따라 가지전, 감자전, 게전, 내장전, 대합전, 부아전, 육전, 처녑전, 양전, 간전, 등골전, 생선전, 굴전, 애호박전, 풋고추전, 파전, 부추전, 김치전, 양파전, 연근전, 표고전 등이 있다.

(10) 선류

선류는 격식 있는 상차림이나 첩수류에 포함되는 음식이다. 한상에 차려내어 음식의 맛을 구별 못하는 단점을 보완하기 위해 서양식처럼 코스 음식으로 내오는데, 오이선은 식초의 새콤한 기운으로 입맛을 당기도록 하는 애피타이저로 애용되는 추세이다. 채소류, 두부, 소고기, 어패류 따위를 잘게 썰거나 다져서 살짝 익히거나 데치고 혹은 소금에 절여서 만든 음식으로 오이선, 겨자선, 고추선, 두부선, 가지선, 어선 등이 있다.

(11) 볶음류, 쌈류

볶음은 국물이 거의 없는 음식이다. 향채인 파, 마늘, 양파, 생강 등을 미리 볶다가 수분이 유출될 수 있는 부재료를 먼저 볶은 뒤 주재료를 양념과 함께 재빠르게 볶아 낸다. 조리법은 기름으로 볶는 방법, 간장과 설탕으로 조미하는 방법, 고추장으로 볶는 방법 등 다양하다. 볶음은 재료 특유의 맛을 느낄 수 있는 조리방법이다. 볶음의 재료는 고기 · 내장 · 새우 · 버섯 · 오징어 등이 주로 이용되며 단시간에 조리되므로 영양소의 파괴가 적어 술안주나 덮밥용으로 많이 조리된다.

음식으로는 오징어볶음, 낙지볶음, 새우볶음, 곱창볶음, 버섯볶음, 떡볶음 등 어느 재료든지 모두 사용하여 볶음류 음식을 만들 수 있다.

쌈은 고려시대 이전 삼국시대에도 즐겼던 음식으로 추측된다. 현재도 고기류에 채소류인 상추 등을 싸서 먹는 풍습이 유지되고 있는데, 이는 건강상 좋은 식습관이다. "쌈류 음식은 '고려' 시절에 원나라로 전해져서 크게 유행한 적이 있었다. 쌈은 김이나 상추 · 배추속대 · 곰취 등으로 밥을 싸서 먹는 음식으로 우리나라는 예부터 쌈을 반찬으로 먹어 왔다.

취나 생취같은 나물 잎사귀에 밥을 싸서 먹는 것이 독특한 법인 양, 원나라에서 유행하였다."는 기록이 최남선의『조선상식문답』에 기록되어 있다.『열양세시기』에는 '김과 참취나물 등에 밥을 싸서 먹는데 이것을 박점이라 하고 복쌈이라고도 하며 많이 먹어야 풍년이 더 크게 든다'라고 기록되어 있다. 또한『동국세시기』에는 '복쌈을 배춧잎과 김으로 밥을 싸서 먹는다'라고 기록되어 있다.

(12) 편육, 제육, 족편

편육은 소고기 부위인 업진이나 양지, 사태 부위 고기를 덩어리째 삶아서 베보로 싸서 눌렀다가 썰어 먹는 음식이며 제육은 돼지고기 삼겹살 부위 등을 삶아 눌러 새우젓 등에 찍어 먹는 음식이다. 소머리나 쇠족, 돼지머리에는 힘줄이 많으며, 힘줄 부분에는 콜라겐이 많고 이것을 오래 고면 맑은 액으로 용해되나 식히면 맑은 상태로 응고되는 특성이 있다. 이 특성을 이용한 것이 족편으로 요리법과 재료에 따라 소머리편, 족편, 족장과 용봉족편, 용봉족장 등이 있다.

(13) 생채, 숙채, 탕평채(묵무침)

생채는 채소를 생으로 얇게 저미거나 채썰어 소금으로 간을 하고 양념을 넣어 무친 것으로, 주로 식초와 설탕, 고추장이나 고춧가루를 넣어 음식의 특성과 맛에 따라 새콤달콤한 맛이 나게 한다. 무생채, 도라지생채, 오이생채 등을 만들 수 있다.

숙채는 채소류를 약간 데쳐 양념한 것으로, 콩나물 · 도라지나물 · 애호박나물 · 시금치나물 · 월과채 · 숙주나물 · 표고버섯나물 · 취나물 · 구절판 · 밀쌈 등이 있다.

겨자즙이나 잣즙으로 무치는 것으로 겨자채가 있고 간장양념으로 만든 달래무침 등이 있다. 특히 겨자채는 채소 외에 편육이나 전복, 새우 등 해산물을 삶아 차게 식혀서 함께 무치기도 한다.

묵무침은 메밀이나 녹두 등의 전분앙금을 풀처럼 쑤어 식혀서 굳힌 음식으로 재료에 따라 메밀묵, 녹두묵, 노랑묵, 도토리묵 등이 있다. 한국에서 가장 유명한 묵요리로는 녹두 전분(가루)을 쑤어 굳힌 청포묵을 여러 가지 채소로 조리한 음식인 탕평채(蕩平菜)가 있다.

(14) 회류

회는 육류 · 어패류 · 채소류를 썰어서 날로 먹는 생회와 살짝 데쳐서 먹는 숙회가 있으며, 초간장 · 초고추장 · 겨자즙에 찍어 먹는 음식이다. 고기를 날로 썰어서 참기름과 잣가루에 섞어 먹는 것을 육회(肉膾)라 하고 생선을 살짝 익혀 만든 요리를 숙회(熟膾)라고 하며 미나리나 파를 데쳐서 상투모양으로 잡아 초고추장에 찍어 먹는 것을 강회(康膾)라고 한다. 그 밖에 두릅을 데쳐서 초고추장에 찍어 먹는 두릅회가 있으며, 주로 생선이나 조개류, 소고기의 살 · 간 · 처녑 · 염통 등을 날것으로 먹도록 만든 음식으로 술안주에 많이 쓰인다. 대체로 가늘게 썰어 초고추장, 겨자초장, 소금, 후추 등에 찍어 먹는다.

(15) 초류

초(炒)는 물기 없이 살짝 볶는다는 뜻으로, 조림처럼 조리다가 녹말물을 넣기도 하여 국물 없이 달게 조리는 것으로 소라초, 홍합초, 전복초, 삼합초, 해삼초 등이 있다. 초류는 주로 해산물류를 깨끗하게 씻어 데치거나 하여 설탕과 간장 · 파 · 마늘을 다져 넣고 조리는 음식으로, 약간 달면서 국물이 보이지 않을 정도로 조린다.

(16) 나물류, 무침류

나물은 숙채류의 대표적인 음식으로 재료에 따라서 호박나물, 오이나물, 도라지나물 등이 있다. 도라지는 소금에 절였다가 기름에 볶으면서 양념하고, 숙주나물 · 시금치 · 쑥갓 · 미나리 · 고춧잎 · 깻잎 등의 푸른잎 채소는 끓는 물에 데쳐 내어 양념에 볶거나 무치고, 콩나물은 소금물에 삶아서 양념하여 무치며, 무나물은 양념을 먼저 한 다음 물을 약간 붓고 끓이는 듯이 익힌다.

고사리, 고비, 취나물, 시래기나물, 가지오가리 말린 것, 각종 버섯류는 물에 담가 두었다가 삶아서 물기를 없앤 후 볶거나 무치는 등 여러 가지 조리법이 있다. 크게는 볶아서 익히는 나물과 데쳐서 무치는 나물로 나눌 수 있는데, 나물의 양념으로는 간장, 다진 마늘, 깨소금, 참기름, 다진 파를 주로 쓰지만 재료에 따라 고춧가루, 후춧가루, 고추장, 새우젓 등을 쓰기도 한다.

(17) 마른 찬류–포류, 부각, 자반류

마른 찬은 북어 · 오징어 · 멸치 · 뱅어포 · 김 등으로 수분이 적어서 오래 보관할 수 있고 무치거나 볶거나 기름에 튀기거나 조려서 밑반찬이나 술안주로 이용된다. 종류로는 포 · 튀각 · 부각 · 자반 등이 있다. 콩, 미역, 김, 소고기 등을 간장에 조린다. 1600년대 말『주방문』에 수록되어 있으며『음식보』,『규합총서』,『고대규합총서』등에 계속 수록되었고 요즈음에도 밑반찬이나 술안주용 등으로 많이 이용하는 음식이 되었으며 가공식품으로 시판되고 있는 추세이다.

포류는 양념한 소고기나 돼지고기 등을 얇게 펴서 말린 육포가 있으며 잘게 다져 양념하여 모양을 성형한 편포, 생선을 말린 어포 등이 있다.

튀각은 다시마나 미역을 기름에 바싹 튀긴 것이고, 부각은 김 · 깻잎 · 가죽 등에 찹쌀풀을 발라 말려서 튀긴 것으로 제철이 아닐 때도 먹을 수 있다.

자반류는 생선 등을 소금에 절여서 만든 반찬이다.『음식보』에 기록된 자반조리법은 다음과 같다.

"다시마를 물에 불렸다가 도로 말려서 뿌득뿌득하여 미끄럽지 않거든, 좋은 찹쌀을 키나 체로 티를 가려서 밥을 되게 지은 뒤, 더운 김에 한 알씩 떼어 다시마를 반듯반듯하게 베어 한 편만 밥알을 빈틈없이 박아 볕에 말리고 누룽지같이 되거든 기름에 띄워 지져서 밥 안 붙은 편에 꿀을 약간 바르고 잣가루를 뿌려 쓴다."

(18) 젓갈류와 식해

젓갈은 생선의 살, 알, 창자 등을 소금에 짜게 절여서 발효시킨 음식으로, 새우젓, 조개젓, 곤쟁이젓, 밴댕이젓, 꼴뚜기젓, 대합젓, 멸치젓, 연어알젓, 명란젓, 어리굴젓, 조기젓, 창란젓, 방게젓 등이 있다. 젓갈은 제철에 사서 항아리에 담고 재료가 완전히 덮일 만큼 소금을 켜켜이 뿌려 꼭 봉해서 익히는데, 새우젓 · 멸치젓 · 조기젓(황석어젓) 등은 김장 담글 때 주로 쓰이고, 나머지는 양념에 무쳐서 밥반찬으로 쓴다.

식해는 생선을 토막 친 다음에 소금을 뿌리고 쌀이나 곡류 등으로 조밥을 하여 고춧가루, 무 등을 넣고 버무려 삭힌 음식이다. 곡식의 식(食)자와 어육으로 담근 젓갈 해(醢)자를 합쳐 표기한 것으로 한국 · 중국 · 일본 등 아시아권 전역에 고루 분포하는 음식이다. 우리나라에서는 함경도 가자미식해, 북어식해, 경상도 마른고기식해 등 지방마다 약간의 차이는 있다. 대개 기본재료는 엿기름, 소금, 생선, 좁쌀이나 찹쌀 등이며, 여기에 고추, 마늘, 파, 무, 생강 등 매운 양념이 첨가된다.

(19) 김치류

채소를 소금에 절여 헹구어서 물기를 빼고, 고춧가루 · 마늘 · 파 · 생강 · 젓갈을 넣어 만든 양념으로 버무린다. 발효하는 동안 유산균이 생성되어 독특한 맛을 내고, 채소가 부족한 겨울에 비타민과 유기산 · 칼슘 · 단백질을 공급해 주는 중요한 저장식품이다. 젖산균에 의해 정장작용(淨腸作用)을 하고 식욕을 증진시켜 주기도 한다. 김치는 채소를 오래 저장하기 위한 수단이 될 뿐만 아니라 저장 중 여러 가지 미생물이 번식하여 유기산의 방향(芳香)이 만들어져 훌륭한 발효식품이 된다.

상고시대(上古時代)에는 오이 · 가지 · 마늘 · 부추 · 죽순 · 무 · 박 등으로 소금절이 · 술과 소금절이 · 술지게미와 소금절이 등을 만들었는데 오늘날의 김치와는 매우 다르다. 김치류는 배추김치, 총각김치, 파김치, 깍두기, 나박김치, 오이소박이, 섞박지, 열무김치, 동치미 등이다.

(20) 장아찌류

장아찌는 제철 채소를 오래 저장해 두고 먹을 수 있도록 간장, 고추장, 된장, 식초에 담가 놓는 음식이다. 급속히 만드는 것을 '장과'라고도 하는데, 오래 저장하지 않고 즉시 만들어 먹을 수 있는 것을 갑장과 또는 숙장과라고 한다. 야채류 외에 육류, 어패류 등의 다양한 재료가 사용되었는데, 특히 깻잎, 풋마늘, 고춧잎, 마늘종, 참외, 동아 등의 채소는 물론, 먹을 수 있는 모든 것이 재료가 된다. 대개는 장에 박아 두었다 꺼내서 잘게 썬 후에 참기름 · 깨소금 · 설탕 등으로 양념해서 먹는다. 문헌에는 두부 등을 된장에 넣어서 만들어 먹었던 기록도 있다.

3. 후식류

(1) 떡류

떡은 의례 · 제례 · 절식에 있어서 필수적인 음식으로 삼국시대 후기부터 밥을 주식으로 상용하면서 잔치나 제사음식 등 여러 가지 의례에 쓰이게 되었다. 고려시대에는 잔치음식과 제사음식으로 발전하였고 조선시대와 현대에는 일품음식, 간식, 영양식으로 발전하고 있다.

조리방법에 따라, 팥가루나 콩가루에 부재료를 섞거나 켜켜로 넣어 시루에 찌는 '찐 떡', 곡물가루를 반죽하여 모양을 만들어 기름에 지지는 '지진 떡', 시루에 찐 다음 절구에 넣고 쳐서 만드는 '친 떡', 가루를 반죽하여 모양을 만들어 삶은 후 고물을 묻히는 '삶은 떡'이 있다.

팬에 지지는 지진 떡은 멥쌀이나 찹쌀가루를 익반죽하여 모양을 만들어 기름에 지진 것으로 밀전병, 찰전병, 수수전병 등의 '부꾸미', 찹쌀가루에 승검초, 은행, 대추, 석이를 섞어 만드는 주악류와 찹쌀가루를 익반죽하여 기름에 지져서 진달래 · 국화 · 쑥갓 잎으로 모양을 낸 '화전'이 있다.

쌀을 시루에 찌거나 안반에 친 떡에는, 찹쌀을 주재료로 밥을 지어 안반에 쳐서 만든 인절미나 멥쌀을 주재료로 사용한 절편이나 개피떡 등이 있다. 삶은 떡에는 멥쌀, 찹쌀, 수수 등을 익반죽하여 소를 넣어 만든 경단, 송편 모양을 만들어 삶은 것으로 송편류, 단자류(색단자, 석이, 은행, 밤), 쑥구리, 경단류(찹쌀, 수수)가 있다.

(2) 한과류

한과(韓菓)는 한국의 전통 과정류(菓釘類)로 의례와 기호식품으로 애용되었고, 세찬 및 연회상의 필수음식이었다. 과정류는 농경문화의 진전에 따른 곡물 산출의 증가와 불교에서 오는 육식의 기피를 배경으로 신라와 고려시대에 개발된 음식이다. 제례 · 혼례 및 연회 등에 필수적인 음식으로는 유밀과류, 강정류, 산자류, 다식류, 정과류, 숙실과류, 과편류, 엿강정류가 있다.

유밀과류는 밀가루를 기름, 꿀, 술에 반죽하여 여러 모양을 떠서 기름에 지져 꿀에 잰 것이며 반죽한 후에 모양에 따라 약과, 다식과, 만두과, 매작과 등의 이름을 붙인다.

강정 및 산자류는 찹쌀 반죽을 발효시켜 모양을 성형한 후에 갸름하게 썰어 말렸다가 기름에 튀겨 고물을 묻히면 '강정', 네모로 편평하게 만들면 '산자', 팥알만큼 썰었다가 기름에 지져 엿으로 서로 밀착시켜 썰면 '빙사과'이다. 강정은 누에고치 모양이며, 고물에 따라 깨강정, 콩강정, 흑임자강정, 계피강정, 잣강정, 생강정, 호두강정, 녹두강정으로 분류한다. 산자류는 고물에 따라 매화산자, 세반산자, 메밀산자, 밥풀산자, 묘화산자로 분류한다.

다식류는 익힌 곡류나 견과류, 송화가루에 꿀을 넣어 반죽하여 덩어리를 만든 후에 다식판에 찍어내는 방법이 전해 내려왔으나, 근래에는 설탕 시럽이나 조청 등도 사용된다. 건율, 송화, 깨, 콩, 승검초, 잡과(밤, 대추, 호두, 쌀가루) 등으로 만들어서 시판되고 있다.

정과류는 수분이 적은 식물의 줄기, 뿌리나 열매를 꿀이나 물엿으로 오랫동안 졸인 음식으로 쫄깃쫄깃하고 달콤한 것으로 일명 전과라고도 한다. 연근, 생강, 유자, 도라지, 동아, 당근, 모과, 인삼, 청매, 행인정과 등이 있으며, 최근에는 모든 과일류와 채소류에 색소를 들여 꽃 모양 등을 만들어 떡 케이크 장식으로도 사용하고 있다.

숙실과류는 과수의 열매나 식물의 뿌리를 익혀서 꿀이나 설탕에 졸인 것을 말한다. 밤초, 대추초 등이 있고, 과일의 열매를 무르게 삶아 다져서 다시 원래의 과실 모양으로 빚어 잣가루를 묻힌 것으로 율란, 조란, 생란 등이 있다.

과편류는 과일 중 신맛이 나는 과일(앵두, 모과, 살구 등)에 꿀을 넣어 잼처럼 엉기게 한 후에 네모지게 써는 것으로 잘 엉기게 하기 위하여 녹두나 녹말가루를 사용하기도 하며, 살구 · 앵두 · 귤 · 버찌 · 오미자편 등이 있다.

엿강정류는 흑임자 · 들깨 등을 볶은 것, 파란콩 · 검은콩 등을 연하게 볶은 것과 잣 · 호두 · 땅콩 등 고소하고 향기가 좋은 재료에 단맛을 더한 과자이다.

(3) 음청류(飮淸類)

음청류는 우리나라 전통음료이자 세계적인 웰빙 음료이다. 특히 삼국시대에 쌀을 발효시켜 만든 '장수(漿水)'란 음료는 식혜로 발전한 오래된 음료다. 오미자즙에 꿀물 또는 설탕물을 넣고 계절 과일이나 꽃잎 · 떡수단 · 보리수단 등을 실백과 함께 곁들여 먹는 화채류에는, 배화채, 유자화채, 앵두화채, 귤화채, 장미화채, 딸기화채, 복숭아화채, 수박화채, 떡수단, 보리수단, 배숙 등이 있다. 주로 손님 접대용이나 계절의 풍류를 즐기면서 먹는 음료이다.

배숙은 끓인 음료이지만 차게 하여 먹기도 한다. 또한, 보리로 엿기름 가루를 만들어 물에 녹이면 아밀라아제 효소가 추출되는데, 여기에 쌀로 밥을 하여 함께 끓여서 당화시켜 만드는 전통음료 식혜가 있으며 계피와 생강을 넣고 끓여 만든 후 차게 식혔다가 곶감을 넣어 마시는 수정과 음료가 있다.

(4) 술류

여러 문헌의 기록에 의하면 새해에는 봄을 맞이하기 위해 데우지 않은 찬술을 마셨다. 특히 조선시대에는 유교사상의 영향으로 조상숭배인 제례문화를 목숨보다도 중요하게 생각하였고 손님접대를 중요하게 여기며 생활하였기 때문에 집집마다 술을 담그는 가양주문화가 발달하였다.

전통주는 제조방법에 따라 양조곡주와 증류주로 나뉘며 양조곡주는 순곡주와 혼양곡주로 구분된다. 순곡주는 거르는 방법에 따라 탁주와 청주로 구별되며, 빚는 방법에 따라 일반주와 이양주로 나뉜다. 이양주(異釀酒)란 생나무통, 대나무 대롱 등을 이용하거나, 술항아리를 땅에 묻거나 물 속에 담그는 등 특이한 숙성과정을 거쳐 빚어낸 술이다. 혼양곡주는 넣는 재료에 따라 다른 이름을 지니며, 독특한 향을 내기 위해 꽃이나 식물의 잎을 넣어 빚는 술은 가향곡주(加香穀酒)로, 약재를 넣으면 약용곡주(藥用穀酒)로 불린다.

전통주의 제조방법은 대개가 비슷하다. 통밀을 물과 반죽해 발효시킨 누룩에 쌀, 찹쌀 등의 곡물과 물을 함께 버무린 다음, 옹기 술독에 넣어 발효시키고 노란빛의 맑은 물이 떠오르면 약주를 떠내고 남은 술덧에 다시 물을 섞고 밥알을 으깬 후에 체로 걸러낸 것이 막걸리 탁주이다. 또 술덧을 솥에 넣고 끓이면 낮은 온도에서 끓는 알코올 성분이 기화되어 이슬로 맺히는데, 이를 받아낸 것이 소주이다(안동소주, 문배주, 이강주 등).

전통주는 원료와 발효, 보관기술에 따라 술맛이 달라진다. 와인이 포도의 품종과 수확시기에 따라 맛이 다르듯이, 누룩의 종류, 쌀의 품종, 첨가하는 약재와 생태분포지역이 각기 다른 수백 가지의 미생물에 따라 지역마다 독특한 술맛을 자랑하고 있다.

제3장

한국 전통음식의 재료

1. 한국 전통음식과 재료

(1) 곡류(穀類)

곡류는 서류와 함께 세계인의 주요 탄수화물 급원식품이다. 곡류에는 우리나라 사람들의 주식인 쌀과 함께 잡곡류인 보리, 콩, 조, 밀, 옥수수, 수수 등이 있다.

① 주식류(쌀, 보리, 밀)

우리나라 쌀은 자포니카 종의 벼에서 생산된다. 왕겨를 벗긴 현미는 과피가 있고 섬유가 많아서 단단하다. 맛과 소화율을 높이기 위해 속겨층을 제거하여 만든 백미는 글루텐 단백질을 가지고 있으며, 소화율이 98%로 높다. 멥쌀은 아밀로펙틴과 아밀로오스가 2 : 8로 구성되어 있다. 밥의 끈기와 단단한 정도는 아밀로오스의 함량에 따라 달라진다. 아밀로펙틴만으로 구성된 찹쌀은 밥을 조리하면 차지며 찹쌀 특유의 이취가 있어서 평상시에 밥으로 상용하기에 적당치 않아 떡을 만들어 먹고 아밀로오스 함량이 많은 멥쌀로는 밥을 조리해 먹는다.

보리는 낱알의 모양에 따라 겉보리와 쌀보리로 나뉜다. 요즈음은 가공한 보리쌀이 나온다. 보리에는 섬유소나 비타민, 회분 등이 많아서 건강에 유익하지만 밥을 지을 때 쌀에 비하여 수분을 많이 필요로 하기 때문에 미리 물에 담가 불리거나 미리 삶아야 하는 불편함이 따른다. 오미자 음료를 만드는 데 사용하기도 한다.

밀가루의 원재료인 밀은 껍질이 있어서 질기고 부서지기 쉽기 때문에 가루로 가공하여 국수나 만두 등의 재료로 사용한다. 밀가루는 단백질인 글리아딘(gliadin)과 글루테닌(glutenin)으로 구성되어 있으며 밀가루에 물을 부으면 탄력성과 점착성을 갖는 글루텐(gluten)이 형성된다. 밀가루는 단백질의 함량에 따라 강력분, 중력분, 박력분으로 나뉜다. 중간 정도의 성질을 가진 중력밀가루는 국수, 라면, 만두 등에 사용된다.

② 잡곡류

잡곡류인 수수 중 찰수수는 인 · 철 · 칼슘 · 망간 · 구리 · 아연 등 무기질과 나이아신이 많아 건강에 좋고 소화 작용 · 기침 · 천식에 효과가 있으며, 단백질과 지질이 풍부해 떡이나 밥에 이용된다. 특히 백일이나 돌에 액막이용 떡에 쓰이는 귀한 재료이다.

조는 작고 둥글며 노란색을 띠며 녹말, 단백질, 지방이 들어 있다. 옛날에는 조로 밥을 지어 먹었으며 한때 중요한 구황작물이었고, 떡 · 엿 · 술을 만드는 원료로도 쓰였다.

대두인 메주콩은 식생활에 활용했던 조상들의 흔적들이 남은 고조선시대 만주벌판 너른 대지가 원산지이다. 대두로 발효식품인 간장과 된장을 담아 먹고 있는 우리나라는 세계의 식품으로 인정받는 된장의 종주국으로 자부심을 갖고 있다. 콩 성분의 40% 가량을 차지하는 단백질에는 필수 아미노산이 균형 있게 배합되어 있으며 특히 쌀에서 부족한 리신이 많아 밥 조리 시에 섞게 되면 보충 효과가 있다. 콩 속의 단백질 성분인 이소플라본 속의 다이진과 제니스틴은 여성호르몬인 에스트로겐의 대체물질로서 암세포의 성장을 억제하는 중요한 성분이 포함되어 있다. 대두는 전통발효식품인 된장의 주재료이고 두부와 콩나물의 주재료이다.

전통적으로 액막이 음식에 사용되었던 팥은 지금까지 남아 있는 풍습에서 알 수 있듯이 동지날 팥죽을 쑤어 먹는 명절음식의 재료이다. 삶아서 떡의 고물이나 소로 사용하며 밥에 넣어 먹기도 한다. 찬 성질을 가진 녹두는 숙주나물로 키워 사용하고 녹두죽을 끓이기도 하며 녹말을 추출해 청포묵과 편(떡) 등을 만들기도 한다. 탕평채의 주재료인 청포묵은 녹두전분으로 만든 것이다.

(2) 서류 (薯類 : 고구마, 감자류)

고구마의 성분은 수분 69.39%, 당질 27.7%, 단백질 1.3% 등이며 주성분은 녹말이다. 요즈음은 녹말용으로 30% 정도 사용하고 공업용으로는 엿, 포도당, 과자류, 식용가공품, 의약품, 화장품, 알코올, 위스키, 소주 등의 원료로 많이 사용된다. 고구마는 감자에 비해 당질과 비타민 C가 많고 칼로리가 낮다. 삶거나 굽는 것 외에 튀김이나 죽으로도 조리한다.

감자는 마령서(馬鈴薯), 하지감자, 북감저(北甘藷)라고도 한다. 감자는 삶아서 주식 또는 간식으로 먹기도 하며 굽거나 기름에 튀겨 먹기도 한다. 소주와 알코올의 원료로 사용되고, 감자녹말은 당면이나 공업용 원료로 이용하는 외에 좋은 사료도 된다. 감자싹에는 솔라닌이라는 유독성분이 들어 있으므로 조리 시에 잘 깎아 내고 조리해야 한다.

(3) 채소류와 버섯류

채소류는 국, 찌개, 김치, 나물, 생채 등의 재료로 사용되며 색에 따라 녹황색 채소와 담황색 채소로 나뉜다. 녹황색 채소로는 시금치 · 깻잎 · 아욱 · 근대 · 상치 · 쑥갓 · 당근 · 토마토 등이 있고, 담황색 채소로는 배추 · 무 · 콩나물 · 숙주나물 · 파 · 마늘 등이 있다. 야생 채소로는 도라지 · 더덕 · 쑥 · 두릅 · 달래 · 질경이 · 비름 · 취 · 냉이 등이 있다.

채소류를 주로 샐러드로 섭취하는 서양인에 비해, 우리는 채소를 생으로도 먹지만 대체적으로 끓는 물에 살짝 데쳐서 기생충 등을 살균하여 먹는데, 이는 위생상 효과적인 조리법이며 생채류보다 많은 양을 먹을 수 있어서 더욱 좋은 식습관이다.

버섯은 예로부터 우리 음식문화에서 제일 많이 사용된 식품재료중 하나로 맛과 기능성이 있다. 석이버섯은 전통음식의 고명으로 사용하는데, 몸 속의 독기를 해독시키고, 건조된 표고버섯은 부인과 질환인 종양을 억제시키기도 한다는 실험결과가 있다. 버섯 성분 중 에르고스테롤이 햇빛에 말리는 과정에서 비타민 D로 전환되어 항산화 성분이 생기며, 혈압 강하와 빈혈치료 등에 효과가 있고, 비타민 D는 성장기 어린이에게 유익한 영양소가 된다. 버섯의 종류로는 표고버섯, 느타리버섯, 싸리버섯, 송이버섯, 목이버섯, 석이버섯, 능이버섯 등이 있다. 재료에 따라 버섯찌개, 구이, 볶음 등과 음식의 고명으로도 사용된다.

(4) 육류

육류에는 소고기, 닭고기, 돼지고기, 꿩고기, 오리고기, 양고기, 말고기 등이 있는데 각각의 육류도 부위에 따라 명칭이 다르고 부위나 성장 햇수에 따라 조리용도가 다르며 맛도 다르다. 소는 도살 후 자체 내의 소화효소에 의하여 숙성기간이 12~14시간 소요된다. 운동량이 많았던 부위는 추출물은 많으나 질기므로 습열조리인 끓이기나 찜 등에 알맞으며, 운동량이 덜한 부위인 등심, 안심, 채끝살 부위는 구이에 알맞다.

① 소고기

소고기는 특히 양질의 단백질과 철을 많이 함유하고 있으며 지질의 공급원도 되는 영양가 높은 식품이다. 돼지고기에 비해 철이 특히 많아 빈혈에 효과가 있을 뿐만 아니라, 필수 아미노산이 많아서 영양 불량에 의한 부종을 다소 줄여 주고 다리 및 허리 근육을 강하게 해 준다. 소고기는 성질이 편하고 따뜻하며 맛은 달다. 부위는 심장(염통), 처녑, 골, 꼬리, 홍두깨살 등이 있으며 안심구이, 전회, 골탕, 저냐, 곰탕 등으로 만들어 먹는다. 안심 부위는 부드럽고 결이 고우며 적당한 지방층이 형성되어 맛이 좋아 구이나 스테이크, 산적, 냉채, 소고기편채, 볶음, 바비큐 등에 사용된다. 등심은 안심에 비하여 지방질이 많은 편으로 지방분과 줄기가 부분적으로 몰려 있는 곳도 있어서 두껍게 써는 요리에는 적당하지 않으며 불고기나 전골, 징기스칸, 로스 편채, 너비아니 등에 주로 이용된다.

고기의 결이 곱고 비육이 잘된 소의 채끝은 대리석 무늬의 지방이 있는 것이 육질이 연하고 풍미와 향기가 좋아서 상급육에 해당되며, 스테이크나 생고기구이, 로스 편채, 주물럭, 커틀릿, 샤브샤브, 불고기, 스키야키 등에 적당하다. 우둔살은 붉은 살코기로 지방의 양은 소고기 부위 중에서는 중간 정도이며 근육막이 적어 비교적 연하고 맛이 좋은 것이 특징이다. 주로 육회나 구절판, 및 나물 등의 고명, 산적구이, 다진 고기용 등으로 적당하다.

홍두깨살은 길쭉한 45cm 정도의 길이로 원통형이며 방망이같이 생겼다 하여 홍두깨라고 부른다.

주로 장조림, 육회, 육포 등에 많이 쓰이며, 구절판 등 가는 고기 채썰기를 할 때 결대로 곱게 썰기가 좋아서 많이 이용되고 있다. 양지머리는 목심 턱 밑의 앞가슴살로 맨 앞쪽에 단단한 지방과 살로 뭉쳐진 부위이며 국거리용으로 적당하다.

업진살은 중간 부위(7번 갈비) 하단의 뱃살로 치맛살의 일부이며 앞쪽에 위치하고 있고 지방과 붉은 살코기가 층을 이루고 있어서 수프를 맛있게 만들고자 할 때 이용하면 좋다. 네모지게 썰어 카레, 스튜, 국거리 등 삶는 요리 등에 많이 이용한다. 치맛살은 7번 갈비 뒤쪽 하단부의 업진육과 붙어 있는데 뒤쪽 부위에 해당되며, 주름치마와 같이 주름이 있어 치맛살이라고 한다. 결이 일정하고 기름층과 살이 교차되어 육즙이 맛이 있으므로 국물을 내는 요리에 이용한다. 아롱사태는 뭉치사태의 가운데 위치한 아킬레스건으로 연결되어 있는 단일근육으로 고구마 모양으로 생긴 근육을 말한다. 육회나 탕, 스튜, 찜, 장조림, 편육 등으로 이용한다.

안창살은 질기기는 하나 씹는 촉감과 육즙향이 매우 좋아 구이용으로 많이 쓰이고 있다. 제비추리는 구이용으로 많이 쓰이고 있다. 갈비는 지방질이 많으나 부드럽고 흰 서리 같은 부분이 많을수록 품질이 좋다. 기름이 하얗고 덩어리 기름이 너무 많거나 질긴 껍질이 많은 것은 먹기도 나쁘고 조리하기도 불편하다. 갈비 특유의 풍미로 구이나 찜, 탕 등을 하면 맛이 매우 뛰어나다.

좋은 소고기 고르는 방법 및 조리 포인트

소고기의 생육에는 냄새가 없어야 하고 선홍색이면서 밝은 색을 띠고 윤기가 나야 한다. 운동에 쓰는 근육 부위나 노령에 가까워질수록 진한 암적색을 띤다. 냉동육은 색깔이 진붉고 어둡지만 녹으면서 밝은 빛으로 돌아온다. 육회 · 생등심구이 · 생갈비 구이용은 신선함뿐만 아니라 색깔이 선홍색으로 유지되어야 한다. 지방의 대리석 무늬(marbling)가 고루 분산되어 있어야 풍미가 좋다.

지방의 색깔은 흰색 또는 연한 크림색으로 광택이 충분하며, 소 특유의 향기가 나고 육질이 굳고 끈기가 있는 것이 좋다. 손으로 눌러 볼 때 탄력이 있어야 하고, 조직이 치밀하고 단단한 것이 좋다. 썰었을 때 육면에서 수분이 나오는 것은 맛이 없다. 또한, 다져 놓고 파는 고기를 구입하면 공기 중에 지방이 산화되는 기간이 길어서 과산화지질이 생성될 수 있으므로 필요한 부위를 덩어리째 구입한 후에 갈아 달라고 하는 것이 좋다.

② 돼지고기

돼지고기는 성질이 차고 냉하다. 맛이 쓰며 독이 조금 있고 해열(解熱)작용을 한다. 또한, 열로 막힌 혈맥, 약한 근골과 허한 증상을 치료한다. 그러나 돼지고기는 사람의 기운을 허하게 하고 약효를 죽이며 풍을 동하게 하기 때문에 오랫동안 상식(매일 먹는 것)하면 좋지 않다.

돼지고기의 부위별 명칭 및 용도는 다음과 같다.

등심은 목 쪽으로 이어지는 부위로 여러 개의 근육이 모여 있고 근육막 사이에 지방이 적당히 박혀 있어서 구이용으로 사용되며 풍미가 좋다. 앞다리살은 불고기, 찌개, 수육(보쌈)에 쓰인다.

목심은 어깨 부위의 고기로 안쪽에 어깨뼈를 떼어 낸 넓은 피막이 나타난다. 폭찹, 돈까스, 스테이크에 쓰이며, 특징은 표피쪽에 두터운 지방층이 덮인 긴 단육으로 고기의 결이 고운 편이다. 갈비는 바비큐, 불갈비, 갈비찜에 쓰이며 옆구리 늑골(갈비)의 첫 번째부터 다섯 번째까지의 늑골부위를 말하며 근육 내 지방이 박혀 있어서 풍미가 좋다.

삼겹살은 구이나 베이컨(가공용)에 쓰이며 갈비를 떼어 낸 부분에서 복부까지의 넓고 납작한 모양의 부위이다. 근육과 지방이 삼겹의 막을 형성하며 풍미가 좋다. 안심은 탕수육, 구이, 로스, 스테이크에 쓰이며 허리 부분 안쪽에 위치한다. 안심 주변은 약간의 지방과 밑변의 근막이 형성되어 있고 육질은 부드럽고 연하다. 뒷다리는 튀김, 불고기, 장조림에 쓰이고 볼기 부위의 고기로 살집이 두터우며 지방이 적은 편이다. 구이용으로 맛있는 갈매기살은 돼지의 '횡격막(橫膈膜)'에 붙어 있는 고기인데 명칭은 '가로막이살'에서 유래되었다. 방아살은 구이, 찜, 전골용으로 사용되며 등심 복판에 있는 부위이다.

③ 닭과 꿩

닭고기는 소고기보다 단백질이 많아서 100g 중 20.7g이고, 지방질은 4.8g이며, 126kcal의 열량을 내는데, 비타민 B_2가 특히 많다. 그 밖에 칼슘 4mg, 인 302mg, 비타민A 40IU, 비타민 B_1 0.09mg, 비타민 B_2 0.15mg 등이 함유되어 있다. 닭고기가 맛있는 이유는 글루탐산(酸)이 있기 때문이며, 여기에 여러 가지 아미노산과 핵산 맛 성분이 들어 있어 강하면서도 산뜻한 맛을 낸다. 흔히 닭을 잡아 바로 사용하지만, 하루 정도 경과하여 숙성된 것이 맛도 좋고 고기도 더 연하기 때문에 냉동된 것을 택하는 것이 좋다.

꿩고기는 속을 보호하고 기를 더하며 설사를 그치게 하고 부스럼을 없앤다. 꿩고기는 성질이 미한하고 혹은 따뜻하며 맛은 시고, 철에 따라서 독이 생긴다(3~8월). 꿩고기는 식품으로 귀한 재료이지만, 독이 있어 철에 따라 먹어야 하며 상식은 피해야 한다.

(5) 어패류 (魚貝類)

어패류는 중요한 단백질 식품으로 우리가 섭취하는 전체 단백질의 30%, 동물성 단백질의 80% 이상이 함유되어 살뿐만 아니라 알과 내장까지도 식용으로써 한국 고유의 가공품 형태로 옛날부터 전해왔다. 종류는 바다와 민물에서 자라는 생선들로 잉어, 붕어, 미꾸라지, 메기, 뱀장어, 은어, 가물치 등이 있고 극피류인 성게류와 해삼류가 있으며 갑각류인 게, 새우, 대하 등과 연체류인 꼴뚜기, 낙지, 오징어, 복족류인 전복, 소라, 우렁이, 굴, 대합, 가막조개, 모시조개 등이 있다.

신선한 생선은 비늘에 광택이 있고 몸에 밀착되어 있으며 오래된 것일수록 광택이 없고 비늘이 쉽게 떨어진다. 신선한 생선은 눈이 툭 튀어나오고 유리알같이 맑고 투명하며 아가미는 빛깔이 빨갛고 뚜껑이 꼭 닫혀 있다. 바다에서 서식하는 생선은 살이 단단하고 탄력이 있으며 빛깔은 선명하고 광택이 있는 것이 좋다.

(6) 해조류 (海藻類, seaweed)

해조류는 서식하는 바다의 깊이와 색깔에 따라 갈조류(톳, 미역, 다시마, 대황, 모자반 등), 홍조류(우뭇가사리, 김, 카라니긴 등), 녹조류(파래, 청각, 청태 등)로 구분된다. 해조류에는 카로틴, 요오드, 철분, 엽록소, 무기질 성분이 많이 들어 있으며, 최근에는 다시마가 다이어트 식품으로 각광받고 있다.

(7) 알류

달걀은 겉껍데기, 흰자위(난백)와 노른자위(난황)로 구성되어 있으며, 노른자위 주위에는 묽은 흰자위가 있으며 그 중간에는 된 흰자위가 있다. 노른자위는 얇은 막으로 둘러싸여 있고 양쪽 끝이 알끈으로 고정되어 있다. 각 구성 물질의 비율은 껍데기 11%, 흰자위 58%, 노른자위 31%이다. 달걀은 완전식품으로 단백질이 주요 영양소이다. 삶거나 찌거나 조리거나 전을 부칠 때 등에 사용하며, 우리나라 음식문화의 포인트인 고명 중 지단을 만드는 데 사용된다.

(8) 과일류, 견과류

과일류는 과육과 과즙이 풍부하고 단맛이 많으며 향기가 좋다. 과일나무를 재배지역에 따라 온대과수와 열대과수로 분류한다. 동아시아는 온대과수 지역으로 중국이 원산지인 종류가 많으며, 농경문화가 가장 먼저 발달한 황하유역에서 오과(五果: 복숭아, 배, 매실, 살구, 대추) 및 감, 밤, 개암 등을 재배하였으며, 가공품으로도 이용하였다.

수박, 참외, 딸기, 복숭아, 자두, 포도, 사과, 배, 감 등의 과일을 생으로 식용하나 오미자국물에 화채로 사용하기도 하고 정과를 만들기도 하며 술 등을 담기도 한다.

견과류는 단단한 과피와 깍정이에 싸여 있는 나무열매로, 먹을 수 있는 부분은 곡류나 콩 종류처럼 떡잎에서 이루어진 것으로 잣나무 · 밤나무 · 은행나무 등의 열매가 여기에 속한다. 견과류는 영양이 풍부하기 때문에 간식이나 식품재료로 사용되며, 음식류의 고명으로 사용하거나 술안주용 떡의 부재료로 사용하기도 한다.

(9) 저장식품

① 녹말가루와 곡분가루

녹말가루는 전분기가 많은 녹두 · 수수 · 생강 · 감자 · 고구마 · 옥수수 · 연근 · 율무 등의 재료를 곱게 갈아 물을 붓고 가라앉혀 사용하는 것으로 과편 · 떡의 고물 · 음식의 소스를 걸쭉하게 할 때나, 다식 · 청포묵 · 창면 등을 만들 때 사용한다.

곡분가루는 각종 식재료로서 재료를 곱게 갈거나 채취한 것으로 송홧가루, 감가루, 밤가루, 대추가루, 메밀가루, 석이가루 등이 있다.

② 엿기름가루

보리의 싹을 틔워서 말려 가루를 낸 것으로 물에 담가 추출하여 엿을 고거나 고추장 또는 식혜를 만들 때에 사용한다.

③ 채소 및 저장식 말리기

말리기는 채소류 등을 오래 보관하면서 먹기 위한 전처리 과정이다. 취나물 말리기, 고사리 말리기, 애호박고지 말리기, 가지 말리기, 감자 · 풋고추 말리기, 시래기 말리기, 부각, 장아찌 등이 있다. 채소 종류(시래기, 취나물, 가지, 감자 등)는 소금을 넣고 살짝 데쳐 말려야 보관하기 쉽다.

2. 한국 전통음식과 양념

(1) 양념류

양념은 흔히 조미료라고 하며 몸에 이롭기를 바라는 마음에서 한자로는 약념(藥念)으로 표기하며 재료의 맛과 향을 돋우거나 나쁜 맛을 없애기 위해서 사용되는 것을 말한다. 한국 요리에 쓰이는 주요 양념에는 간장, 소금, 된장, 고추장, 고춧가루, 참기름, 들기름, 식용유, 깨소금, 후춧가루, 계핏가루, 산초, 겨자, 식초, 꿀, 물엿, 설탕, 파, 마늘, 생강 등이 있다.

① 소금

소금은 '천일염'과 천일염을 가공한 '정제염(精製鹽)'으로 분류된다. 천일염에는 칼슘 · 마그네슘 · 아연 · 칼륨 · 철 등의 무기질과 수분이 많기 때문에 채소나 생선의 절임에 좋아 김치를 담그거나 간장이나 된장 등을 만들 때 주로 쓰인다. 화학명은 염화나트륨(NaCl)이다. 소금을 음식에 넣을 때는 처음부터 같이 넣으면 잘 무르지 않으므로 음식이 익은 다음에 넣는다. 소금과 설탕을 함께 사용할 경우에는 설탕을 먼저 넣는 것이 좋다.

② 간장과 된장

간장은 콩으로 만든 우리 고유의 발효식품으로 음식의 간을 맞추는 주요 조미료이다. 간장은 메주를 소금물에 담가서 숙성시키므로 아미노산 · 당분 · 지방산 · 방향물질이 생긴다. 숙성기간이 1년이 된 것은 청장이라고 하며 국이나 나물 무침에 사용한다. 2년 이상 오래된 진간장은 조림, 초, 육포 등에 사용한다.

간장물을 뺀 건지는 된장으로 사용하는데 영양이 빠져나갔으므로 메주가루나 기타 곡물을 첨가한 후에 다시 조합하여 발효시켜 먹는다. 음식 조리 시에 시중에서 파는 개량식 된장은 짧은 시간 동안 끓이고 재래식 된장은 오래 끓여야 구수한 제맛이 난다.

③ 고추장

고춧가루와 엿기름가루로 쑨 찹쌀에, 메주가루 등을 섞어 만든 고추장은 전통 발효식품으로 식탁의 귀중한 양념이면서 식품재료이다. 고추장은 매년 담가 먹어야 맛있다. 재료에 따라 찹쌀고추장, 보리고추장, 대추고추장 등으로 구분한다.

④ 고춧가루

고추는 자극적이며 음식에 넣으면 감칠맛이 있다. 잘 익고 껍질이 두꺼우면서 윤기가 있는 것이 상품(上品)이며, 태양에 말린 고추가 쪄서 말린 고추보다 비타민 함량이 훨씬 높으며 색도 곱다. 가루로 만들 때에는 고추를 행주로 깨끗이 닦아서 꼭지를 따고 씨를 뺀 다음에 깨끗한 보자기 위에 펴서 말린다. 용도에 따라 고추장과 조미용은 곱게, 김치와 깍두기용은 중간 입자로, 물김치용으로는 굵게 빻아서 사용한다.

⑤ 참기름, 들기름, 식용유 및 고추기름

참깨를 볶아 짠 참기름은 독특한 향기가 있으며 한국음식에 거의 빠지지 않고 들어가는 대표적인 식물성 기름으로 나물 무치는 데 주로 사용된다. 들깨에서 얻은 들기름은 구수하고 깊은 맛이 난다. 나물을 볶을 때 많이 사용하나 불포화지방산이 다량 함유되어 있으므로 짜서 오래 두게 되면 산화되기 쉽다. 식용유에는 콩기름, 옥수수기름, 면실유, 채종유, 쌀눈기름 등이 있으며 부침이나 튀김요리를 할 때 많이 사용한다. 고추기름은 식용유에 고춧가루를 넣고 끓여서 거른 것으로 매운맛을 내는 육개장이나 순두부 등에 이용된다.

⑥ 깨소금, 흑임자가루 및 들깨가루

깨소금은 잘 여문 검정깨와 흰깨를 택하여 깨끗이 일어 씻은 후에 볶아서 뜨거울 때 소금을 넣어 빻는다. 들깨는 고소한 맛이 나며 주로 거피한 후에 가루를 내어서 조림이나 찌개나 전골 등에 쓰인다.

⑦ 후춧가루, 산초 및 계피

검은 후추는 고추와는 다른 매운맛을 내며 갈아서 가루로 만든 것을 육류요리나 생선요리에 사용한다. 완숙된 후추열매의 껍질을 벗겨서 가루로 만든 '흰 후추'는 매운맛이 약하지만 생선요리나 깨끗한 음식에 사용한다.

산초는 잎과 열매 모두 향신료로 사용되며 열매는 푸를 때에 따서 장아찌를 만들기도 하며, 익은 열매는 건조시켜 가루로 만들어 조미료로 사용한다. 한약재로도 쓰이며 고추가 전래되기 이전에는 김치나 음식에 매운맛을 내는 조미료로 많이 쓰였다. 추어탕, 개장국, 제주도 향토음식인 자리회 등에는 산초가루가 잘 어울린다.

육계(肉桂)라고도 하는 계피는 계수나무의 껍질 말린 것을 가루로 만들어서 떡이나 약식 등에 사용하고 수정과에는 통계피로 향만을 우려내어 사용한다. 줄기인 계지는 차로 끓여 먹기도 한다.

⑧ 겨자와 와사비(고추냉이)

겨자의 씨앗을 가루로 만들어 사용하는데, 가루 상태에서는 매운맛이 나지 않고 물에 개어 공기와 접촉하면 매운맛이 난다. 겨자의 매운맛 성분인 시니그린(sinigrin)을 분해시키는 효소인 미로시나아제(myrosinase)는 40℃ 정도에서 매운맛을 내기 때문에 따뜻한 곳에서 발효시키는 것이 좋다. 주로 회를 찍어 먹을 때나 겨자채, 냉채류 등에 사용된다. 고추냉이는 '와사비'로 불리며 뿌리를 이용하며 생것과 말린 것을 갈아서 냉수에 개서 사용한다.

⑨ 식초

식초는 식욕을 돋우어 줄 뿐 아니라 살균, 방부의 효과도 있으므로 생선요리에 쓰면 비린내를 없애고 단백질을 응고시켜 생선살이 단단해진다. 양조식초는 곡물이나 과실을 원료로 하여 발효시켜 만든 것이며 합성초는 화학적으로 합성한 것이다. 합성초는 양조초나 과실초와 같은 특수한 미량성분이 포함되어 있지 않으므로 풍미가 없다. 사용할 때는 다른 조미료를 먼저 넣어서 스며들게 한 다음에 식초를 사용해야 한다.

⑩ 설탕, 꿀, 조청 등

설탕은 천연감미료로 정제도에 따라 흑설탕, 황설탕, 백설탕으로 나누며 색이 흴수록 감미도가 높아서 백설탕이 제일 달다. 설탕은 감미도 외에도 탈수성과 보존성이 있어 이러한 물리적 성질을 요리에 이용하기도 한다. 설탕을 160℃ 이상의 고온에서 분해시킨 캐러멜은 일종의 천연색소로 이용된다.

꿀은 과당으로 구성된 천연감미료로 '백청(白淸)'이라고도 한다. 당분 이외에 비타민과 무기질이 함유되어 있어서 소화도 잘 된다. 과자류에 많이 사용되며 화채, 약과, 약식 등에 사용된다. 조청(造淸)은 곡류를 엿기름으로 당화시킨 후에 오래 고아서 걸쭉하게 만든 갈색의 묽은 엿으로 과자나 조림에 많이 이용된다. 물엿은 녹말을 당화효소 또는 산으로 분해시켜 만든 감미료로 설탕에 비해 감미도가 1/3 정도 낮으며 흡습성이 있다. 유자청은 유자를 꿀이나 설탕에 재웠을 때 윗 부분에 고이는 맑은 액체로 향이 좋기 때문에 식혜나 차, 소스 제조 시에 레몬 즙과 함께 쓰인다.

⑪ 향채(파, 마늘, 생강)

파는 독특한 자극성분을 지닌 유기 황화합물이 함유되어 있어서 고기나 생선의 나쁜 비린내를 제거한다. 초록 부분은 채 또는 크게 썰어서 향신료로 쓰고, 흰색 부분은 가늘게 채 썰어 고명으로 쓰며, 다져서 양념으로 사용할 때는 흰 부분만을 쓴다. 마늘에는 알리신(allicin)이라는 휘발성 물질이 함유되어 있어 살균 · 구충 · 강장작용이 있으며, 비타민 B_1의 흡수와 소화를 도와 혈액순환을 촉진한다. 생강은 껍질에 주름이 없고 싱싱한 것이 상품(上品)이고 각종 요리에 많이 이용되며 매운맛의 성분은 진저론(gingerone)이다. 생선의 비린내나 육류 냄새를 제거하고, 식욕증진을 비롯하여 몸을 따뜻하게 하는 보온작용과 연육작용 및 약간의 항산화 작용도 있다.

3. 한국 전통음식 고명과 웃기 만들기

고명이란 음식에 모양과 맛을 더하고, 주재료가 탄수화물일 경우에 5군 식품군의 영양성분 등이 부족할 때 보조역할을 하기 위하여 음식 위에 뿌리거나 얹는 것을 통틀어 이르는 말이다. 고명의 재료로는 석이버섯, 황백 지단채, 표고버섯, 미나리초대, 실고추, 파채 등 채소류가 사용된다.

웃기는 과일 · 포 · 떡 등을 괴고 그 위에 모양을 내기 위하여 얹는 갖가지 꾸밈 재료로 특별한 음식 위에 장식하거나 추가로 영양 섭취를 돕기 위한 목적으로 사용된다.

(1) 고기 고명

① 고기완자

- 소의 살코기를 다진 후에 갖은 양념을 하여 직경 1~2cm의 은행알 크기보다 약간 크고 둥글게 만든 다음, 밀가루와 달걀을 입혀서 팬에 기름을 두르고 굴리며 지진다. 신선로나 전골 등에 사용되며 조금 크게 만든 것은 완자탕에 주재료로 사용한다.

② 편육과 고기채

- 편육은 국수의 웃기로 사용되는데 고기를 끓는 물에 삶아서 면보에 싸 수분을 제거한 후 채치거나 얇게 저며 사용한다.
- 고기채는 고기를 채 쳐 양념하여 팬에 볶은 후 고명으로 비빔밥이나 국수 등에 사용한다.

③ 달걀 고명

- 달걀을 황 · 백으로 나눈다. 흰자는 알끈을 제거하고 소금을 넣어 거품이 일지 않게 저어서 체에 받치거나 면보에 짜서놓고, 노른자는 체에 걸러 놓는다. 팬을 센불에서 달구었다가 불을 끈 후 다시 약하게 켜 기름을 약간만 두르고 약불에서 지진다.
  지단 모양은 음식에 따라 다르게 만들어야 하는데, 두께를 두껍게 한 골패형 지단(1cm × 4cm)을 만들어서 만둣국 · 완자탕 · 닭찜 · 전 등에 사용하고, 두께를 얇게 지져 짧게 혹은 길게 채친 지단은 비빔밥이나 국수장국 · 칼국수 · 오이선 · 호박선 · 칠전판 · 탕평채 · 잡채에 사용한다.

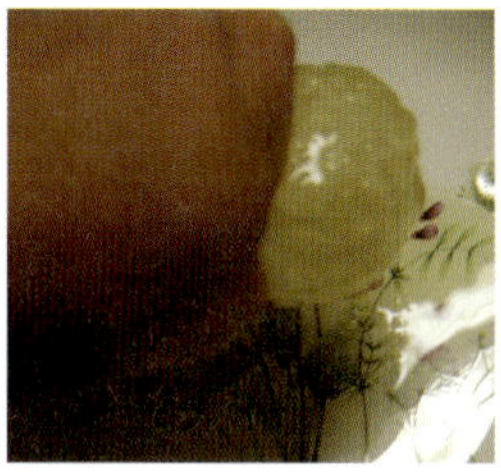

④ 버섯류 고명

- 표고버섯은 따뜻한 물에 설탕을 약간 넣고 불려 얇게 포를 뜨고 채썰거나 골패 모양으로 썰어서 사용한다.

- 목이버섯은 나무에 자생하는 것으로 따뜻한 물에 불려 큰것은 찢거나 채썰어 사용한다.

• 석이버섯은 바위에 자생하는 것으로 부스러기를 떼 내고 이끼와 뿌리를 제거하여 잘 손질한 후 헹구고 나서 돌돌 말아 채썰어 팬에 볶는다.

(2) 고추, 향채류, 미나리, 오이 및 호박고명

① 고추 · 향채류 · 파 고명

• **마른 고추** : 실고추는 건고추를 잘라서 씨를 빼고 젖은 행주로 깨끗이 닦은 다음, 말아서 가늘게 채 썬 것으로 국수장국 · 비빔국수 · 칼국수 등 음식류의 고명으로 사용되며 오이숙장아찌 · 무숙장아찌 · 호박선 · 김치 등에도 사용한다.

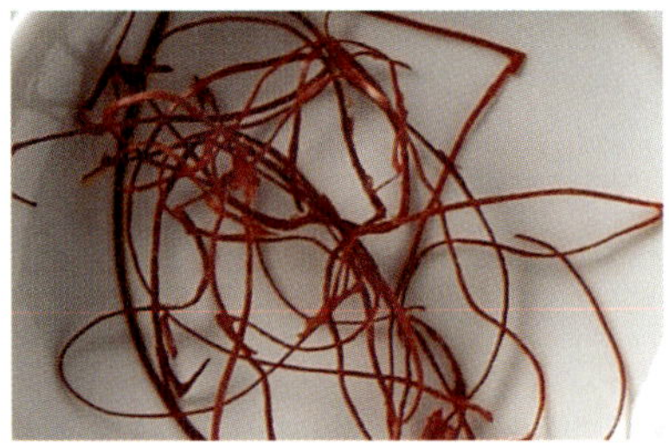

• **청홍 고추** : 완숙된 건조 전의 홍고추의 씨를 제거하고 안의 내용물을 도려낸 후 필요한 길이로 썰어서 미나리강회 등에 색깔과 맛을 주기 위한 장식으로 사용한다. 또 채는 생선의 장식으로 사용하고, 통으로 어슷 썰어 생선찌개나 돼지갈비찜에 사용한다. 어린 풋고추 크기의 청홍 고추를 통으로 어슷 썰어 생선찌개 등에 사용한다.

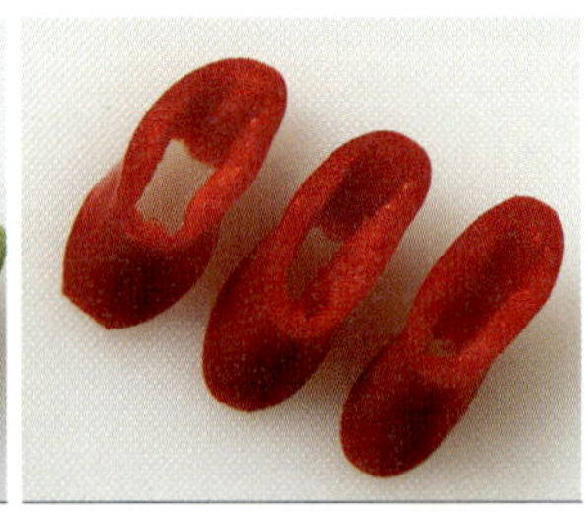

• **실파, 대파** : 파는 음식에 풍미를 주기도 하지만 고명의 역할을 하기도 한다. 실파는 젓국찌개 등에 사용되고 대파는 채쳐서 다시 다지는 등의 작업을 거쳐 모든 음식조리의 양념으로 사용하고 어슷 썰어 찌개 등에 사용한다.

② 채소류 고명

• **미나리 초대** : 초대는 미나리 잎과 뿌리를 제거하고 줄기 부분만 꼬지에 가지런히 꿰어서 밀가루를 묻히고 달걀 푼 것을 씌워 팬에 불을 약하게 하여 기름을 두른 다음에 초록색을 유지하게 지져 마름모나 골패 모양으로 썰어서 신선로 만둣국 등에 사용한다. 실파나 쑥갓으로 초대를 만들어 사용하기도 한다.

• **오이** : 선명한 초록색을 띠는 가시오이를 소금으로 문질러 씻은 다음, 길이 5cm 정도로 잘라서 잘 드는 칼로 두께 0.3cm 정도를 돌려가며 얇게 겉껍질을 깎아낸 후에 폭 0.3cm로 채썰어 소금에 살짝 절인 후에 볶아 비빔국수 · 어선 · 잡채 · 칠전판 등에 사용한다.

- **호박** : 애호박을 깨끗이 씻어 두께 0.3cm, 폭 0.3cm, 길이 5cm 정도로 자른 뒤에 얇게 겉껍질을 돌려깎기하여 깎아 낸 후 채썰어 소금에 살짝 절인 뒤에 팬에 볶아 비빔밥이나 칼국수 등에 사용한다.

③ 견과류 고명

- **호두** : 호두는 겉껍질을 벗긴 다음에 뜨거운 물에 데쳐서 쓴맛을 제거하고 꼬지로 속껍질을 벗겨서 사용하거나 기름에 튀겨서 사용하기도 한다. 주로 신선로 등에 사용한다.
- **은행** : 은행은 겉껍질을 벗겨 깨끗한 팬에 기름과 소금을 두르고 익히는데 초록색이 되면, 즉시 면행주나 키친 타월로 껍질을 벗겨서 신선로나 닭찜 등에 사용한다.
- **밤** : 밤은 겉껍질과 속껍찔을 벗겨서 나박썰기하여 겨자채에 사용하고 채썰어 보쌈김치나 떡 및 한과에 고명으로 사용한다.
- **대추** : 깨끗하게 씻어 씨를 빼고 얇게 편 후에 채썰어 보쌈김치나 떡 및 한과에 고명으로 사용한다.
- **잣** : 잣은 고깔을 떼고 마른 행주로 닦아 한지나 A4용지 등 깨끗한 종이를 깔고 도마 위에 칼날로 다져서 보슬보슬하게 가루를 낸다. 통잣은 보쌈김치나 배숙, 쪼갠 비늘잣은 호박선에 사용하며, 가루는 섭산적 · 홍합초 · 화양적에 사용한다.

4. 한국 식품의 기본 조리조작

1. 식품의 조작

식품의 조작은 기본 조작과 주된 조작으로 나눌 수 있다. 기본 조작은 식품의 계량, 씻기, 썰기, 으깨기, 다지기, 섞기, 침지, 압착, 담그기, 식히기, 해동 등이며 주된 조작은 데치기, 굽기, 끓이기, 튀기기 등이다. 식품의 계량이란 무게 · 부피 · 온도 · 농도 · 시간의 측정을 말하며, 조리 시에는 각종 식품 및 조미료 계량법을 올바르게 알아야 한다.

이 장에서는 주로 썰기와 조리방법을 다룬다.

(1) 식품재료 기본 썰기

- **반달 썰기** : 애호박을 길이로 자른 후에 두께 0.2m 정도의 반달 모양으로 썰어 나물이나 찌개 등에 사용한다.
- **둥근 통썰기** : 통으로 썰어서 조리에 사용되며 두께가 얇은 오이, 연근, 호박 등으로 조림, 애호박전 등에 이용한다.
- **은행잎 썰기** : 둥근 재료를 길게 열십자로 잘라서 얇게 써는 방법으로 호박, 감자, 무 등 조림, 찌개 등에 사용한다.

- **나박 썰기** : 가로 · 세로를 2cm 정도의 일정한 크기로 썰어서 물김치에 이용하는데 무재료가 적당하다. 나박김치, 소고기 맑은국에 이용한다.
- **채 썰기** : 채썰기는 모든 재료썰기의 기본이다. 무나 당근, 오이 등 다양한 재료를 주재료의 모양에 따라 길이나 두께를 달리하여 썰어서 사용한다. 생채, 비빔밥재료, 지단채 등 다양하다.

- **깍둑 썰기** : 가로와 세로, 높이 등을 적당한 크기의 주사위 모양으로 썰어서 조리에 이용하며 주로 무재료가 적당하다. 깍두기 조리 시 적당하다.
- **어슷 썰기** : 파나 고추 등 고명이나 양념으로 사용할 때 통으로 비스듬하게 1cm 간격으로 썰어 사용한다. 국이나 조림 찜에 사용한다.

- **마름모꼴 썰기** : 재료를 얇게 만든 후에 마름모꼴로 썰어서 조리 시 고명으로 사용한다. 미나리초대나 달걀지단에 적용한다.

• **다져 썰기** : 파 · 마늘 · 생강 등을 깨끗하게 조리 할 때, 채 썰어 반대로 곱게 절단하여 다진다.

• **돌려깎기** : 오이나 호박 등 겉껍질을 얇게 돌려깎은 뒤, 채 썰어 볶아서 사용한다. 비빔밥이나 국수 고명으로 사용한다.

• **모서리깎기** : 당근이나 무 등을 큰 밤톨 모양으로 모서리를 깎아 조림이나 갈비찜 등에 사용한다.

• **골패 썰기** : 무나 당근 · 오이 등을 두께 0.3~0.6cm, 폭 1cm, 길이 4~6cm 정도로 썰어서 음식에 맞게 조리한다.

• **막대 썰기** : 폭과 두께는 0.5~0.6cm, 길이는 5cm 정도로 썰어서 오이숙장아찌와 무숙장아찌 조리에 사용한다.

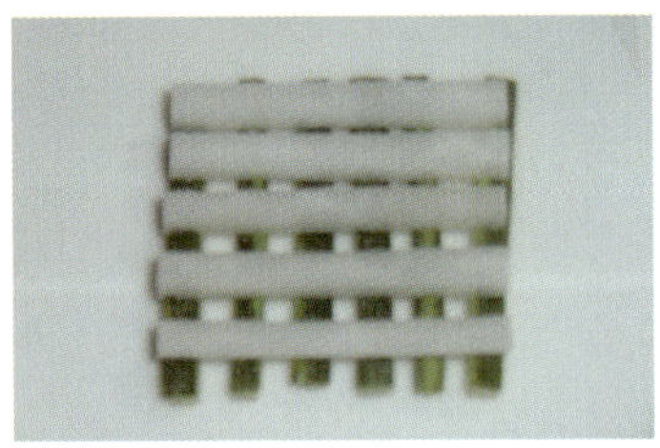

제2부 고급 한식 실기편

1. 주식류

밥류 / 죽류 / 국수류 / 떡국류 / 만두류

2. 부식류

국류 / 탕류 / 찌개류 / 전골류 / 신선로 / 찜류

조림류 / 구이류 / 전류 / 적류 / 선류 / 기타

3. 후식류

떡 · 경단 · 부꾸미류 / 한과류 / 음청류

골동반

골동반의 유래

1800년대 말엽『시의전서』에 비빔밥을 부빔밥으로 표기하고 있다. 골동반의 골은 어지러움 '滑'자이며 동은 비빔밥 '董'자인데, 즉 滑董이란 여러 가지 물건들이 한데 섞인 것을 뜻한다. 골동반이란 이미 지어놓은 밥에다 여러 가지 찬을 섞어서 한데 비빈 것을 의미한다.

01

1 밥류

골동반

요구사항

※ 골동반을 만들 때 묵을 제외한 재료는 0.3cm×0.3cm×5cm의 크기로 썰고, 밥 위에 재료들을 돌려 담으며, 볶은 고추장은 완성된 밥 위에 얹어서 제출하시오.

1) 문제의 요구사항대로 작품이 만들어지지 않을 경우 실격 처리된다.

2) 해당 과제의 지급재료 외의 재료를 사용할 경우 득점에 관계없이 오작 처리된다.

주재료 및 부재료

쌀(불린것) 1컵, 소고기 80g, 건표고버섯 1장, 애호박 1/2개, 숙주 50g, 고사리(불린 것) 50g, 도라지 50g, 동태살 70g, 밀가루 2큰술, 달걀 1개, 다시마 5cm, 식용유 2큰술

소고기 · 표고버섯 양념 간장 1/2작은술, 설탕 1/3작은술, 파 1/2작은술, 다진 마늘 1/4작은술, 후춧가루 1/8작은술, 참기름 1/4작은술, 깨소금 1/2작은술

약고추장 양념 고추장 2큰술, 설탕 1큰술, 물 2큰술

조리방법

1. 소고기 반은 채 썰고, 건표고버섯은 따뜻한 물에 불려 0.3cm×0.3cm×5cm 곱게 채 썬 후 각각 양념한다.
2. 애호박은 돌려깎기하여 5cm×0.3cm×0.3cm로 채 썰어 소금에 절인 다음에 물기를 제거한다.
3. 숙주는 머리와 꼬리를 따고 삶아서 무치고, 고사리와 도라지도 다듬어서 애호박과 같은 크기로 썬다.
4. 동태살은 5cm×1cm×0.5cm로 썰어 밑간을 하고, 밀가루와 달걀옷을 입혀 전을 부친다.
5. 다시마는 기름에 튀겨 잘게 부수고 달걀은 황백지단을 부쳐 5cm×0.3cm×0.3cm로 채 썬다.
6. 숙주를 제외한 위의 부재료를 각각 볶아 식힌다.
7. 팬에 다진 소고기를 볶아서 고추장, 설탕, 물을 넣고 볶아 약고추장을 만든다.
8. 그릇에 밥을 담고, 지단 · 적 · 튀각 · 나물 등을 색색이 얹은 후 볶은 약고추장을 얹어 낸다.

닭온반

닭온반의 유래

온반은 서울의 '장국밥'이라는 음식과 유사하며, 닭살을 찢어 밥 위에 국물과 함께낸 음식으로 채소류는 계절에 나오는 것으로 바꾸어 사용해도 무방하다. 대체로 추운 지방인 이북지역에서 주로 먹으며, 국밥은 몸에 온기를 주어서 먹으면 몸이 풀어져 겨울에도 좋고 사시사철 어느 때나 즐기는 음식이다.

02 닭온반

요구사항

1) 문제의 요구사항대로 작품이 만들어지지 않을 경우 실격 처리된다.
2) 해당 과제의 지급재료 외의 재료를 사용할 경우 득점에 관계없이 오작 처리된다.

주재료 및 부재료

닭 400g, 불린쌀 1컵, 애호박 80g, 당근 60g, 표고버섯 1개, 흑임자 1/4작은술
양념장 생강 1/2톨, 마늘 2톨, 파 1대, 국간장 1/2큰술, 소금 2작은술, 후춧가루 1/8작은 술
흑임자 1큰술

조리방법

1. 밥을 지으며 닭은 큼지막하게 썰어 끓는 물에 향미채소를 넣고 푹 삶는다.
2. 삶은 닭을 건져서 살을 모두 발라내고 결방향으로 찢어서 소금, 참기름, 후추로 무쳐 놓고 국물은 고운체에 걸러 국간장과 소금을 넣고 간을 한다.
3. 애호박은 껍질 쪽만 가늘게 채 썰어 소금에 절였다가 물기를 꼭 짠다.
4. 당근도 5cm길이로 채썰고, 표고버섯은 불려서 꼭지를 따고 가늘게 채썬다.
5. ③, ④의 재료를 각각 볶아 식힌다.
6. 고슬고슬하게 지은 밥을 그릇에 담고 ⑤의 재료를 둘러 얹고 가운데 닭살을 얹은 후 육수를 1컵 정도 붓고 흑임자를 볶아 위에 뿌려낸다.
7. 양념장을 만들어 함께 낸다.

주의사항

① 닭온반은 밥을 담고 준비한 재료를 위에 올린 후 육수를 부어 제출하시오.
② 사진에는 흑임자가 보이지 않지만 고명으로 뿌려서 낸다.

영양밥

영양밥의 유래

인삼과 견과류를 섞어 지은 영양밥으로, 양념장에 비벼 먹으면 맛있으며 성장기 아이들 영양식으로 일품이다.

03 영양밥

요구사항

※ 영양밥은 밥을 고슬하게 짓고, 양념장과 같이 제출하시오.
1) 문제의 요구사항대로 작품이 만들어지지 않을 경우 실격 처리된다.
2) 해당 과제의 지급재료 외의 재료를 사용할 경우 득점에 관계없이 오작 처리된다.

주재료 및 부재료

불린 쌀 1컵, 흑미 20g, 불린 검은콩 30g, 밤 2개, 대추 2개, 수삼 1뿌리, 은행 5알
양념장 간장 1큰술, 설탕 1/3작은술, 다진 실파 1큰술, 다진 마늘 1/2작은술, 깨소금 1작은술, 참기름 1/2작은술, 후춧가루 약간

조리방법

1. 쌀을 씻어 불려서 체에 건진다.
2. 수삼과 밤은 1cm 크기로 썰고, 콩은 불린다.
3. 은행은 파랗게 볶아서 껍질을 벗기고, 대추는 돌려깎아 1cm 크기로 썰어서 사용한다.
4. 양념장을 만든다.
5. 솥에 쌀을 안치고 은행을 제외한 재료를 넣은 후에 물을 붓는다. 끓기 시작하면 중불로 낮추고 저어 준다.
6. 밥물이 거의 없어지면 약불로 줄인 뒤, 은행을 넣고 뜸을 들인다.
7. 고루 섞어 그릇에 담고 양념장을 곁들인다.

녹두죽

녹두죽의 유래

녹두의 식물학적 기원은 분명하지 않지만, 인도가 원산지로 추정된다. 중국에서도 재배역사가 오래되었다.
우리나라에서는 부여 부소산의 백제 군창지에서 녹두와 밭의 유물이 출토되었으므로, 재배 역사가 비교적 오래되었음을 추정할 수 있다.

01

2 죽류

녹두죽

요구사항

※ 색과 농도에 주의하여 제출하시오.

1) 문제의 요구사항대로 작품이 만들어지지 않을 경우 실격 처리된다.
2) 해당 과제의 지급재료 외의 재료를 사용할 경우 득점에 관계없이 오작 처리된다.

주재료 및 부재료

불린 녹두 1컵, 불린 쌀 1/2컵, 물 8컵, 소금 1작은술

조리방법

1. 녹두는 깨끗이 씻어 놓는다.
2. 불린 쌀은 깨끗이 씻어 소쿠리에 건져 물기를 뺀다.
3. 큰 냄비에 녹두와 물 8컵을 부어 부드럽게 삶은 후 녹두가 무르면 으깨어서 체에 거른 뒤에 껍질은 버리고 녹두물과 앙금을 받아 놓는다.
4. 냄비에 쌀과 ③의 녹두 윗물만 붓고 뭉근한 불에서 쌀알이 퍼질 때까지 나무주걱으로 저으면서 끓인다.
5. 쌀알이 퍼지면 녹두 앙금을 조금씩 나누어 부으면서 서서히 끓인다.
6. 쌀이 퍼지고 다 끓으면 소금으로 간을 맞추어 그릇에 담아낸다.

백합죽

백합죽의 유래

대합살로 맑은 장국을 끓이다 쌀을 넣어 끓인 죽으로 영양과 맛이 좋다.

02 백합죽

요구사항

※ 백합은 해감시켜 사용하고, 불린 쌀은 반 정도 타서 사용하시오. 고명은 김가루와 깨소금을 사용하시오.
1) 문제의 요구사항대로 작품이 만들어지지 않을 경우 실격 처리된다.
2) 해당 과제의 지급재료 외의 재료를 사용할 경우 득점에 관계없이 오작 처리된다.

주재료 및 부재료

백합 3개, 불린 쌀 1/2컵, 참기름 1작은술, 소금 1/2작은술, 깨소금 1작은술, 김 1/2장,

조리방법

1. 쌀은 씻어서 불린다.
2. 백합은 소금물에 담가 해감시켜 씻은 후 껍질을 열고 살을 발라내 씻은 후에 곱게 다진다.
3. 불린 쌀은 건져 도마 위에서 밀대로 밀어 쌀알을 1/2 크기로 만든다.
4. 냄비에 참기름을 두르고 쌀을 넣고 함께 볶은 후에 쌀 분량의 6배의 물을 넣고 은근히 끓인다.
5. 쌀이 말갛게 익으면 다진 백합살을 넣고 끓여 소금으로 간한다.
6. 김을 구워 부수고, 깨소금도 준비한다.
7. 죽이 퍼지면 그릇에 담고 김과 깨소금을 올린다.

주의사항

김가루와 깨소금을 대합죽 위에 고명으로 올린다.
사진에는 고명이 올라가지 않았지만, 시험장에서는 김가루와 깨소금을 위에 고명으로 올려야 한다.

대추죽

대추죽의 유래

대추는 이색(李穡)의 『목은집(牧隱集)』에 "찰밥에 대추를 섞어 넣었다."라고 한 것으로 보아서 고려시대에 상용되었던 것으로 보인다. 찹쌀은 탄수화물이 주성분이고 비타민 B_1, B_2가 많으며 소화흡수율이 높다. 여기에 대추를 넣으면 철분 및 칼슘과 섬유질이 풍부하게 되어 쌀의 부족한 영양소를 보충해 줄 수 있다.

03 대추죽

요구사항

※ 대추죽은 대추살을 으깬 대춧물로 죽을 끓이고 고명을 올려 제출하시오.

1) 문제의 요구사항대로 작품이 만들어지지 않을 경우 실격 처리된다.
2) 해당 과제의 지급재료 외의 재료를 사용할 경우 득점에 관계없이 오작 처리된다.

주재료 및 부재료

찹쌀가루 50g, 대추 70g(물 2컵), 잣 1/2작은술, 소금 1/2작은술, 꿀 1큰술

조리방법

1. 대추는 가볍게 씻어 돌려깎아 씨와 살을 분리하여 놓는다.
2. 물 1컵에 대추씨를 넣고 먼저 끓인 후, 체에 밭쳐 국물만 따르고 그 물에 손질한 대추와 물 3컵을 넣고 다시 부드러워질 때까지 끓인 후에 체에 내린다.
3. 찹쌀가루를 물에 개어 멍울이 지지 않도록 체에 밭친다. (찹쌀가루 50g, 물 50mL)
4. 체에 거른 대춧물을 끓이다가 찹쌀물을 붓고 저으면서 끓인다.
5. 대추죽에 꿀과 소금으로 간을 하여 그릇에 담고 잣을 올린다.

버섯죽

버섯죽의 유래

표고버섯은 항암효과가 있으며 햇빛에 말리면 비타민 D가 생성되는데, 성장기 어린이에게 필수적인 식품으로, 생표고버섯보다 건표고버섯이 영양학적으로 우수하다. 특히 비타민 B_1, B_2, 비타민 D 함유량이 높으며, 핵산이 많이 들어 있어 조미료를 사용하지 않아도 다시마와 함께 사용하면 화학조미료의 '감칠맛' 성분을 자연적으로 섭취할 수 있다.

04

버섯죽

요구사항

※ 버섯죽은 간장으로 색을 내고 적당한 농도로 만들어 제출하시오.
1) 문제의 요구사항대로 작품이 만들어지지 않을 경우 실격 처리된다.
2) 해당 과제의 지급재료 외의 재료를 사용할 경우 득점에 관계없이 오작 처리된다.

주재료 및 부재료

불린 쌀 1/2컵, 소고기 50g, 건표고버섯 2장, 참기름 1큰술, 물 6컵, 국간장 2작은술, 소금 1작은술
소고기 · 버섯 양념 참기름 1/2작은술, 간장 1/2작은술, 다진 파 1/2작은술,
다진 마늘 1/2작은술, 후추가루, 깨소금

조리방법

1. 멥쌀을 씻어 따뜻한 물에 충분히 불린 후, 소쿠리에 건져 물기를 빼고 싸라기 정도로 갈아 놓는다.
2. 소고기는 기름을 손질하여 살코기로만 채 썰고, 건표고버섯은 따뜻한 물에 불려 저며 얇게 채 썬 다음, 양념장으로 각각 양념하여 둔다.
3. 두꺼운 냄비에 참기름을 두르고, 소고기를 넣고 볶다가 쌀을 넣어 볶는다. 쌀이 투명해지면, 쌀 분량의 6배의 물을 붓고 가끔씩 저으면서 끓인다.
4. 한 번 끓어오르면 불을 약하게 줄이고 쌀알이 완전히 퍼질 때까지 서서히 끓이다가 버섯을 넣어 끓인다.
5. 버섯죽이 잘 어우러지게 끓여졌으면 국간장과 소금으로 간을 맞춰 그릇에 담아낸다.

전복죽

전복죽의 유래

전복은 여름철에 가장 맛이 좋다. 조개류 중에서 가장 귀하고 값이 비싸 옛날에는 말린 것을 임금에게 진상하기도 했다.
전복은 한방에서 '석결명'이라는 한약재로 이용되며 체내 흡수율이 높아 임산부 · 어린아이 · 노인 · 환자의 영양식으로 좋다.
감칠맛을 내는 글루탐산이 많으며 일반 어류보다 단백질이 많고 지방질이 적어서 간기능의 회복에 좋은 것으로 알려져 있다. 전복죽은 쌀이 적고 잠수 어업이 발달한 남해안 도서지방에서 쌀을 아끼기 위하여 전복을 넣은 데서 유래하였다.

05 전복죽

요구사항

※ 전복죽은 내장을 쓰지 않고 끓여서 완성하여 제출하시오.
1) 문제의 요구사항대로 작품이 만들어지지 않을 경우 실격 처리된다.
2) 해당 과제의 지급재료 외의 재료를 사용할 경우 득점에 관계없이 오작 처리된다.

주재료 및 부재료

전복 1마리, 불린 쌀 1/2컵, 참기름 1큰술, 물 3~4컵, 소금 1작은술, 후춧가루 1/8작은술

조리방법

1. 전복은 깨끗이 씻어서 껍질과 내장을 제거한 후, 소금으로 해감한 뒤에 말끔히 닦아낸다.
2. 전복을 얇게 저며서 가늘게 채 썬다.
3. 쌀은 깨끗이 씻어 불린 후에 체로 걸러 물기를 뺀 뒤, 도마 위에서 밀대로 밀어 싸라기를 만든다.
4. 냄비에 참기름을 넣어 전복을 볶다가 쌀을 함께 넣고 나서 쌀알이 투명해질 때까지 볶은 후, 쌀 양의 6배의 물을 붓고 약간 센 불에서 끓이다가 농도가 짙어지면 불을 중간으로 하여 서서히 더 끓인다.
5. 죽이 뭉글뭉글 끓어오르고 쌀알이 충분히 퍼지면 소금으로 간을 맞추어 그릇에 담아낸다.

타락죽

타락죽의 유래

타락(駝酪)이란 우유를 가르키는 옛말이다. 우유는 우리나라에 불교가 전해진 4세기경에 있던 식품이며 타락죽은 조선시대 궁중에서 보양식으로 먹던 죽이다. 쌀을 곱게 갈아서 우유를 넣고 쑨 죽으로 부드러우며 입맛이 없을 때 그냥 삼키기만 하면 되는 고소한 죽이다. 우유는 완전식품으로 유아의 발육과 성장에 필수적인 단백질, 칼슘, 비타민 B_2 등의 영양소가 풍부하게 함유되어 있어 이유식과 노인 보양식으로 특히 우수하다.

06 타락죽

요구사항

1) 문제의 요구사항대로 작품의 수량이 만들어지지 않을 경우 실격 처리된다.
2) 해당 과제의 지급재료 외의 재료를 사용할 경우 득점에 관계없이 오작 처리된다.

주재료 및 부재료

불린 쌀 1/2컵, 우유 1½컵, 물 2컵
양념 소금 1/4작은술, 꿀 1작은술, 설탕 1작은술

조리방법

1. 쌀을 씻어 물에 2시간 이상 충분히 불리고 소쿠리에 건져서 물기를 뺀다.
2. 물 1컵에 불린 쌀을 섞어 믹서에 넣고 찌꺼기가 남지 않도록 곱게 갈아 체에 밭친다.
3. 냄비에 갈아 놓은 쌀물을 붓고 물 1컵을 부어 끓이다가 어우러지게 죽이 쑤어지면 불을 약하게 줄이고 우유를 조금씩 넣어 가며 멍울이 생기지 않도록 나무주걱으로 저으면서 끓인다.
4. 따뜻할 때 설탕과 소금을 넣어 맛을 맞춘 후, 그릇에 담고 잣을 올린다.

팥죽

팥죽의 유래

『형초세시기』(荊楚歲時記)에 “정월 보름 전날에 붉은팥으로 죽을 쑤어 먹으며, 붉은색이 악귀를 쫓는 색깔이기 때문에 팥죽을 숟가락으로 떠서 끼얹고 제사를 지낸다.”라는 내용이 있다.

07 팥죽

요구사항

1) 문제의 요구사항대로 작품의 수량이 만들어지지 않을 경우 실격 처리된다.
2) 해당 과제의 지급재료 외의 재료를 사용할 경우 득점에 관계없이 오작 처리된다.

주재료 및 부재료

붉은팥 1컵, 불린 쌀 1/3컵, 찹쌀가루 1/2컵(끓는 물 2큰술), 소금 1작은술, 설탕 1작은술

조리방법

1. 붉은팥을 씻어 일어서 물을 충분히 붓고 한소끔 끓인 다음, 그 물을 버리고 새 물을 붓고 팥이 무를 때까지 푹 삶아 소금을 넣고 으깨어 고운체에 거른다.
2. 찹쌀가루는 끓는 물로 익반죽하여 둥글게 빚어 1cm 정도의 새알심을 만든다.
3. 거른 팥 윗물을 먼저 솥에 붓고 끓여 빛깔이 고와지면 쌀을 넣고, 쌀알이 퍼지면 눋지 않도록 주걱으로 저으면서 끓인다.
4. 쌀알이 어느 정도 퍼지면 앙금을 넣고 저으면서 다시 끓인다.
5. ④에 ②의 새알심을 넣고 끓이며, 새알심이 떠오르게 되면 불에서 내려놓고 간을 맞춘다.

호박죽

호박죽의 유래

호박은 이뇨작용이 좋아서 예전부터 산모들이 애용하던 식품이었으며 녹황색 채소로 카로틴이 풍부하여 점막을 튼튼하게 하고 감기에 대한 저항력을 키워 준다. 호박의 황색 카로틴은 항산화 작용을 하여 활성산소를 제거하므로 암세포의 발생을 억제하고 암세포가 발생하더라도 싸울 수 있는 건강한 균을 활성화한다. 호박의 당분은 소화흡수가 잘되므로 위장이 약한 사람에게 매우 좋다.

08 호박죽

요구사항

※ 호박죽은 농도를 맞추어 끓여 죽 그릇에 담아 제출하시오.

1) 문제의 요구사항대로 작품이 만들어지지 않을 경우 실격 처리된다.

2) 해당 과제의 지급재료 외의 재료를 사용할 경우 득점에 관계없이 오작 처리된다.

주재료 및 부재료

천둥호박(늙은호박) 150g, 찹쌀가루 1/3컵, 소금 1작은술, 설탕 1작은술, 삶은 팥 50g

조리방법

1. 호박은 껍질을 벗기고 씨를 빼서 물을 잠길 정도로 붓고 부드럽게 삶은 후 으깨어 체에 내린다.
2. 찹쌀가루 반은 물 1컵에 풀어 체에 곱게 내린다. 나머지 반은 새알심을 익반죽한다.
3. 팥은 충분히 불린 후 부드럽게 삶아 설탕과 소금을 넣고 조린다.
4. 호박을 내린 원액을 넣고 끓이다가 물에 풀어놓은 찹쌀물을 넣고 농도를 조절하면서 약불로 끓이다가, 찹쌀이 투명하게 익으면 삶아 놓은 팥과 익반죽한 새알심을 넣은 다음 5분 동안 더 끓인 후 설탕이나 소금으로 간을 맞추어 완성하여 그릇에 담아낸다.

주의사항

시험장에선 요구사항에 새알심을 넣으란 문구가 없으면 넣지 않아도 된다.

흑임자죽

흑임자죽의 유래

검은깨는 문제성 피부로 인해 영양이 결핍된 피부를 다스리며 '흑임자'라고도 불린다. 섬유질과 칼슘 성분이 많아 일반 흰깨에 비해 두 배 이상의 효능을 갖는다. 또한, 검은깨에는 비타민 E가 다량 함유되어 있어 노화방지에도 효과적이다.

09 흑임자죽

요구사항

※ 죽의 농도에 유의하여 조리하시오.

1) 문제의 요구사항대로 작품이 만들어지지 않을 경우 실격 처리된다.
2) 해당 과제의 지급재료 외의 재료를 사용할 경우 득점에 관계없이 오작 처리된다.

주재료 및 부재료

흑임자 1/2컵, 불린 쌀 1컵, 물 5컵, 소금 1작은술, 설탕(꿀) 1작은술

조리방법

1. 흑임자는 씻어 일어서 물기를 빼고 볶는다.
2. 깨에 물 1컵을 넣어 곱게 갈고 체에 밭쳐 찌꺼기는 버린다.
3. 불린 쌀을 물 2컵과 함께 믹서에 넣고 최대한 곱게 갈아 체에 밭친다.
4. 깨 간 것에 남은 물 2컵을 섞어 끓이다가 끓기 시작하면 쌀 간 물을 조금씩 부어 가며 멍울이 지지 않도록 저으면서 끓인다.
5. 죽에 소금 또는 설탕이나 꿀을 넣어 간을 맞추거나 곁들여 낸다.

온면

온면의 유래

요즈음엔 장터국수로 더 유명해진 온면은 우리나라 사람들이 즐겨 먹는 간식이자 주식이다. 시원하게 우린 멸치와 다시마 육수에 국수를 말아서 파 · 고춧가루 · 간장 · 깨소금 · 참기름으로 양념하여 섞은 후에 잘 익은 배추김치를 얹어서 먹으면 그 맛은 가히 일품이다.

01

3 국수류
온면

요구사항

※ 온면은 국수사리를 담고 더운 장국을 부은 후 오색고명을 올려 제출하시오.
1) 문제의 요구사항대로 작품이 만들어지지 않을 경우 실격 처리된다.
2) 해당 과제의 지급재료 외의 재료를 사용할 경우 득점에 관계없이 오작 처리된다.

주재료 및 부재료

가는국수 80g, 소고기(우둔) 50g, 달걀 1개, 오이 1/2개, 석이버섯 2장, 실고추 약간, 식용유 약간

양지머리 편육 · 육수 소고기(양지머리) 50g, 대파 1/2대, 마늘 1개, 후춧가루 약간, 국간장 약간, 소금 약간

우둔 양념 간장 1/2작은술, 설탕 1/3작은술, 다진 파 1/5작은술, 다진 마늘 1/5작은술, 깨소금 1/5작은술, 참기름 1/2작은술, 후춧가루 약간

조리방법

1. 찬물에 양지머리 · 마늘 · 대파 · 생강을 넣고 끓이면서 거품을 걷어 가며 국간장 · 소금으로 간을 하여 면보에 걸러 국물을 낸다.
2. 오이는 돌려깎아 채 썰고 소금에 살짝 절여서 물기를 닦아 살짝 볶는다.
3. 우둔은 결대로 곱게 채 썰어 양념하여 볶는다.
4. 석이는 손질하여 채 썰어 소금 · 참기름에 살짝 볶는다.
5. 황백지단을 부쳐서 곱게 채 썰고, 실고추는 2cm 길이로 자른다.
6. 국수를 삶아 찬물에 여러 번 헹구어 물기를 뺀 다음, 끓는 장국에 토렴을 하여 사리를 만들어 담고 소고기 · 오이 · 지단 · 석이 · 실고추를 얹고 뜨거운 장국을 부어 낸다.

조랭이 떡국

조랭이 떡국의 유래

연초에 일 년 내내 길하기를 기원하며
흰떡을 정성스럽게 누에고치 모양으로 만들었다.
'조랭이'는 '조리'의 강원 · 경기 · 경상 · 충청도의 방언으로
정초에 행운을 가져다주는 '복조리'를 연상케 한다.

01

4 떡국류

조랭이 떡국

요구사항

1) 문제의 요구사항대로 작품이 만들어지지 않을 경우 실격 처리된다.
2) 해당 과제의 지급재료 외의 재료를 사용할 경우 득점에 관계없이 오작 처리된다.

주재료 및 부재료

멥쌀가루 1컵, 소고기 70g, 달걀 1개, 파 1/4뿌리, 마늘 2쪽, 생강 1쪽, 국간장 1작은술, 소금
소고기 편육 양념 국간장 1작은술, 참기름, 후추

조리방법

1. 양지머리는 물에 담가서 핏물을 빼고 냄비에 물 3컵을 붓고 고기와 파, 생강, 마늘을 넣고 끓여서 육수를 만든다.
2. 양지 고기는 건져서 식힌 다음, 편으로 채 썰어서 소금으로 양념하고, 국물은 체에 내려 국간장과 소금으로 간을 맞춘다.
3. 멥쌀가루에 물과 소금을 넣고 비벼서 체에 내린 후, 찜통에 김을 올려 젖은 면보를 깔고 쌀가루를 얹어 7~8분 동안 쪄서, 절구에서 절구봉에 소금물을 묻혀가며 찰지게 친다.
4. 친 떡 반죽을 길게 만들어 대나무 칼로 2.5cm×1.5cm로 썰어 가운데를 문질러서 8자 형으로 잘록하게 하여 조랭이 떡을 만든다.
5. 달걀은 황 · 백으로 나누어 얇게 지단을 부쳐서 3cm로 채 썬다.
6. 육수가 끓으면 조랭이떡을 넣고 국자로 저어 다시 끓인다.
7. 조랭이떡이 익어서 떠오르면 그릇에 담고 국물을 부어서 소고기 무친 것을 웃기로 얹은 다음에 황 · 백지단을 얹는다.

규아상

규아상의 유래

조상들은 여름 보양음식으로 규아상, 편수 등의 만두를 만들어 먹었는데, 문헌에 따르면 여름 만두의 식재료로 오이와 소고기, 표고를 사용하였다. 오이는 무더위에 열이 난 몸을 식히기 위해서이며 소고기는 근력을, 표고는 근력과 함께 면역력을 증가시켜주는 식품이다. '규아상'은 궁중에서 여름철 보양음식으로 먹었던 만두이며 일반에서는 '미만두'라 불렀다고 하는데, 미는 해삼의 옛말로, 큼지막하게 빚은 만두 모양이 해삼처럼 주름이 잡혀서 붙은 이름이다.

01

5 만두류
규아상

요구사항

※ 규아상은 7개를 만들어 쪄서 초간장을 곁들여 내시오.
1) 문제의 요구사항대로 작품이 만들어지지 않을 경우 실격 처리된다.
2) 해당 과제의 지급재료 외의 재료를 사용할 경우 득점에 관계없이 오작 처리된다.

주재료 및 부재료

밀가루 1컵(소금 1/4작은술, 물 3큰술), 오이 1/2개, 건표고버섯 2장, 소고기 70g, 잣 1작은술
소고기 · 표고버섯 양념 간장 1큰술, 설탕 1/2큰술, 파 1작은술, 마늘 1작은술, 참기름 1작은술, 후춧가루 1/8작은술
초간장 진간장 1작은술, 식초 1작은술, 설탕 1/2작은술, 물 1작은술

조리방법

1. 밀가루는 체에 쳐서 소금물로 반죽해서 비닐봉지에 10분 정도 숙성시킨 후에, 0.1cm 두께로 얇게 밀어 7cm 크기의 둥근 만두피를 만든다.
2. 오이는 통으로 4cm 길이로 썰어서 돌려깎기하고 4cm×0.1cm×0.1cm로 채 썬 다음에 소금에 살짝 절여 물기를 꼭 짠 후 재빨리 팬에 볶아 식힌다.
3. 건표고버섯은 따뜻한 물에 담가 기둥을 떼고 3cm×0.1cm×0.1cm로 채 썰어 고기양념하여 볶아 둔다.
4. 소고기는 다져서 양념하여 볶아서 식힌 다음에 오이, 볶은 표고버섯과 섞어 만두소로 버무려 놓는다.
5. 만두피에 만두소와 잣을 넣고 해삼 모양으로 만두를 반으로 접어 등에 맞주름을 잡고 성형하여 붙여서 만든다.
6. 김이 오른 찜통에 젖은 면보를 깔고 만두를 넣은 후에 센 불에서 8분 동안 찐다.
7. 규아상을 담고 초간장을 함께 낸다.

주의사항

사진은 6개지만 개수를 꼭 맞추어 7개를 제출한다. 수량이 부족하면 실격이다.

메밀만두

메밀만두의 유래

메밀만두는 서울과 제주도의 향토음식으로, 메밀가루로 익반죽한 만두피에 소를 빚어 넣고 삶거나 찐 것이다. 메밀은 생육기간이 70일 정도로 짧고, 척박한 땅에서도 잘 자라기 때문에 예로부터 구황작물로 이용해 왔다.

02 메밀만두

요구사항

※ 만두는 익반죽하여 8개를 만들어 내시오.

1) 문제의 요구사항대로 작품이 만들어지지 않을 경우 실격 처리된다.
2) 해당 과제의 지급재료 외의 재료를 사용할 경우 득점에 관계없이 오작 처리된다.

주재료 및 부재료

메밀가루 1컵, 녹말 1/2컵, 소금 1작은술, 물 6큰술, 닭고기 100g, 소고기 50g, 두부 50g, 마른표고버섯 1장, 숙주 50g, 미나리 30g, 생배추 50g, 후춧가루, 계핏가루

양념 국간장 1작은술, 소금 1작은술, 다진 파 1작은술, 다진 마늘 1작은술, 생강즙 1/2작은술, 깨소금 · 참기름

조리방법

1. 메밀가루에 녹말가루를 1/2컵 섞고 소금을 넣어 체로 친 후 물을 넣고 반죽하여 젖은 면보를 덮어서 숙성시킨다.
2. 닭고기는 살만 발라내고, 닭뼈는 생강과 함께 삶아 육수를 만들어 기름기를 제거한다.
3. 소고기와 닭고기는 곱게 다진다. 표고는 물에 불려 곱게 채 썰어 놓는다.
4. 두부는 으깨서 물기를 짠다. 숙주는 삶아 송송 썰고 배추와 미나리도 데쳐서 썰어 물기를 꼭 짠다.
5. 준비한 재료들을 양념에 버무려 만두소를 준비한다.
6. 메밀가루 반죽을 송편 만들 듯이 만들어서 소를 넣고 예쁘게 빚어 놓는다.
7. 육수를 끓여서 간을 맞춘 후 만두를 넣어 끓여서 떠오르면 건져 그릇에 담고 후추가루와 계핏가루를 뿌려 낸다.

만둣국

만둣국의 유래

장국에 만두를 넣고 끓인 음식으로, 조선시대의 요리서인 「음식디미방」에서는 석류탕이라고 하였는데, 만둣국과 석류탕은 모양에서 약간의 차이가 있다.

03 만둣국

요구사항

※ 주어진 재료를 사용하여 다음과 같이 만둣국을 만드시오.

① 만두피는 지름 8cm의 둥근 모양으로 하여, 5개를 만드시오.

② 황 · 백지단과 미나리 초대 각 2개씩을 고명으로 사용하시오.

[완자(마름모꼴) 모양]

1) 문제의 요구사항대로 작품이 만들어지지 않을 경우 실격 처리된다.

2) 해당 과제의 지급재료 외의 재료를 사용할 경우 득점에 관계없이 오작 처리된다.

주재료 및 부재료

밀가루(중력분) 1/2컵, 소고기(우둔) 60g, 두부 50g, 숙주 30g, 배추김치 40g, 달걀 1개, 미나리(줄기 부분) 20g, 대파(흰 부분 4cm 정도) 1토막, 마늘 2쪽, 소금 5g, 후춧가루 2g, 식용유 5mL, 깨소금 5g, 참기름 10mL, 국간장 5mL, 산적꼬치 1개

조리방법

1. 만두피는 지름 7cm의 둥근 모양으로 5개를 제출해야 하므로 밀가루 6큰술에 소금물(물 2큰술에 소금 1/3작은술)을 섞어서 오래도록 주물러 반죽에 끈기를 준 후, 면보를 덮어 5분 동안 숙성시킨다. (반죽은 오래도록 치대야 국물에 삶아도 터지지 않고 쫀득한 만두피 맛을 느낄 수 있다. 만두 1개는 밀가루 1큰술 분량으로 6큰술이면 6개를 만들 수 있다.)
2. 소고기 2/3은 다져서 만두속으로 사용하고, 1/3는 육수로 사용한다.
3. 숙주는 거두절미하여 소금물에 살짝 데쳐 다지고, 김치는 잘게 썰며, 두부는 면보로 물기를 꼭 짜서 으깬다.
4. 달걀은 황백지단으로 부치고 미나리는 줄기 부분만 밀가루를 묻혀 달걀옷을 입혀서 초대를 만들어 마름모꼴로 썰어 둔다. (달걀 황백지단을 부친 후 남은 것을 합하여 초대에 이용한다.)
5. 다진 고기와 숙주 · 김치 · 두부를 물기가 없도록 꼭 짜 함께 섞어 파 · 마늘 · 참기름 · 소금 · 후춧가루 · 깨소금으로 양념하여 만두속을 질지 않도록 만든다.
6. 밀가루 반죽을 밀대로 밀어서 얇고 둥글게 지름 7cm의 만두피를 만들어 소를 넣고 접어 양끝을 맞붙여서 둥근 만두를 만든다. 만두 지름은 직경 4cm 정도로 한입 크기로 만든다. 만두피에 밀가루를 많이 묻히면 육수가 탁해진다. 육수가 탁하면 면보에 다시 한 번 걸러 낸다.
7. 준비한 육수를 불에 올려 국간장 1/2작은술로 색을 내고 소금 1/2작은술로 간을 맞춘다. 국물이 끓으면 불을 중간으로 낮추고 빚어 놓은 만두를 넣어 중간 불에서 만둣국을 끓인다.
8. 만두가 끓어 위로 떠오르면 두 번 정도 더 끓어 오를 때까지 끓인 후에 불을 끄고 국물과 함께 그릇에 담아 초대와 지단을 만두 위에 얹어 낸다.

병시

병시의 유래

고문헌 『진연의궤』(進宴儀軌, 1791년)에 병시(餠匙)가 나온다. 궁중에서는 둥근 것을 반만 접어서 주름을 내지 않고 반달 모양으로 빚어 병시(餠匙)라고 하고, 개성 편수는 이와는 대조적으로 반달 모양으로 빚은 다음에 양끝을 마주 붙여서 모자와 같은 모양으로 빚는다. 병시는 더운 장국에 넣어 끓이는 겨울음식이며 특히 북쪽 지방에서 즐겨 먹고 만두피는 되도록 얇아야 맛이있다.

04 병시

요구사항

※ 만두피는 직경 7cm정도로 얇게 밀어 만들어서 만두 5개를 제출하시오.
1) 문제의 요구사항대로 작품이 만들어지지 않을 경우 실격 처리된다.
2) 해당 과제의 지급재료 외의 재료를 사용할 경우 득점에 관계없이 오작 처리된다.

주재료 및 부재료

밀가루 1컵, 소고기(우둔) 50g, 건표고버섯 1장, 배추김치 50g, 달걀 1개, 두부 80g, 숙주 80g, 석이버섯 1장, 대파 1/2대, 마늘 2쪽, 실고추, 국간장, 소금

육수 소고기(사태) 50g, 마늘 1톨, 대파 1/3대, 국간장 1작은술, 소금 1작은술, 후춧가루 1/8작은술

만두소 양념 소금 1/3작은술, 파 1작은술, 마늘 1/2작은술, 깨소금 1작은술, 참기름 1/2작은술

조리방법

1. 밀가루는 소금을 넣고 부드럽게 반죽하고 비닐보에 10분 정도 숙성시킨 후에 지름 7cm 정도가 되도록 얇게 밀어 만두피를 만든다.
2. 찬물에 국물용 소고기(사태)와 대파, 마늘을 넣어 푹 끓여서 육수는 체에 면보를 올려 국물을 맑게 내리고 간을 한다. 고기는 편육으로 얇게 저며서 썰어 놓는다.
3. 만두소용 소고기 우둔 부위는 핏물을 제거한 후에 곱게 썰어 다져 놓고 건표고버섯은 불려서 손질하여 채 썰고 배추김치도 물기를 짜서 송송 썰어 둔다.
4. 두부도 물기를 짜서 곱게 으깨고, 숙주는 머리와 꼬리를 떼어 데친 다음에 송송 썰어 물기를 짠다.
5. 달걀은 각각 지단을 부쳐서 길이 3cm, 두께 0.1cm 정도로 채 썰어 둔다.
6. 석이버섯은 손질하여 채 썰어 볶아 놓고, 실고추는 2cm로 짧게 끊어 놓는다.
7. 다진 고기와 두부 · 배추 · 숙주 등의 재료를 섞어 양념하여 만두소를 만들어 놓는다.
8. 밀가루 반죽을 직경 7cm로 밀어 만두소를 넣고 반달 모양으로 만두를 빚는다.
9. 국물을 끓이다가 만두를 넣어 만두가 떠오르면 한 번 더 끓인 후, 불을 끄고 그릇에 담아 석이버섯채, 달걀지단채와 실고추를 얹어 낸다.

석류탕

석류탕의 유래

만두 모양이 석류처럼 생겼다고 하여 석류탕이라는 유래가 있으며, 옛날에는 궁중에서 사대부들이 즐겨 먹었던 음식이다.

05 석류탕

요구사항

※ 석류탕의 만두는 석류 모양으로 만들어 5개 제출하시오.

1) 문제의 요구사항대로 작품이 만들어지지 않을 경우 실격 처리된다.
2) 해당 과제의 지급재료 외의 재료를 사용할 경우 득점에 관계없이 오작 처리된다.

주재료 및 부재료

소고기(우둔) 80g, 닭고기 50g, 무 50g, 숙주 50g, 미나리 30g, 건표고버섯 1개, 두부 30g, 잣 1작은술, 달걀 1개, 물 3컵, 파 1/4뿌리, 마늘 2큰술, 국간장 1작은술, 소금 1/2작은술

만두피 밀가루 1컵, 소금 1/4작은술, 물 2큰술

육수 고기 양념 국간장 1작은술, 다진 마늘 1작은술, 참기름, 후춧가루

만두소 양념 소금 1/2작은술, 파 1작은술, 마늘 1/2작은술, 깨소금 1/2작은술, 참기름 1작은술후춧가루

조리방법

1. 소고기(40g)와 닭고기는 곱게 다져서 고기양념을 한다.
2. 무는 채 썰어 끓는 물에 데쳐 내고 거두절미한 숙주와 미나리도 데쳐서 짧게 썰고 건표고버섯은 불려서 곱게 채 썬다.
3. 미리 준비한 재료들과 두부를 으깨어 섞어서 양념하여 만두소를 만든다.
4. 소고기(40g)는 편으로 썰어 양념하여 살짝 볶은 뒤 물을 부어 육수를 끓이고 장국을 만들어 놓는다.
5. 달걀은 황 · 백으로 나누어 지단을 도톰하게 부쳐서 사방 1.5cm의 완자형으로 썬다.
6. 밀가루를 반죽하여 직경 6cm 정도로 얇게 밀어 만두소를 넣고 잣을 넣어 석류 모양으로 빚는다.
7. 육수를 끓이다가 만들어 놓은 만두를 넣어 끓이고 위로 떠오르면 한 번 더 끓인 후에 불을 끈다.
8. 그릇에 석류만두 5개를 떠 놓고 육수를 부은 뒤에 지단을 띄운다.

어만두

어만두의 유래

어만두는 흰살 생선을 큰 조각으로 포를 떠서 만두피로 사용하고 고기소를 넣은 후, 만두 모양으로 만든 것으로 초장에 찍어 먹는다. 특히 숭어는 크기가 적당하고 포를 많이 뜰 수 있으며 비린내가 적고 생선살이 차져서 쫄깃거리는 식감이 있으므로 만두를 만들기에 적당하다.

06 어만두

요구사항

※ 생선을 7cm 크기로 얇게 떠서 6개의 어만두를 제출하시오.
1) 문제의 요구사항대로 작품이 만들어지지 않을 경우 실격 처리된다.
2) 해당 과제의 지급재료 외의 재료를 사용할 경우 득점에 관계없이 오작 처리된다.

주재료 및 부재료

동태살 300g, 소금 1/2작은술, 후춧가루 1/8작은술, 녹말가루 5큰술, 겨자가루 1큰술, 마늘 1쪽, 대파 1/2대, 생강 1쪽

소 재료 소고기 80g, 건표고버섯 1개, 숙주 70g, 오이 1/2개, 목이버섯 3장

소고기 · 버섯 양념 간장 1작은술, 설탕 1/4작은술, 파 1작은술, 마늘 1/2작은술, 깨소금 1작은술, 참기름 1/2작은술, 후춧가루 1/8작은술

만두소 양념 소금 1/2작은술, 파 1작은술, 마늘 1/2작은술, 참기름 1작은술, 깨소금 1작은술, 간장 1/2작은술

겨자초장 간장 1작은술, 발효겨자 1/2큰술, 식초 2큰술, 설탕 1큰술, 소금 1/4작은술

조리방법

1. 생선은 사방 7cm 정도로 포를 떠서 소금과 흰 후춧가루, 생강즙을 뿌린다.
2. 소고기는 다지고 목이, 표고 등의 불린 버섯은 채 썰어서 고기와 함께 양념하여 볶는다.
3. 오이는 통으로 4cm로 썰고 돌려깎기하여 0.1cm 두께로 채 썰고 소금에 절여 물에 헹구어 짜서 볶는다.
4. 숙주는 다듬어 데치고 물기 제거 후 송송 썰어 물기를 짜고 ②, ③의 재료와 합하여 소를 만든다.
5. 생선살을 반듯하게 펴서 녹말을 묻히고 한편에 소를 놓아서 둥그렇게 만든 다음, 표면에 다시 녹말을 묻혀 수분이 흡수될 때까지 둔다.
6. 어만두는 김 오른 찜통에서 투명하게 쪄내고, 겨자초장을 만들어 곁들인다.

준치만두

준치만두의 유래

준치만두는 살만 발라내어 준치살과 고기를 섞어서 완자를 빚은 것으로, 준치가 가장 맛이 좋은 시기인 오월 단오의 절기음식이다. 준치는 진어(眞魚)라고도 하는데, '썩어도 준치'라는 말이 있을 정도로 맛이 아주 유별나게 좋으나 잔가시가 많아서 먹기에 불편하다.

07 준치만두

요구사항

※ 준치만두는 지름 2.5cm 정도의 크기로 만들고, 완성품 7개와 겨자장을 곁들여 제출하시오.
1) 문제의 요구사항대로 작품이 만들어지지 않을 경우 실격 처리된다.
2) 해당 과제의 지급재료 외의 재료를 사용할 경우 득점에 관계없이 오작 처리된다.

주재료 및 부재료

준치(동태) 1마리(400g), 소고기 50g, 달걀 1개, 녹말가루 1/2컵, 쑥갓 20g, 잣 1큰술, 생강 1/2쪽
겨자가루 1작은술

소고기 양념 간장 1작은술, 설탕 1/2작은술, 파 1/2작은술, 마늘 1/4작은술, 깨소금 1작은술, 참기름 1/2작은술, 후춧가루 1/8작은술

준치살 양념 생강즙 1작은술, 소금, 후춧가루, 참기름

초간장 간장 1큰술, 물 1큰술, 발효겨자 1작은술, 식초 1/2큰술, 설탕 1/2작은술

조리방법

1. 준치는 깨끗이 씻고 찜통에 쪄서 살을 발라내어 곱게 다져서 양념해 놓는다.
2. 소고기는 곱게 다져서 양념하여 볶는다.
3. 준치살과 볶은 고기 · 녹말가루 · 달걀흰자 · 생강즙을 섞고 양념과 세 알씩의 잣을 넣어서, 3cm× 4.5cm 정도의 크기로 둥글게 빚어 녹말가루를 묻혀 놓는다.
4. 열이 오른 찜통에서 젖은 면보를 깔고 쪄 낸다.
5. 초간장을 만든다.
6. 접시에 준치만두를 7개 이상 담고, 초간장을 곁들여 낸다.

편수

편수의 유래

『규합총서』(閨閤叢書)에는 편수를 가리켜 변씨만두라 하였고, 『동국세시기』(東國歲時記)에는 “밀가루로 세모의 모양으로 만든 만두를 卞(성→변)씨만두라 하는데, 변씨가 처음 만들었기 때문에 그런 명칭이 생겼을 것이다.”라고 하였다. 『시의전서』(是議全書) 「명물기략」 (名物紀略)에서는 편수를 “밀가루를 네모반듯하게 베어 네모나게 만드는 것이다.”라고 하였다.

08 편수

요구사항

※ 편수는 삶아서 완성품 6개와 초간장을 곁들여 제출하시오.
1) 문제의 요구사항대로 작품이 만들어지지 않을 경우 실격 처리된다.
2) 해당 과제의 지급재료 외의 재료를 사용할 경우 득점에 관계없이 오작 처리된다.

주재료 및 부재료

밀가루 1컵, 애호박 80g, 숙주 50g, 건표고버섯 2장, 소고기 100g, 식용유 1큰술, 달걀 1개, 잣 1큰술
소고기 양념 간장 1/2작은술, 설탕 1/4작은술, 파 1/2작은술, 마늘 1/4작은술, 참기름 1/4작은술, 후춧가루 1/8작은술
만두소 양념 소금 1/4작은술, 마늘 1/2작은술, 깨소금 1/4작은술, 참기름 1/8작은술, 대파, 후추
초간장 간장 1큰술, 식초 1큰술, 설탕 1/2작은술, 물 1큰술

조리방법

1. 밀가루는 소금물로 반죽해서 비닐 봉지에 싸서 둔다.
2. 호박은 3cm×0.1cm×0.1cm로 채 썬 다음, 소금에 살짝 절여 물기를 꼭 짜서 볶는다.
3. 건표고버섯은 따뜻한 물에 담가 기둥을 떼고 3cm×0.1cm×0.1cm로 채 썰어 양념하여 볶는다.
4. 숙주는 거두절미하여 데쳐서 물기를 제거한 다음에, 송송 썬다.
5. 소고기 반은 육수를 내고, 반은 곱게 다져서 양념하여 볶는다.
6. ②~⑤를 합하여 만두소를 만들고, 육수는 면보에 걸러 기름기를 제고하고 국간장과 소금으로 간하여 차게 식힌다.
7. 반죽을 0.1cm의 두께로 얇게 밀어 8cm×8cm의 크기의 만두피를 만든다.
8. 만두피에 소와 잣을 놓고 네 귀를 한데 모아 마주 붙여서 네모나게 빚는다.
9. 끓는물에 편수를 넣고 삶아서 바로 찬물에 헹구어 건져 놓는다.
10. 달걀은 황 · 백으로 나누어 지단을 도톰하게 부친 후에 완자형으로 썬다.
11. 편수를 그릇에 담고 찬 육수를 부은 후 지단을 올리고 초간장을 곁들인다.
12. 완성품 6개를 담아낸다.

숭채만두

숭채만두의 유래

데친 배춧잎에 닭고기살과 채소를 넣고 말아서 찐 음식이다. 『향약구급방』에서는 '배추'를 '숭'이라 하였으며, 숭채, 백숭, 백채라고도 하였다.

09 숭채만두

요구사항

1) 문제의 요구사항대로 작품이 만들어지지 않을 경우 실격 처리된다.
2) 해당 과제의 지급재료 외의 재료를 사용할 경우 득점에 관계없이 오작 처리된다.

주재료 및 부재료

닭가슴살 200g, 소금, 숙주 50g, 미나리 60g, 녹말 2큰술, 무, 배춧잎 4장,
양념 소금 1작은술, 다진 파 1작은술, 다진 생강 2g, 다진 마늘 1작은술, 깨소금 2g,
후춧가루 0.3g, 참기름 1작은술
초간장 간장 1큰술, 식초 1큰술, 물 1큰술, 잣가루 1작은술

조리방법

1. 닭가슴살은 곱게 다지고 배춧잎은 잎부분만 잘라 깨끗이 씻는다. 숙주는 머리와 꼬리를 떼어 내고 깨끗이 씻는다. 무는 손질하여 깨끗이 씻어 1cm×1cm×0.1cm로 썰어, 소금에 5분 정도 절인 후에 면보로 물기를 닦는다.
2. 초간장을 만든다.
3. 냄비에 물을 붓고 끓으면, 소금과 배춧잎을 넣고 데친 후, 찬물에 헹구어 물기를 닦고 소금과 참기름을 넣고 양념한다.
4. 냄비에 물을 붓고 끓으면, 소금을 넣고 숙주와 미나리를 각각 데친 후, 폭 0.5cm로 썰어 물기를 제거 한다.
5. 닭가슴살과 숙주, 미나리, 무를 한데 섞고 양념을 넣고 고루 버무려서 만두 소를 만든다.
6. 배춧잎 안쪽에 녹말을 뿌린 후 만두소를 놓고 5cm×3cm×2cm정도로 둥글게 말아서 숭채만두를 만든다.
7. 냄비에 물을 붓고 끓으면, 젖은 면보를 깔고 숭채만두를 올려 8분 정도 쪄서 초간장과 함께 낸다.

겸절병

겸절병의 유래

지금의 군만두와 비슷하며 초간장과 함께 먹는다. 조선시대의 「주방문」에 만드는 방법인 「겸절병법」이 기록되어 있다.

10 겸절병

요구사항

1) 문제의 요구사항대로 작품이 만들어지지 않을 경우 실격 처리된다.
2) 해당 과제의 지급재료 외의 재료를 사용할 경우 득점에 관계없이 오작 처리된다.

주재료 및 부재료

소고기(우둔) 150g, 표고버섯 2장, 오이 1개, 소금 3g, 녹말가루 1/4컵, 밀가루 1컵, 메밀가루 1/2컵, 식용유
양념장 간장 1작은술, 설탕 1/2작은술, 다진 파, 다진 마늘, 깨소금, 후춧가루, 참기름
초간장 간장 1큰술, 식초 1큰술, 물 1큰술

조리방법

1. 다진 소고기는 핏물을 닦고 양념장 1/2 를 넣어서 양념한다. 표고버섯은 물에 불려서 기둥을 떼어 내고 물기를 닦아 길이 2cm, 폭 · 두께 0.2cm 정도로 채 썰어서 나머지 양념장을 넣고 양념한다.
2. 오이는 소금으로 깨끗이 비벼 씻어 길이 2cm 정도로 자르고 두께 0.2cm로 돌려 깎은 뒤에 폭 0.2cm 로 채 썬다.
3. 냄비에 녹말가루와 물을 붓고 잘 풀어 중불에서 3분 정도 저으면서 풀을 쑨 후에 따뜻할 때 밀가루와 메밀가루, 소금을 넣고 반죽하여 만두피 반죽을 만든다.
4. 팬을 달구어 식용유를 두르고 다진 소고기와 표고버섯을 넣고 중불에서 각각 볶아 식힌다. 다시 팬을 달구고 식용유를 두른 뒤 오이를 넣고 센불에 잠시 볶아서 식힌다.
5. 볶은 소고기와 표고버섯, 오이를 함께 섞어 소를 만든다.
6. 만두피 반죽을 둥글게 6cm정도로 빚어 만두피를 만든다.
7. 만두피에 소를 넣고 반으로 접어 붙인 뒤 팬을 달구어 식용유를 두르고 겸절병을 넣고 앞뒤로 노릇하게 지져 낸다.
8. 그릇에 담고 초간장과 함께 낸다.

주의사항

겸절병은 뚜껑을 덮고 지져야 속까지 고루 익는다.
메밀반죽은 숙성시키면 끈기가 없이 갈라지므로 반죽해서 바로 만든다.

무 맑은국

무 맑은국의 유래

소고기 무 맑은국은 우리나라 국류 중 기본적인 음식이며, 특별한 날이나 손님상에 낼 수 있는 음식이다. 소금으로 간을 하며 조선간장(청장)으로 색을 약간 낼 수도 있으나, 시험장에서는 요구사항에 따른다. 가정에서는 큰 솥에 고기를 덩어리째 넣고 오래 삶아 조리하면 진한 국물과 부드러운 고기맛을 즐길 수 있다.

01 ① 국류

무 맑은국

요구사항

※ 무 맑은국은 무를 2.5cm×2.5cm×0.3cm 크기로 썰어 맑은국을 완성하여 제출하시오.

1) 문제의 요구사항대로 작품이 만들어지지 않을 경우 실격 처리된다.
2) 해당 과제의 지급재료 외의 재료를 사용할 경우 득점에 관계없이 오작 처리된다.

주재료 및 부재료

소고기(양지머리) 50g, 무 100g, 대파 1/2대, 마늘 1쪽, 소금 1/2작은술, 국간장 1작은술

소고기 양념 다진 마늘 1작은술, 다진 파 1/2작은술, 국간장 1작은술, 후춧가루 · 참기름 약간

조리방법

1. 무는 2.5cm×2.5cm×0.3cm로 썰고 대파는 송송 썰어 놓는다.
2. 파, 마늘은 다져 놓는다.
3. 소고기는 2cm×2cm×0.3cm로 썰어 파, 마늘, 국간장, 참기름, 후춧가루를 넣어 양념하여 냄비에 참기름을 조금 넣고 볶는다. 이후 무를 넣고 한 번 더 볶은 후에 물을 부어 투명해질 때까지 끓이면서 거품을 걷는다.
4. 국이 다 끓으면 다진 마늘과 대파를 송송 썰어 넣고 국간장과 소금으로 간한다.
5. 대접에 무 맑은국을 담아낸다.

아욱된장국

아욱된장국의 유래

아욱은 문헌에 '규채'(葵菜)로 기록되어 있다. 아욱은 삼국시대 이전부터 조상들이 즐겨 사용하였던 식재료이다. 멸치가 귀했던 시절엔 된장만을 풀어 끓이기도 했고, 닭고기나 꿩고기, 돼지고기, 어패류 등을 넣거나 소고기를 육수로 하여 끓이기도 한다.

02 아욱된장국

요구사항

※ 아욱국은 된장을 사용해서 완성하여 제출하시오.

1) 문제의 요구사항대로 작품이 만들어지지 않을 경우 실격 처리된다.

2) 해당 과제의 지급재료 외의 재료를 사용할 경우 득점에 관계없이 오작 처리된다.

주재료 및 부재료

아욱 200g, 멸치(육수용) 40g

국물 된장 2큰술, 대파 1/2대, 마늘 1쪽, 고춧가루 1작은술

조리방법

1. 아욱은 껍질을 벗겨서 여러 번 헹구어 4cm 정도로 썰어 푸른 물이 빠지도록 치대어 씻는다.
2. 다시멸치는 머리와 내장을 제거하고 마른 팬에서 잠시 볶은 후 찬물을 부어 끓으면 거품을 걷어내며 은근하게 끓여서 거른다.
3. 육수에 된장을 체에 걸러서 풀고 아욱을 넣어 끓여서 아욱이 부드러워지면 고춧가루, 파, 마늘을 넣고 살짝 끓여 그릇에 담아낸다.

육개장

육개장의 유래

『규곤요람』에 "고기를 썰어서 장에 풀어 물을 많이 붓고 끓이되, 썰어 넣은 고기점이 푹 익어 풀리도록 끓인다."고 하였다.

03 육개장

요구사항

※ 모든 재료는 손질하여 조리한다.
1) 문제의 요구사항대로 작품이 만들어지지 않을 경우 실격 처리된다.
2) 해당 과제의 지급재료 외의 재료를 사용할 경우 득점에 관계없이 오작 처리된다.

주재료 및 부재료

육수 4컵 소고기(홍두깨살) 200g, 무 50g, 마늘 2쪽, 생강 1/2쪽, 국간장 1큰술, 대파 1/2대, 숙주 60g, 고사리 30g, 느타리버섯 60g
양념장 고춧가루 2큰술, 참기름 1큰술, 소금 1작은술, 다진 마늘 1큰술, 후춧가루 1/8작은술, 생강 1/4작은술

조리방법

1. 소고기는 손질하여 찬물에 담가서 핏물을 빼고 건진 뒤에 물을 넉넉히 넣고 삶는다.
2. 부재료의 채소는 손질하여 6~7cm로 썰어 끓는 물에 살짝 데쳐 낸다.
3. ①의 고기는 건져서 찢어 놓고 국물은 체에 걸러 놓는다.
4. 준비된 분량으로 양념 다대기를 만든다.
5. 채소와 고기를 양념 다대기로 무쳐서 국물에 넣고 함께 끓인다.
6. 대접에 건더기를 담고 국물을 알맞게 부어 낸다.

애탕

애탕의 유래

애탕이라는 말은 '쑥잎'을 한자로 애엽(艾葉)이라고 한 데서 유래되었다고 한다. 봄철에 나는 연한 햇쑥으로 만든다. 반상에 따르는 국이 아니고 교자상이나 주안상에 어울리는 국이다. 또 다른 방법으로는 쑥을 끓는 물에 살짝 데쳐서 밀가루, 달걀의 순으로 옷을 입혀서 넣어 끓이기도 한다.

04 애탕

요구사항

1) 문제의 요구사항대로 작품이 만들어지지 않을 경우 실격 처리된다.
2) 해당 과제의 지급재료 외의 재료를 사용할 경우 득점에 관계없이 오작 처리된다.

주재료 및 부재료

소고기 100g, 국간장 1큰술, 쑥 60g, 홍고추 1/2개, 다진 소고기 100g, 밀가루 2큰술, 달걀 1개, 소금 약간

양념1 소금 1작은술, 다진 마늘 1작은술, 참기름 1작은술, 후춧가루 약간

양념2 소금 1작은술, 다진 파 2작은술, 다진 마늘 1작은술, 참기름 1작은술, 후춧가루 약간

조리방법

1. 소고기는 납작하게 썰어서 양념 1로 무쳐서 물을 부어 맑은 장국을 끓이고 국간장으로 간을 맞춘다.
2. 쑥은 끓는 물에 살짝 데쳐서 찬물에 헹군 다음에 물기를 꼭 짜서 곱게 다진다. 홍고추는 어슷 썰어 물에 헹구어 씨를 없앤다.
3. 완자용의 소고기는 기름기가 적은 살코기로 곱게 다져서 다진 쑥과 합하고 양념 2로 끈기가 나게 잘 섞어서 지름 1.5cm의 완자로 잘 빚는다.
4. 빚은 완자에 밀가루를 고르게 묻힌 다음 잘 풀어놓은 달걀에 담갔다가 끓는 장국에 넣어서 완자가 익어 떠오를 때까지 끓인다. 간을 보아서 부족하면 국간장과 소금으로 간을 맞추고 홍고추를 넣고 대접에 담아낸다.

주의사항

완자에 밀가루와 달걀을 씌워서 번철에 지져서 넣기도 한다.

갈비탕

갈비탕의 유래

갈비는 늑골, 갈비뼈, 소갈비로 서울에서는 갈비를 '가리'라고도 부른다. 갈비가 처음 용례로 나타난 것은 조선시대부터라고 본다. 조선시대의 책에는 갈비라고 되어 있으며, 정약용의 『아언각비』에서는 갈비라는 용어를 쓰고 있다.

01 ② 탕류
갈비탕

요구사항

※ 전량 제출하고 기름기를 걷어낸다.
1) 문제의 요구사항대로 작품이 만들어지지 않을 경우 실격 처리된다.
2) 해당 과제의 지급재료 외의 재료를 사용할 경우 득점에 관계없이 오작 처리된다.

주재료 및 부재료

소갈비 400g, 무 100g, 달걀 1개, 대파 1대,
갈비 양념 국간장 1작은술, 다진 파 1작은술, 다진 마늘 1/2작은술, 후춧가루 약간, 참기름 1작은술

조리방법

1. 소갈비는 기름기를 제거하고 찬물에 담가서 핏물을 뺀다.
2. 끓는 물에 갈비를 넣어 무르게 삶아 내고, 무를 덩어리째 넣어 반 정도 익었을 때 꺼내어서 나박썰기 한다.
3. 대파는 동그랗게 탕파를 썰어 놓는다.
4. 황 · 백지단을 부쳐서 마름모로 썬다.
5. 삶은 갈비를 꺼내서 소금 · 후추로 간한다.
6. 갈비국물은 위의 기름을 걷어내고 갈비를 넣고 다시 끓인다.
7. 그릇에 갈비와 무를 담고 국물을 부은 뒤에 탕파를 넣고 지단으로 장식한다.

삼계탕

삼계탕의 유래

닭고기는 100g당 20g의 단백질을 함유하고 있으며, 메티오닌과 시스테인을 많이 함유하고 있어서 간장을 보호하는 역할을 한다. 또한 인삼 · 밤 · 대추 · 마늘 등을 넣고 푹 곤 영계백숙은 강장효과가 뛰어나 여름철 허약해진 몸을 보호하고 인체의 열과 냉을 조절하는 기능을 갖는다. 또한 영양가가 많고 기름기가 적어 다이어트 식품으로 알맞다.

02 삼계탕

요구사항

※ 삼계탕은 영계의 속을 채운 후에 다리를 끼워 고기를 잘 익히고 나서 제출하시오.
1) 문제의 요구사항대로 작품이 만들어지지 않을 경우 실격 처리된다.
2) 해당 과제의 지급재료 외의 재료를 사용할 경우 득점에 관계없이 오작 처리된다.

주재료 및 부재료

삼계용 닭 1마리(400~500g), 찹쌀 3큰술, 삼계용 수삼 1뿌리, 마늘 3쪽, 대추 2개, 은행 3알, 소금 1작은술, 후춧가루 1/8작은술, 달걀 1개, 생강 1쪽, 미나리 3줄기, 밀가루

조리방법

1. 닭은 뱃속까지 깨끗이 씻은 후, 다리 안쪽에 칼집을 넣는다.
2. 찹쌀은 씻어서 불리고 대추는 가볍게 씻는다.
3. 수삼과 마늘은 손질하여 씻어 놓는다.
4. 황 · 백지단과 미나리 초대를 만들어 썰어 놓는다.
5. 손질한 닭의 뱃속에 찹쌀과 마늘, 대추, 은행, 수삼을 넣고 찹쌀이 빠져 나오지 않게 다리 사이에 칼집을 넣어서 다리가 서로 엇갈리도록 끼운다.
6. 큰 냄비에 닭을 담고 생강편을 넣은 다음에 한소끔 끓으면 불을 줄여서 푹 무르도록 삶는다.
7. 닭이 익으면 건지고 국물은 면보를 깐 체에 걸러서 기름기를 걷어 내고 다시 합하여 끓인다.
8. 그릇에 닭을 담고 국물을 부어 황 · 백지단과 미나리 초대를 얹어 낸다.

어알탕

어알탕의 유래

생선을 다져 알 모양으로 빚어 낸 장국으로 조선시대의 조리서에는 기록이 보이지 않으나 궁중음식 중 하나로『이조궁중요리통고』(19세기)에 기록되어 있다. 궁중에서는 단오의 시식으로 이용되어 왔으며 일반가정에서 주로 먹을 수 있는 음식은 아니다. 완자탕 등과 달리 생선을 주재료로 하여 깨끗하고 담백한 맛을 지니고 있다.

03 어알탕

요구사항

※ 주어진 재료를 사용하여 다음과 같이 어알탕을 만드시오. 완자는 직경 2cm, 고명은 마름모꼴로 만드시오.

1) 문제의 요구사항대로 작품이 만들어지지 않을 경우 실격 처리된다.
2) 해당 과제의 지급재료 외의 재료를 사용할 경우 득점에 관계없이 오작 처리된다.

주재료 및 부재료

흰살 생선 150g, 소고기 100g, 달걀 1개, 실파 2뿌리, 잣 1작은술, 녹말가루 3큰술,
국간장 1작은술
양념 대파 흰 부분 1/2토막, 마늘 2쪽, 소금 2작은술, 흰 후춧가루 2g, 생강즙 1/2작은술

조리방법

1. 소고기와 물 3컵 정도를 끓여서 육수가 2컵이 되도록 한 후에 면보에 걸러 국간장으로 간을 맞춘다.
2. 생선은 가시를 발라서 다진 후에 녹말가루를 2큰술 정도 넣어 반죽하여 잣을 하나씩 넣어 1.5cm 크기의 완자를 빚는다.
3. 완자에 녹말을 묻혀 찬물에 담그고, 다시 녹말을 묻히고 담그기를 세 번 반복하여 김이 오른 찜통에 젖은 면보를 깔고 찐다.
4. 황 · 백지단을 완자 모양으로 만든다. 실파는 씻어서 4cm 길이로 썬다.
5. 장국을 끓여 쪄낸 어알과 실파를 넣어 살짝 끓인 후 국간장이나 소금으로 간을 맞춰 그릇에 담고 지단을 올려 낸다.

주의사항

① 완자재료는 많이 치대야 완자 모양이 흐트러지지 않는다.
② 국물에 완자를 넣을 땐 불을 약하게 낮춘 뒤에 넣는다.

용봉탕

용봉탕의 유래

잉어는 산모의 보양식으로 널리 알려진 전통음식의 식재료 중 하나이다. 잉어는 양질의 단백질과 소화성이 좋은 지방을 함유하고 있으며, 칼슘과 철분, 비타민 B_1 등이 풍부하다. 잉어를 용으로, 닭을 봉황으로 격을 높인 상징적 이름을 갖고 있는 보양식이다.

04 용봉탕

요구사항

※ 용봉탕은 잉어 1토막과 닭살 및 고명을 올려서 국물과 함께 담아 제출하시오.
※ 오래도록 끓여야 재료 특유의 맛과 영양을 즐길 수 있다(한 시간 이상).
1) 문제의 요구사항대로 작품이 만들어지지 않을 경우 실격 처리된다.
2) 해당 과제의 지급재료 외의 재료를 사용할 경우 득점에 관계없이 오작 처리된다.

주재료 및 부재료

닭 1/2마리, 잉어 1마리, 건표고버섯 1장, 깐 밤 2개, 대추 2개, 달걀 1개, 석이버섯 2장
육수 물 4컵, 국간장 1작은술, 소금 1작은술, 대파 1/2대, 깐 마늘 3톨
닭살 양념 소금 1/4작은술, 파 1/2작은술, 마늘 1/4작은술, 흰 후춧가루 1/10작은술

조리방법

1. 닭은 소금으로 문질러서 기름을 떼어 내고 깨끗이 씻어 찬물에 파, 마늘과 함께 넣고 부드럽게 삶아 국물은 면보에 거르고 살만 잘게 찢은 후에 소금 · 흰 후춧가루 · 파 · 마늘로 무쳐 놓는다.
2. 잉어는 비늘을 긁고 내장을 꺼내 깨끗이 씻은 후, 아가미에 칼을 넣어 끊어주고 꼬리에서 1cm 정도 내려와서 가운데 뼈를 절단하여 나무젓가락 모양의 긴 막대기로 끼운다. 머리가 아래로 가도록 10분 정도 세워서 핏물을 제거하면 잉어 특유의 비린내를 제거할 수 있다. 비린내를 제거한 잉어는 5cm 정도로 토막을 낸다.
3. 건표고버섯은 따뜻한 물에 담가서 불려 기둥을 떼어 내고 길이 4cm, 가로 1cm의 골패 모양으로 썰고 석이버섯은 따뜻한 물에 불려서 손질하여 채 썰어 살짝 볶아 놓는다.
4. 밤은 껍질을 벗기고 대추는 씻어 둔다.
5. 달걀은 황 · 백으로 나누고 지단을 부쳐 길이 4cm, 너비 0.8cm, 두께 0.2cm로 썰어 둔다.
6. 면보로 걸러낸 맑은 닭육수에 잉어 · 밤 · 대추 · 표고버섯을 넣어 푹 끓이다가 양념한 닭고기를 넣고 국간장과 소금으로 간을 맞춘다.
7. 대접에 잉어와 닭고기를 담고 국물을 부은 후 대추 · 밤 · 표고버섯을 골고루 담고, 황 · 백지단과 석이버섯을 얹어 낸다.

임자수탕

임자수탕의 유래

『동의보감』에 들깨씨를 '임자(荏子)'라고 했고 명사에 속한다.
들깨는 기를 내리고 기침을 그치게 하며 폐를 윤택하게 한다고 한다. 또한, 들깨로 죽을 끓여 먹으면 보익하다고 기록되어 있다. 참깨로 만든 참깨죽은 내의원에서 끓여 궁중에 바쳤던 기록이 조선 초기 세종의 전의가 쓴 『식료찬요』에 수록되어 있다. 들깨로 국물을 만들어 차게 하여 먹다가 재료를 참깨로 바꾸어서 조리하여 먹기도 하였던 것이 지금까지 전해져 온다. 조선시대부터 전통적으로 삼복더위에 먹었는데 깨와 잣을 넣어 만들기도 하였다.

05 임자수탕

요구사항

※ 임자수탕의 부재료는 2cm×3.5cm의 골패형으로 썰어 각종 고명을 올리고 찬 깻국을 부어 제출하시오.
1) 문제의 요구사항대로 작품이 만들어지지 않을 경우 실격 처리된다.
2) 해당 과제의 지급재료 외의 재료를 사용할 경우 득점에 관계없이 오작 처리된다.

주재료 및 부재료

닭 1/2마리, 파 1/4대, 마늘 2쪽, 생강 1쪽, 볶은참깨 1/2컵, 소고기 50g, 미나리 5줄기,
오이 1/2개, 달걀 1개, 건표고버섯 1개, 홍고추 1개, 녹말가루 2큰술, 잣 1작은술
깻국 양념 닭육수 2컵, 소금 1작은술, 국간장 1작은술, 후춧가루 1/8작은술
소고기 완자 양념 소금 1/6작은술, 파 1/4작은술, 마늘 1/4작은술, 참기름 1/4작은술, 깨소금 1/4작은술, 후춧가루 1/8작은술

조리방법

1. 닭은 깨끗이 씻어서 파 · 생강 · 마늘과 함께 물을 넉넉히 붓고, 무르게 삶은 다음 건져 굵직하게 찢고 나서 소금과 후춧가루로 양념하여 둔다. 닭국물은 차게 식혀서 기름기를 걷어내고 깨끗하게 받친다.
2. 볶은참깨는 분마기에 닭육수 2컵과 함께 넣고 곱게 갈아 겹체에 받쳐서 고운 국물이 되었으면 나머지 육수를 섞고 소금간을 하여 놓는다.
3. 소고기는 곱게 다져 양념하여 직경 1.5cm 크기의 완자를 만들어 지지고, 미나리는 초대를 만들고, 달걀은 황 · 백지단을 부쳐 가로 2cm, 세로 3.5cm의 직사각형(장방형)으로 썬다.
4. 오이는 껍질부분을 도톰하게 벗겨 가로 2cm, 세로 3.5cm의 직사각형(장방형)으로 썰고 홍고추, 건표고버섯도 손질하여 오이와 같은 크기로 썰어 녹말을 묻히고 끓는 물에 살짝 투명하게 데쳐 냉수에 헹구어 식힌다.
5. 삶아서 양념해 둔 닭고기를 그릇에 담고 그 위에 오이 · 표고 · 홍고추 · 완자 · 황 · 백지단을 보기 좋게 담고 닭국물을 그릇 가장자리로 살며시 붓고 잣을 올린다.

주의사항

시험장에서 믹서기를 사용하여 깻국을 만든다.

초교탕

초교탕의 유래

초교탕은 궁중에서만 만들어 먹었기 때문에 민간에는 잘 알려지지 않은 음식이다, 초교탕 재료로는 닭고기, 소고기 도라지 등 기능성과 영양이 풍부한 식재료가 사용되는데 이 중 특이한 것은 '도라지'이다, 초교탕의 '초'는 '도라지'를 뜻한다.

06 초교탕

요구사항

※ 초교탕의 건더기는 한입 크기만큼 떠서 끓인 후 제출하시오.
1) 문제의 요구사항대로 작품이 만들어지지 않을 경우 실격 처리된다.
2) 해당 과제의 지급재료 외의 재료를 사용할 경우 득점에 관계없이 오작 처리된다.

주재료 및 부재료

닭 1/2마리, 대파 1뿌리, 마늘 2쪽, 생강 1쪽, 통도라지 1개, 미나리 5줄기, 소고기 50g, 표고버섯 2장, 달걀 1개, 밀가루 1/3컵, 소금 1큰술

닭고기 · 도라지 · 미나리 양념 소금 1/2작은술, 국간장 1작은술, 다진 파 1작은술, 다진 마늘 1/5작은술, 생강즙 1/5작은술, 참기름 1/2작은술, 후춧가루 약간

소고기 · 표고버섯 양념 국간장 1작은술, 다진 파 1작은술, 다진 마늘 1/2작은술, 참기름 1/2작은술

조리방법

1. 닭은 손질하여 마늘, 대파, 생강편과 함께 넣고 물을 넉넉히 부어 삶는다.
2. 도라지는 가늘게 찢은 후에 소금으로 주물러 쓴맛을 빼고, 미나리는 줄기만 다듬어서 살짝 데친 후 3cm로 썬다.
3. 도라지 · 닭살 · 미나리를 합해 소금, 국간장, 다진 파, 다진 마늘, 생강즙, 참기름, 후춧가루로 양념한다.
4. 소고기는 곱게 다지고 표고는 불려 채 썰어서 양념한다.
5. 소고기와 닭고기 · 표고 · 미나리 · 도라지를 합해 밀가루와 달걀을 풀어서 버무려 섞는다.
6. 닭국물에 위의 버무린 재료를 국물이 끓을 때에 한 수저씩 떠넣고 끓인다.
7. 잘 익었으면 국간장과 소금으로 간을 맞추고 참기름과 후추를 넣고 마무리한다.

추어탕

● 추어탕의 유래

『음식디미방』에서는 "고기장국을 끓이다가 고추장으로 간을 맞추고 나서 찬 두부를 통으로 넣고 미꾸라지를 넣으면 뜨거워 두부 속으로 다 기어 들어간다. 생강과 풋고추를 넣고 계속 끓이다가 밀가루를 풀어 넣는다."라고 쓰여 있다. 추탕이라고도 한다. 뼈째 먹는 음식으로 칼슘 흡수가 잘 되어 성장기 청소년이나 갱년기 여성들에게 좋은 음식이다.

07 추어탕

요구사항

1) 문제의 요구사항대로 작품이 만들어지지 않을 경우 실격 처리된다.
2) 해당 과제의 지급재료 외의 재료를 사용할 경우 득점에 관계없이 오작 처리된다.

주재료 및 부재료

미꾸라지 200g, 호박잎 2장, 소금 1큰술, 얼갈이배추 100g, 느타리버섯 100g, 대파 1뿌리, 깻잎순 30g, 부추 20g, 풋고추 2개, 홍고추 1개, 들깨가루 1큰술

양념장 된장 1큰술, 고춧가루 1큰술, 마늘 2작은술, 생강 1/2작은술, 후춧가루 1/8작은술, 산초가루 1작은술, 소금 1/4작은술

조리방법

1. 오목한 그릇에 살아서 꿈틀거리는 미꾸라지를 담고 소금을 넣고 얼른 뚜껑을 덮어 해감하고 깨끗이 씻는다.
2. 냄비에 물을 붓고 끓으면 미꾸라지를 넣어 뼈가 흐믈흐믈해질 때까지 끓여 식히고 믹서에 넣어 곱게 갈고 나서 체에 받친다.
3. 끓는 물에 소금을 넣고 얼갈이배추를 살짝 데쳐 씻은 후에 물기를 짜고 6~7cm 길이로 썰고, 풋고추, 홍고추는 송송 썬다.
4. 느타리버섯은 가늘게 찢어 놓고, 대파와 깻잎, 부추는 깨끗이 다듬어 씻어서 6~7cm 길이로 썬다.
5. ③의 얼갈이배추에 된장, 고춧가루, 파, 마늘을 넣고 무친다.
6. 곱게 갈아 놓은 미꾸라지 국물에 ⑤의 배추를 넣고 끓이다가 느타리버섯을 마저 넣고 끓인다.
7. ⑥에 다진 고추와 깻잎, 부추 등의 재료와 나머지 양념을 넣고 끓여 맛을 낸다.
8. 마지막에 산초가루를 넣고 완전히 끓으면 거품을 걷어낸다.

게감정(게찌개)

게감정(게찌개)의 유래

'감정'은 고추장으로 끓인 찌개로 궁중 음식이다.
얼큰하고 개운한 맛이 나게 조리해야 맛있으며 게의 살만 발라내어 숙주와 소고기, 두부를 합하여 게의 등딱지에 채워 넣고 전을 부쳐서 장국에 끓인 음식이다.

③ 찌개류

01 게감정(게찌개)

요구사항

※ 게감정은 끓여진 완성품의 게딱지 2개와 국물을 그릇에 담아 제출하시오.
1) 문제의 요구사항대로 작품이 만들어지지 않을 경우 실격 처리된다.
2) 해당 과제의 지급재료 외의 재료를 사용할 경우 득점에 관계없이 오작 처리된다.

주재료 및 부재료

꽃게 2마리, 소고기 50g, 숙주 50g, 두부 50g, 밀가루 2큰술, 달걀 1개, 파 1/2뿌리, 무 70g, 고추장 2큰술, 된장 1/2큰술
육수 게다리, 살 발라낸 몸체, 파 1/2대, 마늘 1쪽
소고기 양념 소금 1/2작은술, 파 1작은술, 마늘 1작은술, 참기름 1/2작은술, 깨소금 1작은술, 후춧가루 1/8작은술

조리방법

1. 게를 다듬어서 씻고 몸체와 작은 다리는 밀대로 밀어 살을 발라내고, 집게 다리 2개는 남겨 두고 게딱지는 깨끗이 씻는다.
2. 작은 게다리와 살을 발라내고 난 몸체 등에 향미채소를 넣고 물을 부어 육수를 끓인 후, 국물만 체에 받친다.
3. 소고기는 곱게 다지고 숙주는 끓는 물에 데쳐서 송송 썰고 두부는 물기를 짜서 으깨어서 게살과 섞어 모두 양념한다.
4. 무를 2.5cm×2.5cm×0.4cm로 나박 썰기하고 파는 어슷 썰기 한다.
5. 게딱지는 물에 씻어서 물기를 제거하고, 안쪽에 식용유를 살짝 바르고 밀가루를 솔솔 뿌린 후, ③의 소를 가득 담고 살쪽에 밀가루, 달걀을 씌워 지진다.
6. 게껍질을 우려낸 육수에 된장과 고추장을 풀고, 집게 다리 2개를 넣고 ④의 무와 함께 끓이다가 무가 어느 정도 익으면 게 지진것을 넣고 익힌다.
7. 게찌개가 익으면 다진 마늘과 파를 넣고 한소끔 끓여 낸다.

명란젓찌개

명란젓찌개의 유래

명란은 명태의 알만을 채취하여 소금에 삭힌 젓갈로 명란을 소고기, 무, 두부, 파와 함께 끓여 새우젓국으로 간한 시원하고 담백한 맛의 찌개로 겨울철의 별미이다.

02 명란젓찌개

요구사항

※명란젓찌개의 명란은 3cm 크기로 잘라 찌개를 끓여 제출하시오.

1) 문제의 요구사항대로 작품이 만들어지지 않을 경우 실격 처리된다.
2) 해당 과제의 지급재료 외의 재료를 사용할 경우 득점에 관계없이 오작 처리된다.

주재료 및 부재료

명란 100g, 소고기(양지머리) 50g, 두부 50g, 무 70g, 쪽파 2뿌리, 새우젓 1작은술, 참기름, 소금

소고기 양념 국간장 1/2작은술, 다진 파 1작은술, 다진 마늘 1작은술, 참기름 1작은술, 후춧가루

조리방법

1. 소고기는 얇게 저며 썬 뒤에 양념하여 냄비에 참기름을 두르고 볶다가 물을 부어 끓인다.
2. 명란은 3cm 정도로 자른다.
3. 무와 두부는 3cm 크기로 납작하게 썰고, 쪽파는 4cm 길이로 썬다.
4. 소고기 국물에 무를 넣어 익으면 명란 · 두부 · 쪽파를 넣어 끓이다가 새우젓국과 소금으로 간을 한 다음에 불을 끄고 참기름을 약간 넣는다.

오이감정

오이감정의 유래

오이는 서역에서 중국으로 가져왔으므로 '오랑캐의 땅에서 들어온 과류'라고 하여 처음에는 '호과'라고 하였다. 그 후에 오이가 익으면 노랗게 변하기 때문에 '황과'라고 명칭이 바뀌었다. 오이감정은 얼큰하고 개운한 맛이 나게 조리해야 맛있으며 너무 오래 끓이면 재료 특유의 맛을 느끼지 못하므로 재료에 따라 불 조절을 잘하고 나중에 넣을 재료와 처음부터 넣을 재료를 선별하여 끓인다. 여름철에 먹는 별미 찌개이다.

03 오이감정

요구사항

※ 오이감정의 오이는 삼각지게 썰어 끓여서 완성품을 제출하시오.
1) 문제의 요구사항대로 작품이 만들어지지 않을 경우 실격 처리된다.
2) 해당 과제의 지급재료 외의 재료를 사용할 경우 득점에 관계없이 오작 처리된다.

주재료 및 부재료

오이 1개, 소고기 80g, 홍고추 1개, 풋고추 1개, 대파 1대, 마늘 2쪽, 고추장 2큰술, 된장 1작은술, 국간장 1작은술, 다진 마늘 1작은술, 참기름, 후춧가루,
소고기 양념 국간장 1/2작은술, 다진 마늘 1작은술, 참기름 1작은술, 깨소금, 후춧가루

조리방법

1. 오이는 소금으로 비벼 씻고 반으로 갈라서 삼각지게 썬다.
2. 대파는 어슷하게 썰고, 고추는 어슷하게 썰어서 씨를 뺀다.
3. 소고기는 납작하게 저민 후에 썰어서 양념을 한다.
4. 물에 고추장과 된장을 체에 걸러서 푼다.
5. 국냄비에 참기름을 약간 넣고 양념한 소고기를 넣어 볶다가 ④의 물을 넣어 끓인 후 오이를 넣고 익으면 대파, 고추, 다진 마늘을 넣어 잠시 끓인 후 간을 하여 낸다.

해물된장찌개

해물된장찌개의 유래

찌개는 조치, 지짐이, 감정이라고도 하는데, 모두 건지가 국보다 많고 간이 센 편으로 밥에 따르는 찬품이다. 조치란 궁중에서 찌개를 일컫는 말이고 감정은 고추장으로 맛을 낸 찌개를 뜻한다.

된장찌개는 우리 전통음식 중에서 우리나라 사람들이 기본적으로 즐겨 먹는 음식이다. 된장을 담글 때 애초에, 소금을 너무 많이 넣지 않아야 조리 시에 맛있다. 된장의 간 정도에 따라 재료를 적절하게 넣어 끓인다. 재래된장은 오래 끓여야 맛있고, 가공식품된장은 재빨리 끓여 먹어야 맛있다.

부식류

04 해물된장찌개

요구사항

※ 조개는 해감시키시오.
1) 문제의 요구사항대로 작품이 만들어지지 않을 경우 실격 처리된다.
2) 해당 과제의 지급재료 외의 재료를 사용할 경우 득점에 관계없이 오작 처리된다.

주재료 및 부재료

소고기 50g, 애호박 50g, 느타리버섯 5장, 두부 50g, 모시조개 50g, 풋고추 2개,
멸치 10마리, 홍고추 1/2개, 대파 1/2뿌리
된장 육수 마늘 1작은술, 된장 3큰술, 고춧가루 1작은술
소고기 양념 간장 1/2작은술, 파 1/2작은술, 다진 마늘 1/2작은술, 참기름 1/2작은술, 후춧가루 1/8작은술

조리방법

1. 소고기는 너붓너붓 썰어서 양념하여 놓는다. 모시조개는 해감시키고 멸치는 내장을 제거한다.
2. 애호박은 0.5cm 두께로 은행잎 모양으로 썰고, 느타리버섯은 따뜻한 물에 살짝 씻고 호박도 썰어 둔다.
3. 두부는 사방 2.5cm로 썰고, 고추는 반으로 갈라서 손질하고 파와 함께 어슷하게 썰어 놓는다.
4. 해감시킨 모시조개 국물을 다시 체에 받쳐 모래를 거르고 소고기와 멸치를 넣고 된장을 풀어 끓인 후에 파와 다진 마늘을 넣는다.
5. 뚝배기에 ④의 된장 육수를 넣고 끓인 후 애호박과 버섯을 넣고 끓인다.
6. 호박이 어느 정도 익으면 두부를 마저 넣고 맛이 밸 때까지 끓인다.
7. 맛이 잘 어우러지면 고추와 파를 넣고, 고춧가루를 뿌리고 나서 한소끔 더 끓인다.

곱창전골

곱창전골의 유래

전골은 소고기, 돼지고기, 해물이나 내장 등을 잘게 썰어서 양념을 한 후에 채소나 여러 가지 버섯을 곁들여서 전골틀이나 냄비에 담고 국물을 조금 부어서 볶으며 먹는 음식을 말한다. 전골은 국물이 많지 않으나 재료 특유의 맛을 느낄 수 있는 음식이다. 술안주나 일품음식에 속하며 주재료에 따라 음식의 이름이 달라진다.

01

4 전골류

곱창전골

요구사항

※ 곱창전골은 내장을 깨끗이 헹구어 사용하시오.

1) 문제의 요구사항대로 작품이 만들어지지 않을 경우 실격 처리된다.
2) 해당 과제의 지급재료 외의 재료를 사용할 경우 득점에 관계없이 오작 처리된다.

주재료 및 부재료

곱창 600g, 소고기(양지) 100g, 대파 2뿌리, 양 300g, 건표고버섯 3장, 양송이 50g, 느타리 50g, 미나리 30g, 팽이버섯 50g, 쑥갓 · 양파 각각 50g

소고기 양념 다진 생강 2작은술, 파 2큰술, 다진 마늘 2큰술, 참기름 1/4작은술, 깨소금 1/2 작은술, 후춧가루 1/8작은술, 청주 1작은술, 설탕 1작은술, 국간장 1큰술

고기 양념 고추장 3큰술, 고춧가루 3큰술, 국간장 1작은술, 소금 1작은술, 다진 마늘 2큰술, 다진 파 2큰술, 후춧가루 1/8작은술, 청주 1작은술

곱창 삶기 마늘 5개, 생강 2쪽, 양파 1/2개, 대파 1대, 통후추 10알, 물 1L, 청주 1/2컵, 된장 1큰술

조리방법

1. 곱창은 기름기를 떼어 낸 후에 밀가루를 묻혀서 손으로 박박 주물러 씻고 5cm 길이로 썰어서 흐르는 물에 깨끗이 씻은 후, 냄비에 된장과 향채들, 청주를 풀고 끓는 물에 삶아 낸다.
2. 양은 끓는 물에 데쳐서 막을 긁어 낸다.
3. 냄비에 양념을 모두 넣고 통후추 · 청주를 넣은 후 곱창 · 양 · 소고기를 함께 삶아 낸다.
4. 곱창 · 양 · 소고기는 먹기 좋은 크기로 썬다.
5. 곱창 · 양 · 소고기에 양념하여 무친다.
6. 야채와 버섯은 먹기 좋게 씻어서 준비한다.
7. 냄비에 보기 좋게 장식하여 곱창 · 소고기 · 소양 · 양파를 먼저 넣고, 육수를 붓고 끓이다가 미나리, 버섯 등을 넣고 끓인다.
8. 대파 등을 넣고 끓인다. 깻잎을 넣고 끓여도 맛있다.

낙지전골

낙지전골의 유래

낙지는 한자어로 석거(石距)라고 한다. 그 밖에도 소팔초어, 장어, 장거어, 낙제 등의 이름을 지닌다. 낙지는 흔히 남성들의 스태미나 음식이라고 하며, 낙지의 풍부한 영양과 여러 재료들을 국물과 함께 넣고 자작하게 끓여 낸다.

02 낙지전골

요구사항

※ 낙지는 모래를 잘 헹궈서 사용하시오.

1) 문제의 요구사항대로 작품이 만들어지지 않을 경우 실격 처리된다.

2) 해당 과제의 지급재료 외의 재료를 사용할 경우 득점에 관계없이 오작 처리된다.

주재료 및 부재료

낙지 400g, 소고기 100g, 양지머리 100g, 양송이 3개, 건표고버섯 2장, 당근 50g, 표고버섯 2장, 미나리 50g, 홍고추 4개, 후춧가루 1/2작은술, 국간장 3큰술

낙지 양념 · 고기 양념 소금 1작은술, 파 2작은술, 마늘 2작은술, 참기름 2큰술, 깨소금 1/2작은술, 후춧가루 1/8작은술, 고춧가루 2큰술, 간장 2큰술

조리방법

1. 낙지는 먹통과 내장을 떼어 내고 소금으로 주물러 씻어 5cm 길이로 썰어서 낙지 양념에 버무린다.
2. 양지로 육수를 만들고, 소고기는 채 썰어서 고기 양념에 버무린다.
3. 표고, 팽이, 양송이, 당근, 홍고추, 미나리는 손질하여 썬다.
4. 전골냄비에 준비한 재료들을 담고 육수를 붓고 나서 끓으면, 국간장 · 소금 · 후춧가루를 넣고 간을 맞춘다.

두부전골

두부전골의 유래

두부는 메주콩으로 가공하여 만든 식품으로 콩만을 먹을 때보다 소화율이 높으며 콜레스테롤과 포화지방산 함량이 낮기 때문에 고혈압, 동맥경화 예방에 효과가 있다. 또한 단백질과 칼슘이 풍부하고 열량이 낮아 다이어트하는 분에게 좋으며 어린이나 노인식으로 좋다. 특히, 요오드 성분이 풍부한 해산물과 함께 조리하면 부족한 영양소를 잘 보완할 수 있다.

03 두부전골

요구사항

※ ① 두부의 길이는 3cm×2.5cm×0.5cm 정도로 하고 지진 두부와 두부 사이에 고기를 넣고 미나리로 묶어서 7개 만드시오.
② 완자는 지름 1.5cm 정도로 만드시오.
③ 모든 재료는 5cm 길이로 썰어 사용하고 육수를 부어 끓여 내시오.

1) 문제의 요구사항대로 작품이 만들어지지 않을 경우 실격 처리된다.
2) 해당 과제의 지급재료 외의 재료를 사용할 경우 득점에 관계없이 오작 처리된다.

주재료 및 부재료

두부 1모(250g), 소고기 50g, 무 100g, 양파 50g, 건표고버섯 3장, 당근 50g, 죽순 1/2개, 미나리 30g, 달걀 2개, 녹말가루 2큰술

소고기 양념 소금 1/6작은술, 파 1/4작은술, 마늘 1/4작은술, 참기름 1/4작은술, 깨소금 1/2작은술, 후춧가루1/8작은술

육수(4컵) 물 6컵, 소고기 100g, 국간장 1작은술, 소금 1작은술, 통마늘 2톨, 대파 1/2뿌리, 후춧가루 1/8작은술, 실파 2뿌리

조리방법

1. 두부는 3cm×2.5cm×0.5cm로 7개를 썰어 깨끗한 면보로 수분을 거둬낸 후에 소금과 후춧가루를 뿌려서 두었다가 한쪽만 녹말가루를 묻혀서 이 면만 살짝 지져 낸다.
2. 소고기는 곱게 다져 양념하고, 육수는 향미채소를 넣고 끓여 체에 받쳐 간을 맞춘다.
3. 건표고버섯은 밑손질하여 5cm×1.5cm 크기로 썰어 놓는다. 양파도 채 썰어 놓는다.
4. 무는 5cm 길이로 잘라서 채썰고, 당근 · 죽순은 5cm×1.5cm×0.2cm 크기로 썰어 둔다.
5. 미나리는 줄기만 다듬어 1/2은 끓는 물에 데쳐내고, 나머지는 미나리초대를 부친 다음에 5cm×1.5cm 크기로 썰어 놓는다.
6. 달걀은 황 · 백지단을 부친 후에 5cm×1.5cm×0.3cm로 썰어 놓는다.
7. 곱게 다져 양념한 고기 1/2은 1.5cm 크기로 완자를 만든 후에 밀가루, 달걀옷을 입혀 지져내고, 나머지 1/2은 지져내지 않은 쪽에 두부를 두 쪽 맞대어 놓고 다진 고기소를 넣고 다시 붙여 데쳐낸 미나리줄기로 가운데를 돌려 감는다.
8. 전골냄비 안 바닥에 채썬 무를 깔고, 그 위에 나머지 재료를 보기 좋게 돌려 담는다. 이때 가운데는 두부 샌드 7개를 동그랗게 돌려 담고, 실파도 5cm 길이로 썰어서 채소류 옆에 담는다.
9. 두부전골냄비 안을 완자로 장식한 다음에 육수를 붓고 끓인다.

버섯전골

버섯전골의 유래

『진찬의궤』(進饌儀軌)에 전골이 등장하는데 두 가지 형태로 나타난다. 군사들이 쓰는 전립 모양의 그릇에 고기와 채소를 넣어 끓여 먹는 찌개 형태와 편편한 곳에 고기를 구워서 먹고 가운데 움푹한 곳에 채소를 데치는 구이 형태였다. 이것이 육수를 끓이는 냄비전골로 바뀌었다.

04 버섯전골

요구사항

※ 한 번 끓여서 제출하시오.
1) 문제의 요구사항대로 작품이 만들어지지 않을 경우 실격 처리된다.
2) 해당 과제의 지급재료 외의 재료를 사용할 경우 득점에 관계없이 오작 처리된다.

주재료 및 부재료

느타리버섯 50g, 팽이버섯 1/4봉, 새송이버섯 2개, 대파 1/2대, 홍고추 1/4개, 죽순 50g, 두부 20g, 소고기 50g, 달걀 1개, 밀가루 1큰술, 조랭이떡 50g, 들깨가루 3큰술, 쌀가루 1큰술, 쑥갓 10g, 멸치육수 4컵. 소금 1작은술, 국간장 1큰술

소고기 · 두부 양념 소금 1/6작은술, 파 1/4작은술, 마늘 1/4작은술, 참기름 1/4작은술, 깨소금 1/2작은술, 후춧가루 1/8작은술, 설탕 1/8작은술

조리방법

1. 느타리버섯은 밑동을 자른 후에 2~3등분한다.
2. 팽이버섯도 밑동을 자른 후에 알알이 뗀다.
3. 새송이버섯은 모양을 살려 2~3등분하고, 대파는 4cm 길이로 썰어 반으로 자른다.
4. 죽순은 빗살무늬를 살려 4cm×3cm×0.3cm로 썰어서 끓는물에 데쳐 내어 석회를 제거하고, 홍고추도 반으로 갈라 씨를 빼고 4cm×0.3cm 길이로 채 썬다.
5. 멸치육수에 들깨가루와 쌀가루를 섞어 체에 받친다.
6. 전골냄비에 버섯과 채소류, 고기를 색색이 돌려 담고, 나머지 육수 2컵을 부어 끓인다.
7. 어느 정도 끓으면 간을 맞춘 후에 쌀가루와 섞은 들깨즙을 넣어서 한소끔 끓이고 쑥갓을 올린다. (들깨즙을 넣지 않고 육수를 넣을 수도 있다. 각자의 입맛에 따라 다르다. 시험장에서는 요구사항에 따라 정확하게 조리한다)

소고기전골

소고기전골의 유래

화로 위에 전골틀을 올려놓고 즉석에서 해 먹던 구이 전골이었으나 차츰 냄비전골로 변화하여 소고기전골은 최근에 인기있는 음식이 되고 있다.

05 소고기전골

요구사항

※ 한 번 끓여서 제출하시오.
1) 문제의 요구사항대로 작품이 만들어지지 않을 경우 실격 처리된다.
2) 해당 과제의 지급재료 외의 재료를 사용할 경우 득점에 관계없이 오작 처리된다.

주재료 및 부재료

소고기 100g, 건표고버섯 3장, 숙주 50g, 무 60g, 당근 40g, 양파 1/4개, 실파 40g, 달걀 1개, 잣 10알

양념 대파 1토막, 마늘 1쪽, 진간장 10mL, 백설탕 5g, 깨소금 5g, 참기름 5mL, 소금 10g, 후춧가루 1g

고기양념 간장 1/2작은술, 설탕 1/4작은술, 파 1/4작은술, 마늘 1/4작은술. 참기름 1/4작은술, 깨 1/3작은술, 후추 1/8작은술

조리방법

1. 소고기(사태)는 냄비에 물 5컵을 넣고 처음 5분 동안 센불로 끓이다가, 중간불로 5분 정도 육수용으로 끓인다.
2. 살코기는 핏물을 제거한 후 0.5cm×0.5cm×5cm 정도 크기로 썰어 둔다.
3. 썰어 놓은 고기에 다진 마늘 1/3작은술, 다진 대파 1/3작은술, 진간장 1/3작은술, 설탕 1/3작은술, 기름 1작은술, 깨소금 1/3작은술, 후춧가루 약간을 넣고 양념한다.
4. 표고도 불려서 0.5cm×5cm로 채 썰어 고기 양념과 동일하게 양념한다.
5. 숙주는 거두절미하여 살짝 데쳐 참기름과 소금간을 한다.
6. 양파는 0.5cm 정도 폭으로 썰고, 실파도 5cm 정도 길이로, 무와 당근은 0.5cm×0.5cm×5cm정도 크기로 썰어 놓는다.
7. 육수용 고기를 건져 채소류와 같은 길이로 얇게 썰어서 전골냄비 바닥에 깔고 무나 당근 등 부재료를 냄비 중간쯤 높이까지 채워 놓는다.
8. 각각의 채소류 색깔에 맞추어 빙 둘러 담고 양념하여 둔 소고기를 전골냄비 중앙에 놓은 다음에 육수를 붓고 진간장 1큰술과 소금 1작은술로 간 맞추어 고기가 80% 익을 때까지 끓이다가 달걀 노른자를 깨트려 올린 후 반숙이 되면 잣을 올려서 완성한다.

면 신선로

면 신선로의 유래

신선로는 '상위에 놓고 열구자탕(悅口子湯)을 끓이는 우리나라 특유의 조리기구'를 가리킨다. 그것이 신선로에 끓이는 음식으로 내용이 확대되었다. 신선로의 재료는 모두 전 종류이며 술안주이다. 신선로 중 하나인 면 신선로는 일반적인 신선로와는 달리 어물과 날채소를 담아 끓인 후에 삶은 국수를 대접에 담아내는 일종의 온면이다.

01 ⑤ 신선로
면 신선로

요구사항

※ 면 신선로는 신선로 틀에 재료들을 돌려 담고, 뜨거운 육수를 붓고 끓여 소면과 함께 제출하시오.
1) 문제의 요구사항대로 작품이 만들어지지 않을 경우 실격 처리된다.
2) 해당 과제의 지급재료 외의 재료를 사용할 경우 득점에 관계없이 오작 처리된다.

주재료 및 부재료

소고기(양지머리) 50g, 소고기(우둔) 20g, 패주(中) 1개, 새우(中) 3마리, 불린 해삼 1개, 죽순(캔) 30g, 쪽파 4뿌리, 쑥갓 6줄기, 홍고추 1개, 미나리 5줄기, 달걀 3개, 석이 4장, 소면 50g, 대파 1뿌리, 마늘 3쪽, 소금, 국간장
우둔 · 양지머리 양념 소금, 다진 파, 다진 마늘, 참기름, 후춧가루

조리방법

1. 양지머리는 찬물에 담가서 핏물을 뺀 후, 고깃덩어리째 찬물에 넣어 대파 · 마늘 · 생강을 넣은 다음, 충분히 끓여 건져내어 국간장과 소금으로 간을 맞춰 면보에 거르고, 고기는 얇게 저민다.
2. 우둔은 얇게 저며서 양념을 하고, 양지머리도 같은 양념을 한다.
3. 패주는 가장자리의 막을 뗀 다음에 깨끗이 씻어 3쪽으로 저미고, 새우는 머리와 꼬리, 내장과 껍질을 제거하여 저며 썰고, 해삼은 납작하게 저며 썬다.
4. 죽순은 데쳐서 석회를 제거하고 신선로 길이에 맞추어 빗살 모양을 살려서 0.3cm 두께로 썬다.
5. 실파와 쑥갓은 신선로 길이와 맞추어 썰고, 미나리초대와 황 · 백지단은 도톰하게 부쳐서 5cm×2cm×0.5cm 크기의 골패모양으로 썬다.
6. 양지머리를 신선로의 바닥에 깔고 우둔 양념한 것을 펼쳐 깔고 준비한 재료들을 색 맞추어 돌려 담은 후에 육수를 붓고 끓인다.
7. 끓는 물에 국수가 붇지 않도록 삶아서 찬물에 헹군 다음, 끓는 육수에 토렴한 뒤에 그릇에 담고, 완성된 신선로와 함께 낸다.

신선로

신선로의 유래

신선로는 '입을 즐겁게 한다' 하여 열구자탕(悅口子湯)이라 하였다. 가운데 화통이 있어 재료를 가열하면서 먹을 수 있는 형태의 냄비를 뜻하는 것이며, 궁중 연회식에 열구자탕이 있는데 1827년의 『진작의궤』(進爵儀軌)에 처음으로 나타난다.

02 신선로

요구사항

※ 신선로는 신선로틀 폭 크기로 재료를 돌려 담고, 장국을 붓고 끓여 제출하시오.
1) 문제의 요구사항대로 작품이 만들어지지 않을 경우 실격 처리된다.
2) 해당 과제의 지급재료 외의 재료를 사용할 경우 득점에 관계없이 오작 처리된다.

주재료 및 부재료

무 50g, 소고기 80g, 두부 30g, 처녑 100g, 동태살 100g, 미나리 30g, 달걀 5개,
석이버섯 10g, 건표고버섯 20g, 당근 60g, 은행 2큰술, 잣 2큰술, 호두 2개,
밀가루 1/2컵, 참기름 약간, 이쑤시개 4개
육수(4컵) 양지머리 100g, 물 6컵, 파 1뿌리, 마늘 3톨, 국간장 1큰술, 소금 1작은술, 후춧가루 1/8작은술
소고기 · 두부 양념 소금 1/4작은술, 설탕 1/6작은술, 파 1/2작은술, 마늘 1/2작은술, 참기름 1/2작은술, 깨소금 1/2작은술, 후춧가루 1/8작은술

조리방법

1. 냄비에 물을 부어서 양지머리와 무를 함께 넣고 끓이다가 익으면 고기와 무는 골패 모양으로 썰고, 국물은 간을 하여 놓는다.
2. 당근 · 표고는 손질하여 5cm×2cm×0.3cm로 썰어서 데쳐 놓는다.
3. 소고기의 2/3는 얇게 썰어 양념하여 두고 남은 소고기는 곱게 다져서 두부와 섞어 양념하여 치대어 은행알 크기의 작은 완자를 빚는다.
4. 처녑과 동태는 손질하여 0.3cm 두께로 포를 떠서 소금과 후춧가루를 뿌려 놓는다.
5. 미나리는 손질하여 꼬치를 꿰어서 밀가루와 달걀옷을 입힌다.
6. 처녑과 미나리로 각각 처녑전과 미나리초대를 부친다. 각 전을 5cm×2cm×0.3cm의 골패형으로 썬다. 완자는 밀가루와 달걀 옷을 입혀서 지져 놓는다.
7. 달걀은 황 · 백으로 나누어 지단을 부친 뒤 5cm×2cm×0.3cm의 골패형으로 썬다.
8. 석이버섯은 손질하여 다져서 달걀 흰자와 섞어 지단을 부친 후에 골패형으로 썬다.
9. 은행은 파랗게 볶아서 속껍질을 벗기고 호두는 뜨거운 물에 담가서 껍질을 벗긴다.
10. 썰어 놓은 고기와 무는 양념하여 신선로 바닥에 높이를 맞추어 깔고 양념하여 둔 소고기를 골고루 펴서 깔고 각 재료를 색색이 돌려 담고 그 위에 호두 · 은행 · 잣 · 완자로 장식한다.
11. 육수를 붓고 뚜껑을 덮은 다음 끓여 낸다.

도미면(승기악탕)

도미면(승기악탕)의 유래

도미면은 도미살을 전유어로 부친 것 · 삶은 고기 · 채소 · 당면 등을 장국에 넣고 끓인 것이다. 도미는 '흰살 생선의 왕'이라고 일컬어질 만큼 맛도 좋고 아미노산 조성이 좋으며 영양가가 높다. 『규합총서』(閨閤叢書)에 "음식이 너무 맛있고 화려하여 춤과 노래보다 낫다." 하여 '승기악탕'이라고 하였다.

03 도미면(승기악탕)

요구사항

※ 승기악탕의 도미는 한입 크기로 포를 떠서 전을 부치고, 부재료들은 2cm×4cm 정도의 골패형으로 썰고 전골냄비에 도미를 올린 후에 준비된 재료들을 담아 육수를 부어 제출하시오.

1) 문제의 요구사항대로 작품이 만들어지지 않을 경우 실격 처리된다.

2) 해당 과제의 지급재료 외의 재료를 사용할 경우 득점에 관계없이 오작 처리된다.

주의사항 시험장에선 요구사항대로 꼭 전골냄비에 담아 육수를 부어 제출하시오.

주재료 및 부재료

도미(小) 1마리, 소금 1/4작은술, 후춧가루 1/8작은술, 소고기(우둔) 50g, 두부 50g, 은행 5알, 홍고추 2개, 미나리 30g, 쑥갓 30g, 실파 30g, 건표고버섯 2장, 목이버섯 3개, 당면 30g,
호두 2개, 잣 1작은술, 밀가루 3큰술, 달걀 3개, 식용유 2큰술

육수 사태 100g, 물 6컵, 대파 1/2대, 마늘 1톨, 국간장 작은술, 소금 1작은술

소고기 · 두부 양념 소금 1/4작은술, 파 1/2작은술, 마늘 1/2작은술, 후춧가루 1/8작은술

조리방법

1. 도미는 비늘을 긁고 내장을 손질하여 3장 뜨기 하고 살은 껍질을 벗겨 한입 크기로 포를 떠서 밑간을 한다.
2. 사태는 부드럽게 삶아서 간 맞춘 국물을 육수로 쓰고, 건지는 4cm×0.8cm×0.3cm의 골패형으로 썰어서 양념한다.
3. 소고기는 곱게 다져서 두부와 함께 양념하여 지름 1.5cm의 완자를 만들어 지진다.
4. 홍고추는 반으로 갈라서 4cm×0.3cm의 골패형으로 썰고, 미나리는 꼬치에 꿰어서 초대를 만들어 지진 다음 4cm×0.8cm의 크기로 썬다.
5. 쑥갓은 짧게 자르고, 실파는 4cm 길이로 썰며, 건표고버섯은 손질하여 초대와 같은 크기로 썰어 양념하여 잠깐 볶는다.
6. 목이버섯도 불린 후에 하나씩 뜯어서 놓고 당면은 찬물에 불려 놓는다.
7. 달걀은 황 · 백지단으로 도톰하게 부친 다음, 4cm×0.8cm×0.3cm의 골패형으로 썬다.
8. 도미살과 뼈에 밀가루와 달걀옷을 입혀 전을 부쳐내고 냄비에 도미뼈를 놓은 뒤 전을 뼈 위에 모양대로 담는다.
9. 지단과 채소를 보기 좋은 모양으로 돌려 담고 호두 · 은행 · 잣을 웃기로 얹은 뒤에, 간 맞춘 육수를 붓고 끓이다가 당면을 넣는다.

갈비찜

갈비찜의 유래

갈비는 늑골 · 갈비뼈 · 소갈비로, 서울에서는 갈비를 '가리'라고 부르기도 했다.

01

6 찜류

갈비찜

요구사항

※ 갈비는 핏물을 빼서 조리하고, 전량 다 제출하시오.
1) 문제의 요구사항대로 작품이 만들어지지 않을 경우 실격 처리된다.
2) 해당 과제의 지급재료 외의 재료를 사용할 경우 득점에 관계없이 오작 처리된다.

주재료 및 부재료

소갈비 300g, 무 100g, 당근 30g, 건표고버섯 3개, 생률 3개, 달걀 1개, 은행 5알, 대추 2개
양념장 간장 4큰술, 설탕 2큰술, 파 1큰술, 마늘 1작은술, 깨소금 1작은술, 참기름 1작은술, 물 1.5컵, 후춧가루 1/8작은술

조리방법

1. 소갈비는 기름기를 제거하고 찬물에 담가 핏물을 빼고 끓는물에 살짝 겉만 익을 정도로 삶아 찬물에 씻어서 기름기와 힘줄을 제거하고 2cm 간격으로 칼집을 낸다.
2. 기름기를 걷은 육수에 갈비를 넣어 삶는다.
3. 준비된 재료로 양념장을 만들어서 양념장 1/2을 넣어 무르게 삶는다.
4. ②의 무와 당근은 밤톨 크기로 썰고, 표고버섯과 생률은 손질하여 놓는다.
5. 달구어진 번철에 기름을 두르고 은행을 넣은 후, 파랗게 익으면 약간의 소금을 넣어 비벼서 껍질을 벗긴다.
6. 달걀은 황 · 백지단을 부쳐 완자형으로 썰어 놓는다.
7. 갈비에 ④의 부재료를 섞어 나머지 양념장을 붓고 끓인다.
8. 갈비찜이 어느 정도 맛이 들면 대추를 넣고 끓여서 그릇에 담고 은행과 지단을 올린다.

궁중닭찜

궁중닭찜의 유래

조선시대 궁중음식으로 삶은 닭고기를 발라내어 굵직하게 찢은 후에 채 썬 버섯을 넣고 밀가루와 달걀을 풀어 걸쭉하게 끓인 것이다. 기름기가 없어 부드럽고 담백하다.

02 궁중닭찜

요구사항

※ 석이버섯을 굵게 썰어 고명으로 사용하시오.

1) 문제의 요구사항대로 작품이 만들어지지 않을 경우 실격 처리된다.
2) 해당 과제의 지급재료 외의 재료를 사용할 경우 득점에 관계없이 오작 처리된다.

주재료 및 부재료

닭 1마리(1kg), 물 10컵, 파 2뿌리, 마늘 3톨, 생강 1톨, 표고버섯 중 4개, 석이버섯 4장, 소금 적량, 후춧가루 적량, 밀가루 3큰술, 물 3큰술, 달걀 2개

닭살 양념 소금 1큰술, 다진 파 2큰술, 다진 마늘 1큰술, 참기름 1큰술, 깨소금 1큰술, 후춧가루 약간

조리방법

1. 닭은 머리와 발을 잘라내고 배를 갈라서 내장을 빼낸 후, 뼈에 붙어 있는 것들도 말끔히 뜯어내어 물에 씻어 건져서 10컵 정도의 끓는 물에 넣고 삶는다. 삶는 도중에 파, 마늘, 생강을 크게 저며서 넣는다.
2. 닭이 충분히 무르면 건져서 뼈와 껍질을 발라내고 살만 모아서 굵직하게 뜯어 놓고, 국물은 식혀서 기름을 걷고 깨끗한 면보에 걸러 낸다.
3. 표고버섯은 물에 불려서 기둥을 떼고, 목이버섯은 불려서 잘 씻고 흙을 제거한 후에 손으로 한 잎씩 떼어 손질하고, 석이버섯은 더운 물에 불린 후에 비벼서 안쪽의 이끼를 없애고 나서 깨끗이 손질한다. 이상의 세 가지 버섯은 굵은 채로 썰어 놓는다.
4. 냄비에 닭국물 4컵을 담아 끓여서 소금과 후춧가루로 간을 맞추고 표고버섯과 목이버섯을 넣어 끓이다가 물에 푼 밀가루를 주걱으로 저으면서 조금씩 넣어서 걸쭉하게 만든다.
5. 닭살은 닭살 양념으로 고루 버무린 후에 육수를 넣고 끓어오르면 불을 줄이고 달걀을 풀어 줄알을 치고 석이버섯을 고루 얹은 후 그릇에 담는다.

도미찜 1

도미찜의 유래

도미는 담백하여 소화도 잘되는 생선으로, 여러 나라 음식에서 많이 사용되는 생선이며, 우리나라에서도 궁중음식이나 전통 고급 음식에서 많이 다룬다.

03 도미찜 1

요구사항

※ 도미찜은 도미를 찌고, 고명은 3cm로 채 썰어 올려 제출하시오.
1) 문제의 요구사항대로 작품이 만들어지지 않을 경우 실격 처리된다.
2) 해당 과제의 지급재료 외의 재료를 사용할 경우 득점에 관계없이 오작 처리된다.

주재료 및 부재료

도미 1마리, 소고기 300g, 밀가루 1/2컵, 식용유 2큰술, 달걀 3개, 홍고추 2개, 석이버섯 2장, 미나리 5줄기, 육수 1/2컵, 대파 1뿌리, 마늘 1톨, 소금 1/2작은술, 후춧가루 1/8작은술

조리방법

1. 도미는 비늘을 긁고 내장을 아가미 쪽으로 잘 꺼내고 꼬리와 지느러미를 잘 손질한다.
2. 도미는 2cm 간격으로 칼집을 양면으로 넣고 나서 소금과 후춧가루로 간을 한다.
3. 소고기는 기름기를 떼어 내고 다진 후에, 양념하여 칼집낸 도미 사이에 가지런히 끼워서 미리 찜통에 물을 붓고 끓이다가 도미를 넣고 고기가 완전히 익도록 쪄 낸다.
4. 홍고추도 배를 갈라 씨를 빼고 석이버섯도 손질하여 곱게 채 썰어서 볶아 놓는다. 미나리도 데쳐 4cm로 잘라 소금, 참기름으로 무친다.
5. 달걀은 황 · 백지단으로 얇게 부쳐서 길이 3cm×0.1cm×0.1cm로 채 썰어 놓는다.
6. 쪄낸 도미에 채 썰어 놓은 고명을 5색으로 가지런히 색을 맞추어서 도미 몸통 위에 장식한다.

주의사항

요구사항을 준수: 재료를 굽거나, 찌거나, 볶아서 오색고명으로 올리느냐 등

도미찜2

● 도미찜의 유래

도미는 담백하여 소화도 잘되는 생선으로, 여러 나라 음식에서 많이 사용되는 생선이며, 우리나라도 궁중음식이나 전통 고급 음식에서 많이 다룬다.

04 도미찜2

요구사항

※ 도미는 전으로 부쳐서 수량 6개를 제출하시오.(시험장 지시대로 수량 가감)
1) 문제의 요구사항대로 작품이 만들어지지 않을 경우 실격 처리된다.
2) 해당 과제의 지급재료 외의 재료를 사용할 경우 득점에 관계없이 오작 처리된다.

주재료 및 부재료

도미살(또는 대구살, 동태살 등 흰살생선) 100g, 소고기(양지머리) 50g, 달걀 1개, 당근 20g. 오이 1/4개, 건 표고버섯 1개, 밀가루, 소금 약간, 흰 후춧가루 약간, 대파, 마늘, 생강

조리방법

1. 도미살은 5cm×4cm×0.5cm 정도로 포를 뜨고 가시를 뺀 후에 소금과 흰 후춧가루로 밑간을 한다.
2. 양지머리는 물에 담가 핏물을 빼고 찬물부터 넣어 거품을 걷어 가며 맑은 육수를 낸다. 육수가 완성되기 15분 전 쯤에 마늘, 대파, 생강, 양념채소를 넣어 맛을 우려낸 다음 건져내고 국간장과 소금으로 색과 간을 맞춘 후 소창으로 받친다.
3. ①의 도미살을 밀가루와 달걀 물을 씌워 전을 부쳐서 기름을 걷어 둔다.
4. 당근, 오이, 표고는 각각 고운 채로 썰어 소금 간으로 볶고, 달걀은 황 · 백지단을 부쳐 곱게 채 썬다.
5. ②의 육수에 ③의 도미전을 넣고 낮은 불에서 충분히 끓이면서 찜을 하여 육수의 맛과 간이 배어 부드럽게 되면 오색고명을 얹고 뜸을 들여 그릇에 담고 육수를 자작하게 부어 완성한다.

대하찜

대하찜의 유래

새우는 '해로(海老)'라고 불리며 종류로는 왕새우 · 참새우 · 보리새우 · 점새우 등이 있다. 새우는 단백질과 칼슘이 풍부하며, 특히 필수아미노산이 모두 골고루 들어 있기 때문에 영양학적으로 매우 우수한 식품이다. 또한, 콜레스테롤이 높은 편이나 오메가3 지방산이 고농도로 들어 있어서 혈전을 예방하며 혈청 콜레스테롤치를 상승시키지 않는다.

05 대하찜

요구사항

※ 대하찜은 대하에 고명을 올려서 완성품 3개를 제출하시오.
1) 문제의 요구사항대로 작품이 만들어지지 않을 경우 실격 처리된다.
2) 해당 과제의 지급재료 외의 재료를 사용할 경우 득점에 관계없이 오작 처리된다.

주재료 및 부재료

새우 4마리, 풋고추 1개, 홍고추 1/2개, 석이버섯 2장, 달걀 1개
양념 소금 1/2작은술, 마늘즙 1작은술, 흰 후춧가루 1/8작은술
겨자장 간장 1큰술, 식초 1/2작은술, 물 1큰술, 발효겨자 1작은술, 설탕 1작은술

조리방법

1. 대하는 수염과 꼬리의 해감을 손질하고 물에 씻어서 등쪽으로 반을 가르고 내장을 손질한다.
2. 새우에 소금 등의 양념을 한다.
3. 고추는 반으로 갈라서 2cm×0.1cm×0.1cm로 채 썬다.
4. 석이버섯은 손질하여 돌을 따 내고 씻은 후에 돌돌 말아서 채 썰고 간장, 참기름을 넣고 볶는다.
5. 달걀을 황 · 백으로 나누어 지단을 부친 후에 고추와 같은 길이로 채 썬다.
6. 열이 오른 찜통에 새우를 넣고 10여 분 쪄낸 후, ③~⑤개의 고명을 색색이 올리고 잠깐 김을 올린다.
7. 새우 3개를 접시에 담고 겨자장을 곁들인다.

대합찜

대합찜의 유래

대합은 큰 조개로, 영양과 맛에서 최고로 친다. 구이와 찜, 탕 등 여러 종류의 음식에 사용된다.

06 대합찜

요구사항

※ 대합찜은 속을 잘 익히고 고명을 올려서 3개의 완성품을 제출하시오.
(요구사항의 고명썰기가 채 썰기인지 다지기인지 등을 정확히 숙지한 후 요리)

1) 문제의 요구사항대로 작품이 만들어지지 않을 경우 실격 처리된다.
2) 해당 과제의 지급재료 외의 재료를 사용할 경우 득점에 관계없이 오작 처리된다.

주재료 및 부재료

대합 2개, 소고기 60g, 두부 30g, 홍고추 1개, 달걀 2개,
밀가루 약간, 식용유 약간
양념 소금 2/3작은술, 다진 파 1큰술, 다진 마늘 1/2큰술, 생강즙 1/2작은술, 깨소금 1작은술, 참기름 1작은술, 후춧가루 약간

조리방법

1. 대합은 소금으로 문질러 씻는다.
2. 냄비에 물 1컵을 넣고 끓으면 대합을 넣어 입이 벌어지면 건져서 살을 떼어낸 다음, 곱게 썰고 대합 껍질은 깨끗이 씻어 놓는다.
3. 두부는 물기를 닦아 으깨고, 소고기는 곱게 다져서 대합살과 섞은 후에 양념을 한다.
4. 대합 껍질 안쪽에 식용유를 바르고 밀가루를 발라서 양념한 대합살을 담고, 밀가루를 뿌린 후에 달걀물을 입혀서 찜솥에 10~15분 동안 찐다.
5. 고추는 반 갈라 씨를 뺀 다음, 3cm 길이로 곱게 채 썰어 살짝 볶으며 소금과 참기름으로 간을 하고 달걀은 황 · 백지단을 부쳐서 3cm 길이로 곱게 채를 썬다.
6. 찐 대합 위에 홍고추 · 황 · 백지단을 채 썰어 고명을 얹고 잠시 김을 올려 꺼내어 초간장을 곁들여 낸다.

닭찜

닭찜의 유래

닭은 단백질 식품이자 다이어트 식품이다. 양념을 강하지 않게 한다.

07 닭찜

요구사항

※ 닭찜의 닭은 4~5cm 크기로 5토막 이상 제출하시오.
1) 문제의 요구사항대로 작품이 만들어지지 않을 경우 실격 처리된다.
2) 해당 과제의 지급재료 외의 재료를 사용할 경우 득점에 관계없이 오작 처리된다.

주재료 및 부재료

닭(1/2마리) 300g, 양파 50g, 당근 50g, 표고버섯 1장, 달걀 1개, 은행 3개
양념장 간장 3큰술, 설탕 1½큰술, 다진 파 1큰술, 다진 마늘 1/2큰술, 생강즙 2작은술, 깨소금 1작은술, 참기름 1작은술, 후춧가루 약간

조리방법

1. 닭은 깨끗이 손질하여 4~5cm 크기로 5토막을 낸 후에 기름기를 제거한다.
2. 양파는 한 겹씩 벗겨서 3~4cm 크기로 썰고, 당근은 모서리를 다듬고, 불린 표고는 4등분을 한다.
3. 양념장을 만든다.
4. 황 · 백지단을 부쳐서 마름모꼴로 썰고, 은행은 기름에 볶아서 껍질을 벗긴다.
5. 냄비에 식용유를 두르고 닭을 지져 표면만 익힌 후, 기름과 물기를 따라내고 양념장(2/3)을 넣고 물을 자작하게 부어서 뚜껑을 덮고 약불에서 끓인다.
6. 닭이 거의 익었을 때 당근 · 양파 · 표고 · 나머지 양념장을 넣고 천천히 끓여서 닭과 채소의 맛이 어우러지게 한다.
7. 국물이 조금 남았을 때 은행을 넣고, 뚜껑을 열고 국물을 끼얹어 가며 윤기 나게 조린다.
8. 닭찜을 그릇에 담고 지단을 올려서 담아낸다.

매운 닭찜

매운 닭찜의 유래

닭고기는 양질의 단백질이 풍부하여 소고기나 돼지고기보다 담백하고 먹기가 좋다. 특히 연한 가슴살은 지방이 적어서 위장이 약한 사람들에게 단백질 공급원으로 최적이다. 아이들이나 허약한 사람들에게 좋은 식품으로, 콜레스테롤이 적다. 특히 간에는 핵산과 비타민 A가 풍부하다.

08 매운 닭찜

요구사항

※ 국물을 자작하게 조려서 찜을 만드시오.
1) 문제의 요구사항대로 작품이 만들어지지 않을 경우 실격 처리된다.
2) 해당 과제의 지급재료 외의 재료를 사용할 경우 득점에 관계없이 오작 처리된다.

주재료 및 부재료

닭 400g, 양파 50g, 감자 100g, 무 30g, 풋고추 1개, 당근 30g
양념장 간장 2큰술, 고추장 1큰술, 굵은 고춧가루 2큰술, 설탕 2작은술,
생강즙 1/4작은술, 파 1큰술, 마늘 2작은술, 참기름 1작은술, 깨소금 1작은술,
후춧가루 1/8작은술, 물 1.5컵

조리방법

1. 닭은 깨끗이 손질하여 기름기를 제거하고 4~5cm 크기로 토막을 낸다.
2. 냄비에 물을 붓고 끓으면 손질된 닭과 향미채소를 넣고 끓여서 삶아 놓는다.
3. 양파는 폭 1cm로 썰고, 감자 · 무 · 당근도 밤톨 크기로 썰어서 모서리를 다듬는다.
4. 고추는 어슷하게 썰어서 씨를 털어 낸다.
5. 간장에 여러 가지 양념을 넣고 양념장을 만든다.
6. 삶은 닭에 ⑤의 양념장 중 반을 넣고 감자 · 무 · 당근과 함께 센 불에서 끓인다.
7. 닭에 어느 정도 간이 배면 나머지 부재료와 양념장을 넣고 은근한 불에서 윤기 나게 조린다.
8. 닭 국물이 1/3로 줄었을 때, 불을 끄고 참기름을 섞는다.

떡찜

떡찜의 유래

흰 가래떡은 예로부터 연초에 먹으면 일 년 내내 무병장수한다는 말이 있다. 정월 초하루에 가래떡을 많이 빼놓았다가 필요할 때 떡국을 끓이거나 찬으로 떡찜 등을 해서 먹기도 한다.

09 떡찜

요구사항

※ 떡찜의 흰떡과 부재료는 4cm 크기로 썰며, 완성떡 6개와 조리된 부재료를 같이 담아서 제출하시오.
1) 문제의 요구사항대로 작품이 만들어지지 않을 경우 실격 처리된다.
2) 해당 과제의 지급재료 외의 재료를 사용할 경우 득점에 관계없이 오작 처리된다.

주재료 및 부재료

흰떡 300g, 사태 100g, 물 2컵, 무 100g, 파 20g, 마늘 2톨, 소고기 50g, 건표고버섯 2개, 당근 30g, 미나리 20g, 은행 5개, 달걀 1개

소고기 양념 간장 1/2작은술, 파 1/4작은술, 마늘 1/4작은술, 깨소금 1/4작은술, 참기름 1/4 작은술, 후춧가루 1/8작은술

양념장 간장 4큰술, 설탕 2큰술, 파 1큰술, 마늘 2작은술, 깨소금 1작은술, 참기름 1작은술, 후춧가루 1/8작은술, 육수 2컵

조리방법

1. 핏물 뺀 사태는 대파 · 마늘을 넣고 부드럽게 삶아서 큼직하게 썬 후에 양념하고, 육수는 식혀서 면보로 받친다.
2. 소고기는 다지고, 건표고버섯은 은행잎 모양으로 썰어서 양념한다.
3. 무와 당근은 밤톨(4cm×4cm) 크기로 썰고, 미나리는 다듬어서 4cm로 썰어 놓는다.
4. 달구어진 팬에 기름을 두르고 은행을 볶은 후에 속껍질을 벗긴다.
5. 달걀은 황 · 백지단을 도톰하게 부쳐서 완자형(마름모꼴)으로 썬다.
6. 떡은 4cm로 6개를 썰어서 양쪽 끝을 1cm 정도 남기고, 가운데 칼집을 넣고 끓는 물에 데쳐 낸 후에, 양념한 고기를 사이에 넣는다.
7. 삶은 고기는 한입 크기로 썰고, 건표고버섯 · 당근 · 무에 양념장을 붓고 무르게 끓이면서 조린다.
8. 익힌 떡 부재료에 떡을 넣고 조리듯이 끓이고, 마지막에 은행을 넣고 익혀서 불을 끈다.
9. 떡찜을 그릇에 담고 지단과 미나리초대를 고명으로 올린다.

주의사항

요구사항대로 완성떡 6개를 맞추어서 내시오.

꽃게찜

꽃게찜의 유래

꽃게를 양념하여 찐 것으로 「시의전서」에서 해(蟹)찜으로 소개하였으며 계절의 별미이다.

10 꽃게찜

요구사항

※ 고명은 대추를 사용하시오.

요구사항의 지시대로 꽃게를 찜통에 찌고 고명은 대추를 둥굴게 말아 꽃모양으로 썰어 얹는다.

1) 문제의 요구사항대로 작품이 만들어지지 않을 경우 실격 처리된다.

2) 해당 과제의 지급재료 외의 재료를 사용할 경우 득점에 관계없이 오작 처리된다.

주의사항 시험장에서의 요구사항에 따라 고명이 다를수있다.

주재료 및 부재료

꽃게 1마리, 소고기 50g, 밀가루 1/5컵, 양파 1/4개, 홍 · 청고추 각 1개, 두부 20g, 대추 1개, 미나리 200g, 찹쌀가루 1큰술, 다진 마늘 1/2작은술, 생강즙 1/2작은술, 깨소금 약간, 후춧가루 약간, 참기름 약간

조리방법

1. 솔로 게의 다리와 등딱지를 깨끗이 씻은 후에 삼각모양의 딱지와 등딱지, 양옆 털처럼 생긴 것들을 떼어 내고 한 번 더 씻는다.
2. 몸체의 게살을 밀대로 밀어 발라내고 다리속살은 젓가락으로 잘 발라낸 후에 곱게 다진다.
3. 소고기는 곱게 다지고, 두부도 면보에 꼭 짜서 수분을 거둔 다음, 양파, 청 · 홍고추는 각각 곱게 다져 게살 다진 것과 혼합하여 양념한 후에 섞는다.
4. 고명으로 대추를 사용하라고 요구사항에 있고 재료로 나왔으면, 돌려깎아 방망이로 얇게 밀어낸 후에 돌돌 말아 얇게 썰어 꽃처럼 모양을 내서 놓는다.
5. 게 등쪽은 깨끗이 씻어 물기를 닦아둔 후에 식용유를 바른 뒤, 밀가루를 뿌려서 양념한 게살을 차곡차곡 채운 후 찹쌀가루를 훌훌 뿌려 김 오른 찜통에 10분 정도 쪄 낸다.
6. 대추고명을 위에 올려서 뜸을 들인 후 그릇에 담아낸다.

북어찜

북어찜의 유래

말린 북어를 불려서 간장으로 간을 하여 만든 찜으로 밥반찬으로 즐겨 먹는다.

11 북어찜

요구사항

1) 문제의 요구사항대로 작품이 만들어지지 않을 경우 실격 처리된다.
2) 해당 과제의 지급재료 외의 재료를 사용할 경우 득점에 관계없이 오작 처리된다.

주재료 및 부재료

북어(대) 1마리, 물 1컵, 실고추 약간, 실파 1뿌리, 홍고추 1개
양념 간장 4큰술, 다진 파 3큰술, 다진 마늘 1/2큰술, 다진 생강 2작은술, 설탕 2큰술, 참기름 1/2작은술, 소금 1/2작은술, 후춧가루 약간

조리방법

1. 북어는 방망이로 두드려 물에 담가 부드럽게 불려서 행주로 물기를 걷어낸다. 몸통을 갈라서 가시를 발라내고 지느러미와 꼬리를 떼어 3등분으로 토막을 낸다.
2. 양념으로 양념장을 만들어 물 1컵을 타서 북어 토막을 냄비에 켜켜로 담고 위에 남은 양념장을 끼얹어서 중불에서 서서히 끓인다.
3. 홍고추는 2cm 길이로 끊어 놓고 실파는 어슷하게 채 썰어 놓는다.
4. 북어가 간이 고루 배고 연하게 익으면 실파, 채 썬 홍고추를 얹고 잠깐 더 익혀서 그릇에 담는다.

닭북어찜

닭북어찜의 유래

닭과 북어를 양념하여 조린 음식이다. 예부터 '맛 좋기는 청어, 많이 먹기는 명태'라는 말이 있을 정도로 우리나라 사람들이 즐겨 먹은 명태와 속을 따듯하게 데워주는 닭고기를 이용하여 만들어서 원기를 돋우는 음식이다.

12 닭북어찜

요구사항

1) 문제의 요구사항대로 작품이 만들어지지 않을 경우 실격 처리된다.
2) 해당 과제의 지급재료 외의 재료를 사용할 경우 득점에 관계없이 오작 처리된다.

주재료 및 부재료

닭 1/3마리(350g), 소금 1/4작은술, 후춧가루 약간(0.1g), 북어포 1/3마리(90g), 다시마 4g, 마른 홍고추 1½개(6g), 식용유 1큰술, 달걀 1개, 물 2컵, 참기름 1/2큰술

양념장 간장 1½큰술, 설탕 1½큰술, 물엿 1큰술, 다진 파 1작은술, 다진 마늘 1/2작은술, 후춧가루 약간, 참기름 1큰술

조리방법

1. 닭은 내장과 기름기를 떼어 내고 등뼈사이의 핏물을 긁어낸 후에 가로 · 세로 4~5cm로 잘라서 소금과 후춧가루를 뿌린다.
2. 북어포는 머리와 꼬리, 지느러미를 떼어 내고 물에 잠깐 담갔다가 건져서 젖은 면보에 싸서 10분 정도 두었다가 물기를 눌러 짠 다음에 뼈와 가시를 떼어 내고 가로 · 세로 4~5cm로 자른다.
3. 다시마와 마른 홍고추는 면보로 닦고, 다시마는 가로 · 세로 2.5cm로 자르고 마른 홍고추는 길이 2.5cm 두께 0.5cm 정도로 어슷썬다. 달걀은 황 · 백지단을 부쳐 2cm 정도의 마름모꼴로 썬다.
4. 냄비를 달구어 식용유를 두르고 마른 홍고추를 넣어 중불에서 1분 정도 볶아서 고추기름을 만든다.
5. 고추기름에 닭을 넣고 중불에서 1분 정도 볶다가 다시마와 양념장, 물을 붓고 센불에서 3분 정도 끓으면 중불로 낮추어 15분 정도 더 끓인다.
6. 닭이 익으면 다시마는 건져내고 북어포를 넣어 5분 정도 끓이다가 양념장을 끼얹어 가며 3분 정도 더 조린다.
7. 국물이 자작해지면 참기름을 넣고 고루 섞은 후, 그릇에 담고 황 · 백지단을 얹는다.

연계초

연계초의 유래

어린 닭과 소고기를 양념장을 넣고 윤기나게 조린 음식이다. 알을 낳기 전의 어린 닭을 영계라 하는데 맛이 담백하고 소화 흡수가 잘 되며 식욕을 되살리는 효능이 있다.

13 연계초

요구사항

※ 닭은 노릇하게 지진 후에 양념하여 조리하기도 한다.
1) 문제의 요구사항대로 작품이 만들어지지 않을 경우 실격 처리된다.
2) 해당 과제의 지급재료 외의 재료를 사용할 경우 득점에 관계없이 오작 처리된다.

주재료 및 부재료

닭(영계) 1/3마리(350g), 물 4컵, 소고기(등심) 30g, 식용유 1/2작은술, 마늘 10g,
생강 10g, 마른 홍고추 1개, 참기름 1작은술, 잣가루 1작은술
양념장1 간장 1/2작은술, 설탕 1/2작은술, 다진 파 1/2작은술, 다진 마늘 1/4작은술, 깨소금 1/2작은술,
후춧가루 약간(0.1g), 참기름 1/2작은술
양념장2 간장 1½큰술, 설탕 1½큰술, 꿀 1/2큰술, 청주 1큰술, 생강즙 1/2큰술

조리방법

1. 닭은 내장과 기름기를 떼어 내고 깨끗이 씻어 크기 5cm 정도로 자른다. 소고기는 핏물을 닦고 가로 3cm×3cm×0.3cm정도로 썰어 양념장1을 넣고 양념한다.
2. 마늘과 생강은 손질하여 깨끗이 씻은 뒤 두께 0.3cm 정도로 썰고, 마른 홍고추는 길이 3.5cm, 두께 0.5cm 정도로 썬다.
3. 냄비에 물을 붓고 센불에 5분 정도 올려 놓고 끓으면 닭을 넣고 2분 정도 익힌다.
4. 냄비를 달구어 식용유를 두르고 마늘과 생강, 마른 홍고추를 넣어 1분 정도 볶다가 닭고기와 소고기를 넣고 1분 정도 더 볶는다.
5. 양념장2와 물을 붓고 센불에서 2분 정도 끓이다가 중불로 낮추어 뚜껑을 덮고 15분 정도 끓인다.
6. 국물이 거의 조려지면 참기름을 넣어 고루 섞고 그릇에 담아서 잣가루를 뿌린다.

죽순찜

죽순찜의 유래

연한 죽순에 소고기와 버섯, 채소를 넣고 양념하여 끓인 음식이다. 죽순은 대나무의 순으로 봄철에 땅위로 올라온 것을 잘라서 먹는다. 고려시대부터 먹어온 식품으로 아린 맛이 있어 반드시 익혀 먹어야 하며 아미노산이 풍부하여 감칠맛을 낸다.

14 죽순찜

요구사항

※ 죽순찜은 껍질쪽에 소를 넣기도 하고, 빗살이 있는 쪽에 소를 넣기도 한다.
1) 문제의 요구사항대로 작품이 만들어지지 않을 경우 실격 처리된다.
2) 해당 과제의 지급재료 외의 재료를 사용할 경우 득점에 관계없이 오작 처리된다.

주재료 및 부재료

죽순(통조림) 130g, 데치는 물 3컵, 소고기(우둔) 20g, 표고버섯 1장, 석이버섯 0.5g, 당근 20g, 실파 10g, 무 30g, 미나리 10g, 잣 1작은술, 달걀 1개, 물 1컵, 청장 1작은술
양념장 간장 1작은술, 다진 마늘 1/2작은술, 깨소금 1작은술, 후춧가루 1/3작은술, 참기름 1작은술

조리방법

1. 죽순은 길이 7cm 정도로 잘라 안쪽의 석회를 빼내고 씻는다. 소고기는 핏물을 닦아 길이 4cm, 폭·두께 0.3cm 정도로 채 썰고 다진 소고기는 핏물을 닦는다. 표고버섯과 석이버섯은 물에 불려, 표고버섯은 기둥을 떼고 물기를 닦아 3cm×0.2cm×0.2cm 정도로 채 썰고 석이버섯은 가운데 돌기를 떼어 내고 물기를 닦아 폭 0.1cm 정도로 채 썬다.
2. 채 썬 소고기는 양념장의 1/2를 넣어 양념하고, 다진 소고기와 표고버섯, 석이버섯은 함께 섞어서 나머지 양념장을 넣고 양념하여 소를 만든다.
3. 당근과 실파, 무는 손질하여 깨끗이 씻고 4cm×1cm×0.2cm 정도로 썬다. 미나리는 잎을 떼고 줄기를 씻어 길이 4cm 정도로 썬다.
4. 냄비에 물을 붓고 센불에 3분 정도 끓이다가 죽순을 넣고 1분 정도 데친 후에, 껍질쪽에 1cm 간격으로 칼집을 넣고, 칼집 사이에 준비한 소를 넣는다.
5. 냄비에 소고기·당근·실파·무·미나리를 색깔을 맞추어 담고 죽순을 얹은 후에 물을 붓고 센불에 2분 정도 끓이다가 청장으로 간을 맞추고 중불로 낮추어 3분 정도 더 끓인다.
6. 약불로 낮추어 달걀을 풀고 잣을 넣은 뒤에 1분 정도 더 끓인다.

고등어조림

고등어조림의 유래

고등어를 『자산어보』(玆山魚譜)에서는 '벽문어'(碧紋魚)라고 하였으며, 그 속명을 고등어 또는 고도어라고도 하였다. 고등어는 영양가가 높으면서 값도 싸다. 단백질 함량이 많고 불포화지방산인 DHA가 상당량 들어 있어 뇌기능을 향상시키며 혈중 콜레스테롤 농도를 낮추고 혈전을 방지해 준다. 또한, 셀레늄 함량이 높아 암 예방 및 경감 효과가 있다.

01

7 조림류

고등어조림

요구사항

※ 고등어와 무를 각 2토막씩 제출하시오.
1) 문제의 요구사항대로 작품이 만들어지지 않을 경우 실격 처리된다.
2) 해당 과제의 지급재료 외의 재료를 사용할 경우 득점에 관계없이 오작 처리된다.

주재료 및 부재료

고등어 300g, 무 200g, 굵은 파(흰 부분) 1/2대
조림장 간장 2큰술, 고추장 1큰술, 고춧가루 1큰술, 청주 1큰술, 설탕 1/2큰술, 물 1컵, 파 1큰술, 마늘 2작은술, 생강 1/4작은술, 후춧가루 1/8작은술

조리방법

1. 고등어는 손질하여 3cm 크기로 어슷하게 썬다.
2. 무는 껍질을 벗기고 씻은 다음에 3cm 두께로 썰어서 큰 것은 4등분, 작은 것은 2등분하여 끓는 물에 삶는다.
3. 굵은 파는 3cm 길이로 채 썬다.
4. 양념 재료를 모아서 멍울지지 않게 잘 섞어서 조림장을 만든다.
5. 냄비 바닥에 삶은 무를 깔고 손질한 고등어를 고르게 안친 다음, 조림장의 2/3 분량을 끼얹어 뚜껑을 덮고 중불에 조린다.
6. 조림장 국물이 끓기 시작하면 불을 약하게 줄이고, 양념장을 숟가락으로 끼얹어 가며 조린다.
7. 무가 완전히 물러질 만큼 조려졌으면 나머지 양념장을 넣고 센 불에서 잠깐 조린다.
8. 고등어와 무를 그릇에 담고 파채를 곁들여 낸다.

갈치조림

갈치조림의 유래

조림은 국물이 자작하게 있어야 한다. 짭조름한 것이 특징이다. 무나 감자 등을 함께 넣어서 조리하면 더욱 맛있다.

02 갈치조림

요구사항

1) 문제의 요구사항대로 작품이 만들어지지 않을 경우 실격 처리된다.
2) 해당 과제의 지급재료 외의 재료를 사용할 경우 득점에 관계없이 오작 처리된다.

주재료 및 부재료

갈치(7cm 정도) 1토막, 무 100g, 실고추 약간

양념장 간장 2큰술, 고춧가루 1큰술, 설탕 1/2큰술, 다진 파 1큰술, 다진 마늘 1/2큰술, 다진 생강 1/3작은술, 깨소금 1/2작은술

조리방법

1. 갈치는 비늘, 지느러미와 내장을 제거하고 7cm 길이로 4~5 토막을 낸다.
2. 대파, 마늘, 생강을 다져서 양념장을 만든다.
3. 무는 3cm×4cm×1cm 크기로 썰어서 냄비 바닥에 놓고 그 위에 갈치를 놓은 상태에서 양념장을 고루 끼얹고 물을 자작하게 부어서 끓으면 불을 낮추고 양념을 끼얹어 가며 간이 고루 배도록 조린다.
4. 무가 잘 익고 갈치에 간이 잘 들면 고명으로 실고추를 얹는다.
5. 무와 갈치를 담고 양념을 끼얹는다.

연근조림

연근조림의 유래

연근은 다른 식물식품과는 다르게 주성분이 전분이므로 비타민 B_1, B_2가 포함되어 있는 것이 특징이다. 생연근을 강판에 갈아 연근전을 만들거나 설탕을 넣고 조려 정과를 만들어도 좋다.

03 연근조림

요구사항

※ 물기없이 자작하게 조려 전량 제출하시오.
1) 문제의 요구사항대로 작품이 만들어지지 않을 경우 실격 처리된다.
2) 해당 과제의 지급재료 외의 재료를 사용할 경우 득점에 관계없이 오작 처리된다.

주재료 및 부재료

연근 300g, 식초 1큰술, 물 2컵
양념장 간장 4큰술, 설탕 3큰술, 물 1컵, 양파 30g, 마늘 3톨, 통후추 5알, 건고추 2개, 생강 1톨, 대파 20g
전체 양념 참기름 1/4작은술, 깨소금 1/4작은술

조리방법

1. 연근은 너무 굵지 않은 것으로 구입하여 껍질을 벗기고 0.3cm 두께로 썰어 식초물에 10여 분 동안 담가 둔다.
2. 연근을 건져내어 찬물에서부터 삶는다.
3. 향미채소들은 손질하여 큼직하게 썰고 분량대로 양념장을 섞어서 만든다.
4. 양념장에 ②의 연근을 넣고 조린다.
5. 연근을 국물이 약간 남아 있을 때 부재료는 건져 버리고, 참기름과 깨소금으로 전체 양념을 하여 그릇에 담아낸다.

장조림

장조림의 유래

옹희잡지에 육장법으로 '장조림법으로서'란 말이 처음 나오고 『시의전서』(是議全書)에는 장조림법이 소개되어 있다. 조림이란 말도 이때 처음으로 나타났다. "정육을 크게 덩이로 잘라 진장에 바짝 조리면 오래 두어도 변치 않고 쭉쭉 찢어 쓰면 좋다."라고 하였다.

04 장조림

요구사항

※ 장조림고기는 알맞게 끓여 조려서 결대로 찢어 내시오.
1) 문제의 요구사항대로 작품이 만들어지지 않을 경우 실격 처리된다.
2) 해당 과제의 지급재료 외의 재료를 사용할 경우 득점에 관계없이 오작 처리된다.

주재료 및 부재료

소고기(홍두깨살) 200g, 물 1컵, 파잎 1줄기, 마늘 5g, 생강 1/3쪽, 꽈리고추 30g
조림장 간장 3큰술, 설탕 2큰술, 청주 1큰술, 파 1/3대, 마늘 2톨, 건고추 1개, 양파 20g, 생강 1톨, 물 1컵
전체 양념 참기름 1/8작은술, 통깨 1/4작은술

조리방법

1. 소고기는 기름기를 제거하여 물에 담가서 핏물을 뺀 다음에 결대로 사방 6~7cm로 썬다.
2. 끓는 물에 ①과 향미채소를 넣어서 부드럽게 삶는다.
3. 조림장을 혼합하여 고기를 넣고 처음에는 센 불에서 끓이다가 은근한 불로 줄여서 조린다.
4. 국물이 반 정도 남았을 때 꽈리고추를 넣고 맛이 배도록 조린다. 어느 정도 익으면 꽈리고추는 잠깐 꺼내 놓는다. 너무 익으면 식감이 좋지 않기 때문이다.
5. 국물이 자작하면 고기를 건진 다음에 결대로 찢고 참기름을 한 방울 정도 떨어뜨리고 나서 고추를 접시에 함께 담아낸다.

소갈비구이

소갈비구이의 유래

소갈비는 살과 힘줄 조직이 층을 이루고 있어서 연하지는 않지만 잘게 칼집을 넣어서 갖은 양념에 재워 구운 요리로, 우리 민족 고유의 음식이다.

01

8 구이류

소갈비구이

요구사항

※ 소갈비구이는 석쇠에 구워 갈빗대 2개와 한입 크기의 갈비살 6점을 제출하시오.

1) 문제의 요구사항대로 작품이 만들어지지 않을 경우 실격 처리된다.
2) 해당 과제의 지급재료 외의 재료를 사용할 경우 득점에 관계없이 오작 처리된다.

주재료 및 부재료

소갈비 300g, 잣 10g

양념 간장 2큰술, 배즙 2큰술, 양파즙 1큰술, 설탕 1큰술, 다진 파 1큰술, 다진 마늘 1큰술, 깨소금 1큰술, 참기름 3큰술, 후춧가루 1/5작은술

조리방법

1. 갈비는 물에 담가서 핏물을 빼고 기름기와 힘줄을 제거하여 칼집을 앞 뒤로 어슷하게 넣는다.
2. 양파와 배는 갈아서 즙을 낸 후에 나머지 양념과 섞어서 양념장을 만든다.
3. 손질한 갈비에 양념이 골고루 잘 스며들도록 20분 정도 재워 둔다.
4. 석쇠를 뜨겁게 하여 갈비를 놓고, 한 면이 거의 익었을 때 뒤집어서 다른 한 면을 굽는다.
5. 갈비살을 6조각을 낸 뒤 갈빗대 옆에 가지런히 놓는다.
6. 구운 갈비는 그릇에 담고 잣가루를 뿌린다.

주의사항

소갈비구이 등이 시험문제로 나오면 제일 먼저 불을 약하게 하여 조리를 시작해야 한다. 나중에 하면 조급하여 불을 세게하여 음식을 태울수 있고, 음식이 익지 않아 실격 처리될 수 있다.

너비아니구이

너비아니구이의 유래

너비아니구이는 품위 있는 전통음식으로, 외국의 수장들이 방문할 때나 국제회의에 주 메뉴로 선정되는 음식이다.

부식류

02 너비아니구이

요구사항

※ 완성된 너비아니는 4cm×5cm×0.5cm 두께로 하시오. 석쇠를 사용하여 굽고 잣가루를 뿌려서 6쪽 이상 제출하시오.

1) 문제의 요구사항대로 작품이 만들어지지 않을 경우 실격 처리된다.
2) 해당 과제의 지급재료 외의 재료를 사용할 경우 득점에 관계없이 오작 처리된다.

주재료 및 부재료

소고기(안심 또는 등심) 100g

양념 진간장 50mL, 대파 흰 부분(4cm 정도) 1토막, 깐 마늘(중) 2쪽, 검은 후춧가루 2g, 백설탕 10g, 깨소금 5g, 참기름 10g, 배 1/8개(50g 정도), 식용유 10mL

조리방법

1. 소고기는 핏물을 제거한 후에 결 반대로 얇게 포를 떠서 5cm×6cm×0.4㎝가 되게 사각으로 성형하여 칼등으로 힘줄을 끊고 부드럽게 한 후에 너비아니 6쪽을 준비한다.
2. 배는 껍질을 벗겨 강판에 갈고 면보에 짜서 즙을 준비하고 우선 고기에 재운다.
3. 파와 마늘을 다져서 진간장 · 후춧가루 · 참기름 · 설탕 · 참깨를 넣어 고기 양념을 만든 후, 고기에 재운다.
4. 석쇠를 달군 후에 소고기가 붙지 않도록 기름으로 코팅하여 재워둔 너비아니를 석쇠에 올리고 중불에서 높이를 조절하고 돌려 가며 익힌다.
5. 형태가 변하지 않고 타지 않게 완성된 너비아니를 4cm×5cm×0.5㎝로 잘 구워서 그릇에 가지런히 담아낸다.

주의사항

① 소고기는 수분이 마르면 맛 없게 보이므로 촉촉한 상태까지 타지 않게 구워야 맛있고 먹음직스럽게 보인다.
② 너비아니 완성품의 색이 나지 않으면 양념장을 더 발라주면서 한 번 더 살짝 익힌다.

더덕구이

더덕구이의 유래

더덕은 소금물에 충분히 우려서 미리 초벌구이하여 80% 익힌 후에 짜지 않을 정도로 고추장 양념을 발라서 만든다.

03 더덕구이

요구사항

※ 주어진 재료를 사용하여 다음과 같이 더덕구이를 만드시오

① 양념은 고추장 양념을 하시오.

② 구워진 더덕의 크기는 5㎝ 길이 정도로 하여 담으시오. (단, 주어진 더덕의 길이를 감안한다.)

③ 지급된 더덕은 모두 제시하도록 하시오.

④ 석쇠를 사용하여 구우시오.

1) 문제의 요구사항대로 작품이 만들어지지 않을 경우 실격 처리된다.

2) 해당 과제의 지급재료 외의 재료를 사용할 경우 득점에 관계없이 오작 처리된다.

주재료 및 부재료

통더덕(껍질 있는 것, 길이 10~15cm 정도) 5개

양념 대파 흰 부분(4cm 정도) 1토막, 마늘(중)(깐 것) 1쪽, 진간장 10mL, 고추장 30g, 백설탕 5g, 깨소금 5g, 참기름 10g, 소금(정제염) 10g, 식용유 10mL

고추장 양념 다진 파 · 마늘 각 1작은술, 고추장 1큰술, 간장 1/3작은술, 설탕 1/2큰술, 후춧가루 1/10작은술, 깨소금 1/2작은술, 참기름 1작은술

조리방법

1. 더덕은 껍질을 돌려 깎은 후, 소금물에 담가서 쓴맛을 우려내 부드럽게 만든다.
2. 소금물에서 더덕을 건져 헹궈서 물기를 제거한 후에 면보에 싸서 방망이로 몸통을 조심스럽게 밀어 납작하게 만들고 5cm 길이로 자른다. (몸통이 두꺼운 것은 2조각, 얇은 것은 통째로 준비한다.)
3. 유장(간장 1작은술, 참기름 1큰술)을 만들고 파와 마늘(2작은술)을 다져서 고추장 2큰술 · 진간장 2작은술 · 설탕 2작은술 · 깨소금 1작은술 · 참기름 1작은술을 넣고 고추장 양념을 만들어 둔다.
4. 석쇠에 식용유를 바른 다음 중간 불에서 달구어 놓는다.
5. 더덕에 유장을 발라 중간 불에 80% 정도 구워 익힌다(유장은 간장 1 : 참기름 1).
6. 고추장 양념을 바르고 중간 불에서 타지 않게 다시 구워 낸다.

주의사항

더덕에 유장을 많이 바르면 고추장 양념이 덜 흡수되고 색이 진해져서 완성 후에 좋지 않다.

대합구이

대합구이의 유래

대합은 큰 조개로, 영양과 맛에서 최고로 친다. 구이와 찜, 탕 등 여러 종류의 음식에서 사용된다.

04 대합구이

요구사항

※ 대합구이는 석쇠에 완전히 익혀서 접시에 굵은소금을 깔고 3개 이상 제출하시오.
 초간장을 곁들여 내시오.

1) 문제의 요구사항대로 작품이 만들어지지 않을 경우 실격 처리된다.
2) 해당 과제의 지급재료 외의 재료를 사용할 경우 득점에 관계없이 오작 처리된다.

주재료 및 부재료

대합 2개, 소고기 50g, 두부 30g, 건표고버섯 1장, 양파 1/4개, 달걀 1개, 밀가루 2큰술, 풋고추 1개, 홍고추 1개, 식용유

소양념 진간장 1작은술, 파 1작은술, 마늘 1작은술, 깨소금 1작은술, 참기름 1/2작은술, 후춧가루 1/8작은술

초간장 간장 1큰술, 식초 2/3큰술, 설탕 1작은술, 물 1작은술

조리방법

1. 대합은 소금물에 담가서 해감 한 후에 끓는 물에 살짝 데친 다음에 입이 벌어지면 살을 발라내고 잠시 볶아 다지고, 껍질은 씻어 놓는다.
2. 대합살과 표고버섯은 손질하고 씻어서 물기를 제거한 뒤에 곱게 다지고, 양파도 곱게 다져서 각각 볶는다.
3. 곱게 다진 소고기와 물기를 빼고 으깬 두부를 대합에 함께 섞어서 양념한다.
4. 대합 껍질에 각각 기름을 묻혀서 밀가루를 뿌리고 ③의 소를 편편하게 채워서 살 부분에 밀가루를 조금 묻힌 후에 달걀물을 씌워서 지진 후에 석쇠에 굽는다.
5. 황백지단과 홍고추 · 풋고추는 다져서 고명으로 얹는다.
6. 접시에 보기 좋게 담는다. 초간장을 만들어 곁들인다.

북어구이

북어구이의 유래

북어는 유장을 발라서 애벌구이로 80% 정도 익힌 후에 양념장을 발라서 살짝 구워야 타지 않은 북어구이를 만들 수 있다.

05 북어구이

요구사항

※ 북어구이는 5cm 길이로 석쇠에 구워 3개를 제출하시오.
1) 문제의 요구사항대로 작품이 만들어지지 않을 경우 실격 처리된다.
2) 해당 과제의 지급재료 외의 재료를 사용할 경우 득점에 관계없이 오작 처리된다.

주재료 및 부재료

북어포(황태) 1마리
유장 참기름 1작은술, 간장 1/2작은술
양념장 고추장 2큰술, 설탕 2작은술, 파 2작은술, 마늘 1작은술, 깨소금 1작은술, 참기름 1/2작은술, 후춧가루 1/8작은술

조리방법

1. 북어포는 물에 잠깐 불려서 물기를 눌러 짠다.
2. 지느러미 · 머리 · 꼬리를 떼어 내고 5cm 길이로 썬 다음, 껍질 쪽에 대각선으로 칼집을 넣는다.
3. 손질한 북어의 앞뒤로 유장을 고루 바른다.
4. 고추장에 파와 마늘 등 갖은 양념을 넣어서 양념장을 만든다.
5. 석쇠를 달군 후에 기름을 바르고 유장에 재운 북어를 애벌구이한다(80% 정도 익힌다).
6. 애벌구이한 북어에 양념장을 고루 발라서 타지 않게 굽는다.
7. 그릇에 가지런히 담아낸다.

떡갈비구이

떡갈비구이의 유래

'갈비에 붙어 있는 살코기를 떼어 내어 너붓너붓 썰거나 곱게 다진 후에 인절미떡 치듯이 쳐서 만든다.' 하여 떡갈비라고 불린 것으로 추측된다. 소고기 다진 것을 갈비에 감싼 다음 번철이나 오븐에 구워내는 것인데, 조심해서 구워야 떨어지지 않는다. 주로 전라남도 담양, 해남, 장흥, 강진 등지에서 유명하다.

06 떡갈비구이

요구사항

※ 양념한 갈비살이 뼈에서 떨어지지 않도록 구우시오. 완성된 떡갈비는 2대 제출하시오.

1) 문제의 요구사항대로 작품이 만들어지지 않을 경우 실격 처리된다.

2) 해당 과제의 지급재료 외의 재료를 사용할 경우 득점에 관계없이 오작 처리된다.

주재료 및 부재료

소금 1/4작은술, 찹쌀가루 2큰술, 파 1/2작은술, 마늘 1/4작은술, 생강즙 1/8작은술,
참기름 1/2작은술, 깨소금 1작은술, 후춧가루 1/8작은술

양념장 간장 1큰술, 설탕 2작은술, 배즙 2큰술, 마늘 1작은술, 참기름 1/2작은술, 깨소금 1작은술, 후춧가루 1/8작은술

조리방법

1. 5cm 정도의 갈비는 살과 뼈를 나누어 놓는다.
2. 갈비살은 기름기를 떼어 내고 얇게 저며서 곱게 다진 후에 고기가 분리되지 않도록 찹쌀가루를 넣고 나머지 갈비양념을 넣고 치대어 놓는다.
3. 갈비뼈는 끓는 물에 데쳐서 뼈에 붙어 있는 내용물을 깨끗이 손질한 후에 밀가루를 묻히고 양념하여 치대어 둔 고기 반죽을 둥글게 2대를 붙인 다음, 표면이 부드럽게 되도록 손질하여 만진다.
4. 배를 강판에 갈아 면보에 짠 즙을 나머지 양념과 섞어서 양념장을 만든다.
5. 달구어진 석쇠에 떡갈비를 올려서 표면이 어느 정도 익으면 양념장을 발라 가면서 속까지 완전히 익힌다.
6. 2대를 접시에 낸다.

오징어솔방울구이

오징어솔방울구이의 유래

오징어는 담백한 맛의 단백질로 싱싱한 물오징어를 고추장 양념으로 재웠다가 구워내는 찬이다.

07 오징어솔방울구이

요구사항

※ 오징어솔방울구이는 0.3cm 폭으로 가로, 세로로 칼집을 넣어 4cm×3cm 크기로 볶아서 제출하시오.
1) 문제의 요구사항대로 작품이 만들어지지 않을 경우 실격 처리된다.
2) 해당 과제의 지급재료 외의 재료를 사용할 경우 득점에 관계없이 오작 처리된다.

주재료 및 부재료

오징어 1마리
고추장 양념 고추장 3큰술, 고춧가루 1/2큰술, 설탕 1큰술, 물엿 1큰술, 다진 파 1큰술, 다진마늘 1/2큰술, 다진 생강 1/2작은술, 깨소금 2작은술, 참기름 2작은술, 후춧가루 약간

조리방법

1. 오징어는 반으로 갈라서 내장을 제거한 뒤에 껍질을 벗기고 안쪽에 대각선으로 칼집을 넣은 후에 가로 4cm, 세로 2cm 크기로 썬다.
2. 고추장 양념을 오징어에 발라서 재워 둔다.
3. 석쇠에 기름을 발라 길들여서 오징어를 구워 낸다.

주의사항

물기가 없어야 하며, 솔방울처럼 오린 모양이 일정해야 한다.
오징어가 타지 않게 중간 불에서 재빨리 구워 낸다.

녹두빈대떡

녹두빈대떡의 유래

빈대떡은 김치 · 불고기와 더불어서 우리나라의 3대 기호음식 중 하나로 꼽힌다. 빈대떡의 어원은 빈자떡으로 본래는 제사상이나 교자상에 기름에 지진 고기를 괴는 음식으로 쓰던 것이었는데, 이제는 하나의 독립된 음식이 되었으며, 특히 크고 두툼한 평안도의 녹두빈대떡은 명물로 꼽힌다.

01

9 전류

녹두빈대떡

요구사항

※ 지름 6cm 크기로 지져서 5개를 제출하시오.
1) 문제의 요구사항대로 작품이 만들어지지 않을 경우 실격 처리된다.
2) 해당 과제의 지급재료 외의 재료를 사용할 경우 득점에 관계없이 오작 처리된다.
주의사항 시험장에선 요구사항의 개수대로 제출하시오.

주재료 및 부재료

불린 녹두 1컵(물 1컵), 돼지고기 40g, 숙주 20g, 고사리 20g, 김치 30g, 다홍 고추 1/2개, 식용유 1/2컵, 쪽파 20g
돼지고기 양념 소금 1/3작은술, 다진 파 1작은술, 다진 마늘 1작은술, 후춧가루 1/8작은술, 참기름 1작은술, 깨소금 2작은술
초간장 (2큰술) 간장 2큰술, 식초 1큰술, 설탕 1/2작은술

조리방법

1. 거피한 탄 녹두는 따뜻한 물에 4~5시간 불려서 여러 번 헹구어 껍질을 벗긴 다음, 믹서기에 곱게 갈아 놓는다.
2. 돼지고기는 다져서 양념에 재운다.
3. 숙주는 머리와 꼬리를 다듬고 삶아서 굵직하게 썰고 소금 간하여 물기를 짠다. 고사리도 다듬어서 데친 후에 썬다.
4. 김치는 송송 썰어 참기름과 깨소금으로 무치고 속재료를 모두 섞어서 양념한다.
5. 다홍 고추는 곱게 동글동글 썰어서 물에 헹구고 나서 씨를 제거하고, 파는 어슷하게 썬다.
6. 팬을 달구어서 기름을 넉넉히 두르고, 녹두 간 물을 한 국자 떠놓는다(지름 6cm로 부친다).
7. 그 위에 준비된 속재료를 얹고 녹두반죽을 조금 바르듯이 하여 파와 홍고추를 고명으로 올린다.
8. ⑦을 그릇에 담고 초간장과 함께 낸다.

장떡전

장떡전의 유래

장떡은 찹쌀가루나 밀가루에 간장 또는 된장, 고추장 등을 섞어 반죽해서 반대기를 지은 다음, 기름에 두른 번철에 지져 낸 음식이다.

02 장떡전

요구사항

※ 지름 5cm의 장떡 6개를 제출하시오.

1) 문제의 요구사항대로 작품의 수량이 만들어지지 않을 경우 실격 처리된다.

2) 해당 과제의 지급재료 외의 재료를 사용할 경우 득점에 관계없이 오작 처리된다.

주재료 및 부재료

찹쌀가루 1컵(물 1큰술), 밀가루 2큰술, 풋고추 1/2개, 홍고추 1/2개, 고추장 1작은술, 된장 1작은술, 식용유 1큰술

양념 파 1작은술, 마늘 1/2작은술, 참기름 1작은술, 깨소금 1작은술, 후춧가루 1/8작은술

조리방법

1. 찹쌀가루에 끓인 물과 고추장, 된장을 넣고 고루 섞이도록 치댄다.
2. 풋고추와 홍고추 반은 둥글게 썰어서 씨를 털어 내고 반은 다진다.
3. ①에 갖은 양념을 하여 지름 5cm 크기로 동글납작하게 6개를 빚는다.
4. 따뜻하게 달군 팬에 기름을 충분히 두르고 ③을 넣어서 한쪽 면을 지진 후에 뒤집어 그 위에 풋고추, 홍고추를 고명으로 올려 지져 낸다.
5. 장떡 6개를 접시에 예쁘게 담아낸다.

주의사항

반죽의 농도와 고추장과 된장의 비율에 유의한다.

삼색전 1
(애호박, 표고, 생선전)

● 삼색전의 유래

세가지 색깔의 재료를 이용하여 지져낸 음식으로, 상에 낼 때는 타원형이나 사각형 접시에는 줄줄이 색깔별로 담고, 둥근 접시에는 모양있게 담는다.

03 삼색전 I (애호박, 표고, 생선전)

요구사항

※ 삼색전은 종류별로 각각 3개씩 초간장을 곁들여서 제출하시오.
1) 문제의 요구사항대로 작품이 만들어지지 않을 경우 실격 처리된다.
2) 해당 과제의 지급재료 외의 재료를 사용할 경우 득점에 관계없이 오작 처리된다.

주재료 및 부재료

애호박전 애호박 1/4개, 달걀 1개, 소금 약간, 밀가루 약간, 식용유 약간
표고버섯전 불린 표고버섯(중) 3장, 소고기 20g, 두부 10g, 달걀 1개, 파 10g, 마늘 1쪽, 밀가루 50g, 후춧가루 약간, 깨소금 약간, 설탕 약간, 참기름 약간, 간장 약간, 식용유 약간
생선전 동태 1/2마리, 달걀 1개, 밀가루 약간, 식용유 약간, 소금 약간, 흰 후춧가루 약간
소양념 소금 약간, 다진 파 1/5작은술, 다진 마늘 1/5작은술, 참기름 1/3작은술, 흰 후춧가루 약간
초간장 간장 1큰술, 식초 1/2큰술, 설탕 1작은술

조리방법

1. 애호박을 0.5cm 정도의 두께로 썬 후, 소금에 절여 수분을 제거한다.
2. 절여진 애호박에 밀가루와 달걀물을 묻혀서 팬에 지진다.
3. 불린 표고버섯은 기둥을 떼어 내고 물기를 제거한 다음에 간장과 참기름으로 유장 처리한다.
4. 소고기는 곱게 다지고 두부는 면보자기에 물기를 짠 후, 칼의 등으로 곱게 으깨고 고기와 섞어서 양념한 후에 치대어 놓는다.
5. 표고는 수분을 걷고 안쪽에 유장 처리(소금, 참기름)한 후에 밀가루를 묻혀서 소를 넣고 다시 밀가루를 덮어 달걀 옷을 입히고 나서 팬에 지진다.
6. 생선은 물기를 닦아내고 껍질을 벗겨서 세 장 뜨기한 다음, 가로 5cm, 세로 4cm로 포를 떠서 소금과 흰 후춧가루를 뿌린다.
7. 생선살에 밀가루와 달걀 옷을 입혀서 팬에 지진다.
8. 삼색전을 각각 3개씩 담고 초간장을 곁들여 낸다.

주의사항

삼색전에 표고가 아닌 새우가 나올 수 있다. 요구사항대로 하면 된다.

삼색전2
(애호박, 새우, 생선전)

삼색전의 유래

세가지 색깔의 재료를 이용하여 지져낸 음식으로, 상에 낼 때는 타원형이나 사각형 접시에는 줄줄이 색깔별로 담고, 둥근 접시에는 모양있게 담는다.

04 삼색전 2 (애호박, 새우, 생선전)

요구사항

※ 삼색전은 종류별로 각각 3개씩 초간장을 곁들여서 제출하시오.
1) 문제의 요구사항대로 작품이 만들어지지 않을 경우 실격 처리된다.
2) 해당 과제의 지급재료 외의 재료를 사용할 경우 득점에 관계없이 오작 처리된다.

주재료 및 부재료

애호박전 애호박 1/4개, 달걀 1개, 소금 약간, 밀가루 약간, 식용유 약간
새우전 새우 3마리, 달걀 1개 흰후춧가루, 깨소금, 소금, 식용유 밀가루 약간
생선전 동태 1/2마리, 달걀 1개, 밀가루 약간, 식용유 약간, 소금 약간, 흰 후춧가루 약간
초간장 간장 1큰술, 식초 1/2큰술, 설탕 1작은술

조리방법

1. 애호박을 0.5cm 정도의 두께로 썬 후, 소금에 절여서 수분을 제거한다.
2. 절여진 애호박에 밀가루와 달걀물을 묻혀서 팬에 지진다.
3. 새우는 깨끗히 씻어서 머리와 꼬리를 끝부분만 남기고 떼어낸 후에 배쪽으로 갈라서 칼집을 내고 펼쳐서 소금을 뿌린다.
4. 생선은 물기를 닦아내고 껍질을 벗겨서 세 장 뜨기한 다음, 가로 5cm, 세로 4cm로 포를 떠서 소금과 흰 후춧가루를 뿌린다.
5. 새우살에 밀가루와 달걀 옷을 입혀서 지져 낸다.
6. 생선살에 밀가루와 달걀 옷을 입혀서 팬에 지진다.
7. 삼색전을 각각 3개씩 담고 초간장을 곁들여 낸다.

양동구리전

양동구리전의 유래

양은 양즙이나 다양한 음식을 만들어 보양식으로 조상들이 많이 먹었던 음식이다. 깃머리양이나 벌집양을 손질하여 곱게 다져서 오랜 시간 중탕하여 즙을 짜내서 「양즙」으로 해 먹으면 허약한 사람들에게 매우 좋다.

05 양동구리전

요구사항

※ 양동구리는 지름 5cm로 7개 만들어 제출하시오.
1) 문제의 요구사항대로 작품이 만들어지지 않을 경우 실격 처리된다.
2) 해당 과제의 지급재료 외의 재료를 사용할 경우 득점에 관계없이 오작 처리된다.

주재료 및 부재료

소의 양 150g, 밀가루 3큰술, 소금 1큰술
소의 양 양념 녹말가루 2큰술, 달걀 흰자 1개분, 소금 1/4작은술, 파 2작은술, 마늘 1작은술, 참기름 1/2작은술, 깨소금 1작은술, 생강 1/4작은술, 흰 후춧가루 1/8작은술
초간장 간장 1큰술, 식초 1큰술, 설탕 1/2작은술

조리방법

1. 소의 양은 두꺼운 부위로 골라서 뜨거운 물에 튀긴 다음, 표면의 검은 껍질을 소금과 밀가루로 번갈아 가며 주물러서 떼어 내고 안쪽의 기름덩이와 막을 벗기고서 흐르는 물에 깨끗이 씻은 후, 물기를 제거하여 곱게 다진다.
2. 다져 놓은 양에 분량의 양념(파, 마늘, 대파 다진 것, 생강, 소금)을 섞고, 녹말가루를 섞은 후에 달걀을 깨어서 양동구리에 섞은 후에 수저로 떠지는 농도로 조절한다.
3. 달구어진 팬에 기름을 두르고 양동구리를 한 수저씩 떠서 지름 5cm 크기로 노릇하게 7개를 지져 낸다.
4. 접시에 7개를 담고 초간장을 곁들여 낸다.

옥수수전

옥수수전의 유래

옥수수는 불완전식품이지만 단백질 · 지질 · 섬유소 등이 다량 존재한다. 예로부터 옥수수는 친근한 간식거리였다. 허기진 배를 채워 주는 옥수수는 변비 예방에 좋으며 노화를 막아주는 폴리페놀과 비타민 A가 풍부하다. 또한, 옥수수의 탄수화물 성분에는 신경을 안정시키는 신경 조절기능 물질이 들어 있다.

06 옥수수전

요구사항

※ 옥수수전은 5cm 크기로 지져서 5개를 제출하시오.

1) 문제의 요구사항대로 작품이 만들어지지 않을 경우 실격 처리된다.
2) 해당 과제의 지급재료 외의 재료를 사용할 경우 득점에 관계없이 오작 처리된다.

주의사항 요구사항의 지시대로 5개 제출해야 한다. 넘치면 괜찮으나 부족하면 실격이다.

주재료 및 부재료

옥수수(캔) 200g, 완두콩 50g, 밀가루 3큰술, 소금 약간, 식용유 4큰술

조리방법

1. 옥수수와 완두콩은 깨끗이 씻어서 물기를 빼고 곱게 다진다.
2. 옥수수와 완두콩에 밀가루를 넣고 물을 약간 부어서 재료가 서로 엉기도록 걸쭉하게 반죽을 하여 소금으로 간을 한다.
3. 달군 팬에 식용유를 두르고 5cm 크기로 5개를 지진다.
4. 접시에 5개를 담아낸다.

표고전

표고전의 유래

표고버섯의 비타민 D는 성장기 어린이나 청소년에게 좋으며, 비타민 E, F, 레시틴과 섬유질이 풍부하며 콜레스테롤의 체내 흡수를 억제하고, 혈압저하 · 항종양 · 항암효과가 있으며 면역기능을 항진시킨다.

07 표고전

요구사항

※ 주어진 재료를 사용하여 다음과 같이 표고전을 만드시오.
① 유장 처리하여 전을 타지 않게 부쳐서 초간장과 함께 내시오.
② 수량 5개를 제출하시오.

1) 문제의 요구사항대로 작품이 만들어지지 않을 경우 실격 처리된다.
2) 해당 과제의 지급재료 외의 재료를 사용할 경우 득점에 관계없이 오작 처리된다.

주재료 및 부재료

건표고버섯 50g, 소금 1/3작은술, 참기름 1/4작은술, 소고기 50g, 두부 50g, 밀가루 2큰술, 달걀 1개, 식용유 2큰술

초간장 간장 2큰술, 식초 1큰술, 설탕 1/2작은술, 잣가루 1/4작은술

소고기 · 두부 양념 파 1/2작은술, 마늘 1/4작은술, 참기름 1/4작은술, 깨소금 1/4작은술, 소금 1/4작은술, 후춧가루 1/8작은술

조리방법

1. 건표고버섯은 따뜻한 물에 불려서 기둥을 뗀다.
2. 검은 갓 쪽을 상처나지 않도록 잘 헹군다.
3. 소고기는 곱게 다지고, 두부도 물기를 짜서 곱게 으깬 후에 섞어서 갖은 양념을 한다.
4. 불린 표고는 물기를 걷은 후에 소금과 참기름으로 유장을 바른다.
5. 표고 안쪽 흰 부분(주름 갓 있는)에 밀가루를 솔솔 뿌리고 고기 양념한 것을 편편하게 채운다.
6. 표고에 고기가 붙은 부분에만 밀가루를 살짝 묻히고, 풀어놓은 달걀에 담갔다가 달구어진 팬에 지진다.
7. 표고전 5개와 함께 초간장을 곁들여 낸다.

잡곡전

잡곡전의 유래

쌀에 부족한 리신은 필수아미노산의 일종인데, 잡곡류를 통해 보충할 수 있다. 잡곡밥은 영양도 있지만 맛도 좋다. 평소 청소년 간식으로 잡곡류와 채소류, 고기 등을 넣고 밀전병을 만들어 주면 영양과 함께 사랑을 전하는 일석이조의 결과를 얻을 수 있다.

08 잡곡전

요구사항

※ 반죽의 농도에 주의하여 조리하시오.

1) 문제의 요구사항대로 작품이 만들어지지 않을 경우 실격 처리된다.

2) 해당 과제의 지급재료 외의 재료를 사용할 경우 득점에 관계없이 오작 처리된다.

주재료 및 부재료

불린 멥쌀 1/3컵, 불린 수수 1/3컵, 불린 녹두 1/3컵, 불린 흰콩 1/3컵, 소금 약간,
배추김치 50g, 숙주 40g, 돼지고기 40g

돼지고기 양념 간장 1/2큰술, 설탕 1/2작은술, 다진 파 1작은술, 다진 마늘 1/2작은술, 깨소금 1/2작은술, 참기름 1/2작은술, 후춧가루 약간

숙주 양념 소금 약간, 참기름 1/5작은술

조리방법

1. 멥쌀 · 녹두 · 흰콩 · 수수는 5시간 이상 불린 후에 곱게 빻아서 체에 내린다.
2. 배추김치는 속을 털어 송송 썰고, 숙주는 데친 후에 송송 썰어서 밑간을 한다.
3. 돼지고기는 다져서 밑간을 한다.
4. 재료를 모두 섞은 후에 팬에 식용유를 두르고 지름 5cm 크기로 지진다.
5. 요구사항의 지시대로 갯수를 만들어 낸다.

파전

파전의 유래

임금님 진상품으로 유명한 부산 동래의 전통 향토음식인 동래파전은 조선시대 말 음력 3월 삼짇날(3月 3日)을 전후해 동래장터에서 점심 요깃거리로 등장한 것으로, 장 보러 온 사람들로부터 큰 인기를 끌었다고 전해진다.

09 파전

요구사항

※ 파전은 초간장을 곁들여서 제출하시오.
1) 문제의 요구사항대로 작품이 만들어지지 않을 경우 실격 처리된다.
2) 해당 과제의 지급재료 외의 재료를 사용할 경우 득점에 관계없이 오작 처리된다.

주재료 및 부재료

실파 120g, 소금 1/4작은술, 참기름 1/2작은술, 굴(조갯살) 80g, 깐 새우살 60g, 홍고추 1개, 밀가루 1/2컵, 식용유 3큰술
밀가루즙 밀가루 1/2컵, 찹쌀가루(쌀가루 1/4컵), 달걀 2개, 소금 1작은술, 물 2/3컵
초간장 간장 2큰술, 식초 1큰술, 설탕 1/2작은술

조리방법

1. 실파는 깨끗이 손질하여 7cm 길이로 자르고 줄기 쪽에만 소금을 뿌려 두었다가 참기름으로 양념한다.
2. 홍고추는 채 썰고 고기도 채 썰어서 양념한다.
3. 달걀은 소금을 넣고 잘 풀고 나서 밀가루와 찹쌀가루(쌀가루)를 달걀물에 섞어서 멍울이 지지 않도록 갠 후에 농도와 간을 맞추어서 반죽을 만든다.
4. 굴(조갯살)과 새우는 소금물에 씻어 물기를 빼어 놓고, 새우는 굵직하게 다진다.
5. 파에 밀가루를 묻혀서 반죽에 넣고 버무려 기름 두른 뜨거운 팬에 파 3~4줄기씩을 가지런히 놓는다.
6. 굴(조갯살)은 밀가루에 굴려서 달걀반죽에 무친 후, 파 사이에 드문드문 놓고 위에 홍고추와 새우 등을 같은 방법으로 하여 얹고 밀가루즙을 위에 골고루 뿌린다.
7. 파전을 가지런히 모양 있게 잡아서 한 장으로 지져낸 다음, 초간장과 함께 낸다.

주의사항

사진에는 초간장이 없으나, 요구사항의 지시대로 초간장을 함께 낸다.

서여향병

서여향병의 유래

마를 쪄서 꿀물에 재웠다가 찹쌀가루를 입혀 지진 다음 잣가루를 묻힌 떡이다. 마는 서여 혹은 산우라고도 하여 예부터 강장식품으로 널리 알려져 왔다. 한방에서는 기운을 돋우고 근육을 성장시키며 눈과 귀를 밝게 한다고 한다.

10 서여향병

요구사항

1) 문제의 요구사항대로 작품이 만들어지지 않을 경우 실격 처리된다.
2) 해당 과제의 지급재료 외의 재료를 사용할 경우 득점에 관계없이 오작 처리된다.

주재료 및 부재료

마 300g, 꿀 4큰술, 식용유 3큰술, 잣가루 6큰술, 찹쌀가루 1/2컵, 물 10컵(찜기), 대추 1개, 쑥갓 1줄기

조리방법

1. 마는 깨끗이 씻어 껍질을 벗기고 길이 5cm, 두께 0.5cm 정도로 어슷썰고 찹쌀가루는 소금을 넣고 체에 내린다.
2. 찜기에 물을 붓고 센불에 9분 정도 올려서 끓으면, 마를 넣고 3분 정도 찐다.
3. 찐 마를 꺼내어 한 김 나가면 꿀에 넣어 10분 정도 두었다가 체에 받친 후, 찹쌀가루를 앞뒤로 입힌다.
4. 팬을 달구어 식용유를 두른 뒤 마를 넣고, 약불에서 앞면 2분, 뒤집어서 2분 정도 지진 다음에 잣가루를 묻혀서 낸다.
5. 대추꽃과 쑥갓을 얹어 낸다.

주의사항

마를 너무 익히면 부서진다.
잣가루는 잣기름을 빼고 곱게 다져서 사용해야 보슬보슬하다.

느타리버섯산적

느타리버섯산적의 유래

느타리버섯과 소고기를 양념하여 쪽파와 함께 구운 음식으로, 깔끔하고 담백한 맛을 동시에 즐길 수 있다.

10 적류

01 느타리버섯산적

요구사항

※ 완성된 느타리버섯산적은 팬에 구워 2개를 제출하시오.

1) 문제의 요구사항대로 작품이 만들어지지 않을 경우 실격 처리된다.
2) 해당 과제의 지급재료 외의 재료를 사용할 경우 득점에 관계없이 오작 처리된다.

주재료 및 부재료

느타리버섯 3개, 소고기 50g, 쪽파 40g, 산적꼬치 2개, 소금 1/2작은술, 참기름 1작은술

소고기 양념 간장 1/2작은술, 설탕 1/3작은술, 다진 파 1/5작은술, 다진 마늘 1/5작은술, 깨소금 약간, 흰 후춧가루 약간

조리방법

1. 느타리버섯은 손질하여 끓는 물에 살짝 데쳐서 물기를 뺀 후에 소금, 다진 마늘과 참기름으로 양념한다.
2. 쪽파는 깨끗이 다듬어서 7cm로 자른 후에 소금과 참기름으로 밑간한다.
3. 소고기는 결 반대쪽으로 0.5cm×2cm×8cm로 썰어서 칼집을 낸 후에 고기양념장을 만들어서 재워둔다.
4. 산적꼬치에 버섯과 쪽파 및 소고기를 번갈아 끼워서 2개를 만든다.
5. 팬을 달구어서 식용유를 조금 두른 후에 센불에서 지져 낸다.
6. 완성품에서 석쇠 자국이 나도록 한다.

장산적

장산적의 유래

호두장과와 함께 이바지음식의 밑반찬으로 많이 이용된다.

02 장산적

요구사항

※ 장산적은 3cm×3cm×0.5cm로 썰고 석쇠에 구워서 조림장에 윤기 나게 조린 후에 제시 하고 재료 전량 제출하시오.

1) 문제의 요구사항대로 작품이 만들어지지 않을 경우 실격 처리된다.
2) 해당 과제의 지급재료 외의 재료를 사용할 경우 득점에 관계없이 오작 처리된다.

주재료 및 부재료

소고기 150g, 두부 50g, 잣 1작은술, 종이 1장, 식용유 1작은술

소고기 · 두부 양념 파 2작은술, 마늘 1작은술, 소금 1/3작은술, 설탕 1/8작은술, 참기름 1작은술, 깨소금 2작은술, 후춧가루 1/8작은술

조림장(3큰술) 간장 3큰술, 설탕 2큰술, 물 3큰술, 파 1/3뿌리, 마늘 1톨, 생강 1/3톨

조리방법

1. 소고기는 곱게 다지고 두부는 으깨어서 고기와 고루 섞는다.
2. ①에 갖은 양념을 하여 끈기가 나도록 치댄다.
3. 양념한 고기는 두께 0.4cm로 편편하게 반대기를 지어 놓는다.
4. 석쇠에 기름을 바르고 달군 다음, ③을 타지 않게 굽는다.
5. 장산적은 3cm×3cm×0.5cm로 썰어 놓는다.
6. 조림장 재료를 넣고 끓인 후에 체에 걸러서 섭산적을 가볍게 조린다.
7. 잣은 종이를 깔고 잘 드는 칼로 곱게 다진다.
8. 섭산적을 간장에 조리면 장산적이 된다. 장산적을 접시에 담고 잣가루를 뿌린다.

주의사항

장산적은 타지 않게 주의하고 국물이 흐르지 않게 조린다.

사슬적

사슬적의 유래

생선과 소고기를 번갈아 가며 사슬같이 촘촘히 꼬치에 꿰었다고 해서 '사슬적'이라고 한다. 뒷면에 다진 고기는 생선 크기로 만들어서 전체를 성형하여 붙이기도 한다.

03 사슬적

요구사항

※ 주어진 재료를 사용하여 다음과 같이 사슬적을 만드시오.
① 사슬적은 폭 6cm, 길이는 6cm 정도 되게 하시오.
② 사슬적은 2개 제출하고, 잣가루를 고명으로 하시오.
③ 초간장을 곁들여 내시오.

1) 문제의 요구사항대로 작품이 만들어지지 않을 경우 실격 처리된다.
2) 해당 과제의 지급재료 외의 재료를 사용할 경우 득점에 관계없이 오작 처리된다.

주재료 및 부재료

대구(동태)살 200g, 소고기 80g, 두부 30g, 밀가루 1큰술, 잣 1작은술, 대꼬치 2개
소고기 · 두부 양념 소금 1/3작은술, 설탕 1/4작은술, 파 1작은술, 마늘 1/2작은술, 참기름 1/2작은술, 깨소금 1작은술, 후춧가루 1/8작은술
생선 양념 소금 1/4작은술, 후춧가루 1/8작은술, 생강즙 1/4작은술
초간장 간장 2큰술, 식초 1큰술, 설탕 1작은술

조리방법

1. 소고기와 두부 양념 중 소고기는 핏물을 빼고 곱게 다져 놓는다. 두부는 도마에 놓고 칼등을 밀어내면서 다지듯이 으깬 후에 면보로 물기를 꼭 짜서 수분을 모두 제거한다. 다져 놓은 소고기와 으깬 두부를 함께 섞어서 소고기 양념과 소금으로 간을 맞춘 후에 스텐볼에서 한참을 끈기 있게 치대어 7cm×1.2cm×0.7cm의 크기로 만들어 놓는다.
2. 생선은 깨끗이 씻은 후에 껍질을 벗겨 내고 세 장 뜨기를 하여 가시와 큰 뼈를 발라낸 다음에 깨끗한 면보로 닦아서 수분을 모두 제거한다. 생선의 재단은 8cm×1.2cm×0.7cm 크기로 썰어서 생강즙을 살짝만 뿌리고 소금과 후춧가루로 간을 맞추어서 양념한다.
3. 잣은 고깔을 떼고 나서 도마에 놓고 칼로 곱게 다진다.
4. 규격에 맞게 절단해 둔 생선을 꼬치에 1.2cm씩 간격을 맞추어서 끼우고 고기와 맞닿는 사이 한쪽에 접착제 역할을 하는 밀가루를 살짝 바른 후에 생선과 동일한 모양으로 성형한 고기를 살짝 눌러 가며 꼬치에 붙여 끼운다.(2개를 만든다.)
5. 달구어진 팬에 기름을 두르고 만들어 놓은 사슬적을 타지 않게 양쪽을 지져낸 후, 사슬적이 식으면 꼬치를 빼고 잣가루를 뿌려 초간장을 곁들인다.

화양적

화양적의 유래

화양적(華陽炙)은 전의 한 종류로, 꼬치에 꿰서 만드는 음식을 말한다. 도라지와 여러 가지 화려한 채소류를 미리 익혀서 양념한 뒤에 꼬치에 꿴 화려한 산적이다.

04 화양적

요구사항

※ 화양적은 길이 6cm가 되도록 하고 꼬챙이의 양끝을 1cm 남기고, 완성품 2개를 제출하시오.

1) 문제의 요구사항대로 작품이 만들어지지 않을 경우 실격 처리된다.
2) 해당 과제의 지급재료 외의 재료를 사용할 경우 득점에 관계없이 오작 처리된다.

주재료 및 부재료

소고기 45g, 표고버섯 1개, 당근(7cm 정도) 50g, 오이(7cm 정도) 50g, 통도라지 2뿌리,
산적꼬치 2개, 잣 3알, 소금 약간, 식용유 약간, 종이 1장, 달걀 1개

소고기 · 표고 양념 간장 2작은술, 설탕 1작은술, 다진 파 1/2작은술, 다진 마늘 1/4작은술, 깨소금 약간, 참기름 약간, 후춧가루 약간

조리방법

1. 오이는 6cm 길이의 세 갈래로 잘라서 속을 빼고 두께 0.6cm, 폭 1cm 정도로 썰어서 소금에 살짝 절여 물기를 닦는다.
2. 도라지와 당근은 6cm×1cm×0.6 크기로 썰어서 소금물에 데친다.
3. 소고기는 8cm×1cm×0.5cm로 썰어서 칼집을 넣고 양념을 한다.
4. 표고버섯은 불려 기둥을 떼고, 길이 6cm, 폭 1cm 크기로 썰어서 양념을 한다.
5. 팬에 기름을 두르고 도라지 · 오이 · 당근 · 소고기 · 표고 순으로 볶아 낸다.
6. 달걀은 0.6cm 두께로 지단을 부쳐서 폭 1cm, 길이 6cm로 재단한다.
7. 산적꼬치에 재료를 색 맞추어 끼우고 꼬치 양끝이 1cm 정도 남도록 정리한다.
8. 잣은 종이 위에서 곱게 다진다.
9. 그릇에 2개를 담고 잣가루를 뿌린다.

가지선

가지선의 유래

가지는 면역기능을 강화하는 식품으로 알려져 있다. 가지를 이용한 음식이 우리나라 문헌에 많이 나와 있다. 다양한 방법으로 조리에 응용하여 많이 먹을수록 몸에 좋다.

01

11 선류

가지선

요구사항

1) 문제의 요구사항대로 작품이 만들어지지 않을 경우 실격 처리된다.
2) 해당 과제의 지급재료 외의 재료를 사용할 경우 득점에 관계없이 오작 처리된다.

주재료 및 부재료

가지(중) 2개, 소고기 150g, 표고(중) 2개, 실고추 약간, 석이채 약간, 달걀 1개, 간장 1큰술, 설탕 1작은술, 육수 1컵

고기 양념 간장 2큰술, 설탕 1큰술, 다진 파 4작은술, 다진 마늘 2작은술, 참기름 2작은술, 깨소금 2작은술, 후춧가루 약간

조리방법

1. 가지는 가늘고 연한 것으로 골라서 6cm 정도로 토막을 내고 나서 양끝을 1cm씩 남기고 오이소박이처럼 칼집을 세 번씩 넣고 옅은 소금물에 담갔다가 살짝 데쳐 낸다.
2. 소고기는 살로 곱게 다지고, 표고는 불려서 곱게 채 썬 뒤에 합하여 고기 양념장으로 고루 무친다.
3. 마른 행주로 가지의 물기를 닦고, 칼집 사이에 양념한 소고기를 채워 넣는다.
4. 달걀은 황 · 백으로 나누어 지단을 부쳐서 곱게 썬다.
5. 냄비에 간장과 설탕 및 육수를 붓고 불에 올려서 끓어오르면, 소를 채운 가지를 나란히 놓고 끓인다. 도중에 불을 줄이고 가끔 국물을 끼얹어서 고루 간이 들도록 한다.
6. 가지가 연하게 익고 국물이 거의 없어지면 그릇에 담고, 달걀 지단채 · 실고추 · 석이채 · 파채를 얹는다.

두부선

두부선의 유래

두부는 고려시대부터 먹기 시작하였으며 고려 말엽의 학자인 이색의 『대사구두부내향』이라는 시 속에 처음 등장한다. 대두의 영양소를 그대로 가지고 있는 두부는 필수아미노산이 풍부하여 양질의 단백질 보급원이며, 리놀산을 함유하고 있어서 콜레스테롤을 낮추어 주므로 고지혈증 예방에 없어서는 안 될 중요한 식품이다.

02 두부선

요구사항

※ 두부선은 3cm×3cm×1cm로 썰어서 9조각을 담고 초간장을 곁들여서 제출하시오.
1) 문제의 요구사항대로 작품이 만들어지지 않을 경우 실격 처리된다.
2) 해당 과제의 지급재료 외의 재료를 사용할 경우 득점에 관계없이 오작 처리된다.

주재료 및 부재료

두부 1/2모, 닭고기 50g, 건표고버섯(불린것) 1장, 석이버섯 1장, 실고추 2g, 달걀 1개, 잣 3g
닭고기 · 두부양념 소금 1/2작은술, 파 2작은술, 마늘 1작은술, 참기름 1/2작은술, 깨소금 1작은술, 후춧가루 1/8작은술
겨자초장 발효겨자 1/2큰술, 소금 1/3작은술, 식초 2큰술, 설탕 1큰술

조리방법

1. 닭고기는 힘줄을 제거하여 곱게 다지고, 두부는 면보로 물기를 짜서 수분을 제거한 후에 으깨어 체에 내려 부드럽게 하여 둔다.
2. 실고추는 2cm로 잘라 놓고, 건표고버섯은 따뜻한 물에 불려서 기둥을 따 내고 포를 떠서 곱게 채 썬다.
3. 석이버섯은 따뜻한 물에 불려서 뒷면의 이끼와 돌을 제거하고 곱게 채 썬다.
4. 잣은 고깔을 따고 비늘잣으로 만든다.
5. 달걀을 황 · 백으로 나누어 지단을 부친 후에 가늘게 채 썬다.
6. 닭고기와 으깬 두부를 섞고, 소금 · 후춧가루 · 파 · 마늘 · 참기름 · 깨소금으로 양념하여 두께 1cm의 반대기를 납작하게 만들어서 젖은 면보를 깔고 펴 놓는다.
7. 반대기 크기는 가로, 세로 10cm 내외로 만들어 놓고 위에 고명으로 표고버섯채 · 황백지단채 · 석이채 · 잣을 고루 뿌려 눌러 주고, 김이 오른 찜통에 중불에서 10여 분 쪄낸 후에 실고추를 넣어 뜸을 들이고 식힌다.
8. 두부선이 식으면 3cm×3cm×1cm로 맞추어 9조각으로 썬 다음에 접시에 보기 좋게 담고, 겨자초장을 만들어 곁들여 낸다.

주의사항
사진에는 없으나 초간장을 곁들여 낸다. 개수를 9개 제출한다.

오이선

오이선의 유래

궁중음식의 하나였던 오이선은 아삭아삭하고 산뜻한 맛으로 고기 음식을 낼 때에 곁들이면 느끼하지 않아서 좋다.

03 오이선

요구사항

※ 오이선은 4cm 간격으로 어슷하게(원반 모양) 썰어서 완성품 5개를 제출하시오.
1) 문제의 요구사항대로 작품이 만들어지지 않을 경우 실격 처리된다.
2) 해당 과제의 지급재료 외의 재료를 사용할 경우 득점에 관계없이 오작 처리된다.

주재료 및 부재료

오이 1개(150g), 소고기 50g, 건표고버섯(중) 1개(10g), 당근 10g, 달걀 1개, 소금 1/2작은술
소고기 양념 간장 1작은술, 설탕 1/2작은술, 파 1/4작은술, 마늘 1/4작은술, 참기름 1/4작은술, 깨소금 1/4작은술, 후춧가루 1/8작은술
단촛물 식초 2큰술, 설탕 1큰술, 소금 1작은술, 물 1큰술

조리방법

1. 오이는 가늘고 어린 것으로 골라 소금으로 비벼 씻어서 길이로 반을 쪼갠 후에 1cm 간격으로 칼집을 세 번 어슷하게 넣고, 자르고 절인 다음에 물기를 짠다.
2. 소고기와 당근은 1cm×0.1cm×0.1cm로 채 썰어 양념하여 놓는다.
3. 건표고버섯은 따뜻한 물에 불려서 기둥을 따내고 1cm×0.1cm×0.1cm로 채 썰어 양념한다.
4. 달걀은 황 · 백으로 나누어 지단을 부친 후, 당근과 같은 길이로 채 썬다.
5. 달구어진 팬에 기름을 두르고 ①, ②, ③을 각각 볶아서 식혀 놓는다.
6. ⑤의 부재료를 섞어서 양념하고 ④를 섞어 볶은 오이의 칼집 사이에 넣는다.
7. 접시에 오이선 5개를 보기 좋게 담고, 먹기 직전에 단촛물을 끼얹어 낸다.

주의사항
시험장에서는 요구사항대로 오이선 5개를 제출한다.

어선

어선의 유래

동태 · 광어 · 대구 · 민어 등의 흰살 생선을 얇고 크게 포를 떠서 여러 가지 고명으로 소를 채우고 말아서 쪄낸 음식으로, 주안상에 잘 어울리는 음식이다. 동태가 값도 싸고 담백하다.

04 어선

요구사항

※ 어선은 지름 3cm, 두께 2cm 정도로 완성하여 6개 담아 제출하시오.
1) 문제의 요구사항대로 작품이 만들어지지 않을 경우 실격 처리된다.
2) 해당 과제의 지급재료 외의 재료를 사용할 경우 득점에 관계없이 오작 처리된다.

주재료 및 부재료

흰살 생선 500g(소금 1작은술, 흰 후춧가루 1/8작은술, 녹말가루 1/4컵), 오이 60g, 달걀 1개, 참기름 1/4작은술, 후춧가루 1/8작은술, 당근 50g, 건표고버섯 2장,
양념 소금 1/2작은술, 참기름 1/4작은술, 깨소금 1/2작은술
겨자장 간장 1/2큰술, 식초 1큰술, 발효겨자 1큰술(겨자가루 1큰술, 물 1/2큰술), 설탕 1/2큰술, 소금 1/2작은술

조리방법

1. 흰살 생선은 비늘을 긁어서 깨끗이 씻은 후에 껍질을 벗기고, 수분을 제거하고 나서 3장 뜨기를 한다. 뼈와 살을 분리하여 편편하게 한 후에 껍질 부분이 위로 향하도록 엎어 놓고 두께가 일정하도록(두께 0.3cm 정도) 포 뜨기를 하여 후춧가루와 소금을 뿌려 둔다.
2. 오이는 굵은소금으로 거죽을 문질러서 깨끗이 씻고 길이 5cm로 절단한 후에 얇게(두께 0.1m) 돌려깎기 하여 채 썰고 당근도 같은 크기로 채 썰어 각각 살짝 볶는다.
3. 표고버섯은 따뜻한 물에 불려 깨끗이 손질한 후에 곱게 채 썰고 표고는 고기 양념하여 살짝 볶는다.
4. 달걀은 황백지단을 부친 다음에 채 썬다.
5. 김발을 펴고 미리 소독해 삶아 놓은 면보를 깔고 포 떠 놓은 흰살을 잘 펼쳐서 김처럼 놓는다. (겉껍질 무늬 있는 쪽이 밖으로 가도록 놓는다.)
6. 펼쳐 놓은 포 위에 녹말가루를 골고루 뿌리고, 각각의 채소 재료를 색 맞추어 길게 가지런히 꼭꼭 눌러 놓고 김밥 말듯이 누르면서 만 다음, 나중에 녹말가루풀로 붙여 마무리한다. (녹말가루 1큰술을 물로 개어 풀을 만든다.)
7. 미리 찜통에 물을 붓고 열을 가한 뒤, 김이 오르면 말아 놓은 어선을 김발째 찜통에 넣고 8분 동안 쪄낸 다음에 식힌다.
8. 겨자가루 1큰술에 물 1/2큰술을 넣어 발효시킨 후 양념하여 겨자장을 만든다.
9. 어선은 직경 3cm, 높이 2cm로 6개를 동일하게 썰어서 접시에 담고 겨자장과 함께 낸다.

홍해삼

홍해삼의 유래

소고기와 두부를 다져 반대기를 만들고 홍합과 해삼을 가운데 넣고 둥글게 말아 찐 다음 달걀을 입혀 지진 선이다. 개성지방에서는 폐백상에 올렸는데, 해삼은 남자를 상징하고 홍합은 여자를 상징한다고 한다.

05 홍해삼

요구사항

1) 문제의 요구사항대로 작품이 만들어지지 않을 경우 실격 처리된다.
2) 해당 과제의 지급재료 외의 재료를 사용할 경우 득점에 관계없이 오작 처리된다.

주재료 및 부재료

불린 해삼 40g, 홍합 50g, 물 300g, 소금 1g, 물 400g, 다진 소고기(우둔) 70g, 두부 200g, 소금 2g, 참기름 4g, 밀가루 14g, 달걀 2개, 식용유 25g

양념 간장 9g, 설탕 4g 다진 파 9g, 다진 마늘 5.5g, 깨소금 4g, 후춧가루 0.3g, 참기름 4g

초간장 간장 18g, 식초 15g, 물 15g, 잣가루 2g

조리방법

1. 불린 해삼은 손질하여 깨끗이 씻고, 홍합은 수염을 떼어내고 소금물에 살살 씻은 후에 체에 받쳐서 물기를 뺀다.
2. 다진 소고기는 핏물을 닦고 양념장을 넣어 양념한다. 두부는 면보로 물기를 짜서 곱게 으깨어 소금과 참기름을 넣고 양념한 후, 다진 소고기와 두부를 한데 넣고 고루 치대어 2등분을 한다.
3. 냄비에 물을 붓고 센불에 2분 정도 올려 끓으면, 불린 해삼과 홍합을 넣고 각각 1분 정도 데친다.
4. 젖은 면보를 깔고 다진 소고기와 두부 섞은 것을 10cm×10cm×0.8cm 정도의 반대기로 2장을 만들어, 가운데에 불린 해삼과 홍합을 각각 넣고 직경 3cm가 되도록 둥글게 만다.
5. 찜기에 물을 붓고 센불에 9분 정도 올려 김이 오르면 홍해삼을 넣고 20분 정도 쪄서 식힌 후에, 해삼이 들어 있는 것에는 밀가루를 씌운 후에 흰자를 입히고, 홍합이 들어있는 것에는 밀가루를 입히고 노른자를 씌운다.
6. 팬을 달구어 식용유를 두르고 홍해삼을 넣어 중불에서 각각 1분 정도 굴려 가며 지진다. 겉이 익으면 다시 밀가루와 달걀물을 입혀 중불에서 각각 1분 정도 굴려 가며 지진다.
7. 홍해삼을 두께 1cm 정도로 썰어 그릇에 담고, 초간장과 함께 낸다.

주의사항

소고기와 두부 반죽은 오래 치대야 표면이 갈라지지 않는다.
달걀 옷을 입힐 때는 팬을 달구어 중불에서 지져야 깨끗하다.
요구사항 지시대로 갯수를 조절하여 썰어 내야 한다.

불고기

불고기의 유래

불고기는 한식 세계화 음식중 하나로 우리나라를 대표하는 퓨전화된 음식이다. 버섯류와 당근, 양파를 넣어서 고기 특유의 느끼함을 없애고 고른 영양을 섭취할 수 있게 한다.

부식류

01

⑫ 볶음, 순대, 전병

불고기

요구사항

※ 소고기는 기름기를 제거한 후에 조리하시오.
1) 문제의 요구사항대로 작품이 만들어지지 않을 경우 실격 처리된다.
2) 해당 과제의 지급재료 외의 재료를 사용할 경우 득점에 관계없이 오작 처리된다.

주재료 및 부재료

소고기(등심) 100g, 배 30g, 정종 10ml, 느타리버섯 50g, 표고버섯 1장, 당근 1/2개, 양파 1/2개, 대파 1/2쪽
소고기 양념장 청장 1큰술, 설탕 1/2큰술, 다진 파 1작은술, 다진 마늘 1/2작은술, 깨소금 약간, 참기름 약간, 후춧가루 약간

조리방법

1. 소고기는 힘줄과 기름을 제거하고 5cm×3cm×0.4cm 크기로 썰어서 앞뒤로 자근자근 두드린다.(불고기용 고기)
2. 배는 강판에 갈아서 면보에 짜서 즙을 낸다.
3. 파와 마늘을 곱게 다져서 간장 · 설탕 · 깨소금 · 후춧가루 · 참기름 · 배즙을 섞어 양념장을 만든다.
4. 양념장에 고기를 한 장씩 담가서 양념을 고루 묻혀서 20분 정도 재워둔다.
5. 당근은 채 썰고 양파도 썰어 둔다.
6. 표고버섯도 채 썰어 양념에 재워 둔 다음, 느타리버섯은 데쳐 물기 제거 후에 고기와 함께 모든 재료를 버무려 놓는다.
7. 팬으로 타지 않게 센 불에서 굽다가 중간 불로 조절하여 굽는다.
8. 접시에 예쁘게 담아낸다.

오징어순대

오징어순대의 유래

『시의전서』에는 소의창자에다 고기를 두드려서 온갖 양념과 간 맞춘 기름장을 섞어 가득히 넣고 쪄낸 순대 등이 설명되어 있다. 함경도에는 겨울에 창자가 아닌 명태 뱃속을 주머니로 삼아서 만드는 동태순대도 있다.

02 오징어순대

요구사항

※ 오징어순대는 속을 넣고 쪄낸 후에 식혀서 몸통 전체를 썰어서 제출하시오.
1) 문제의 요구사항대로 작품의 수량이 만들어지지 않을 경우 실격 처리된다.
2) 해당 과제의 지급재료 외의 재료를 사용할 경우 득점에 관계없이 오작 처리된다.

주재료 및 부재료

물오징어 1마리, 소고기 50g, 두부 50g, 건표고버섯 2장, 당근 10g, 홍고추 1개, 풋고추 1개, 꼬치 2개, 밀가루 1큰술
양념 파 1작은술, 마늘 1작은술, 참기름 1작은술, 깨소금 2작은술, 소금 1/2작은술, 달걀 흰자 1큰술, 후춧가루 1/8작은술

조리방법

1. 오징어는 배를 가르지 않고 내장을 빼고, 몸통과 다리를 분리한 후에 껍질을 벗긴다.
2. ①을 끓는 물에 살짝 데쳐 내서 몸통은 물기를 빼고 다리는 곱게 다진다.
3. 소고기는 잘게 다지고 두부도 물기를 꼭 짜서 다진다.
4. 건표고버섯은 따뜻한 물에 불려서 기둥을 떼고 갓은 곱게 다지고 당근 · 풋고추 · 홍고추도 손질하여 다진다.
5. ②의 다져 놓은 오징어 다리와 ③과 ④를 섞어서 고루 양념한다. (이때 응고제 역할을 하는 달걀 흰자를 섞는다.)
6. 오징어 몸통 속에 밀가루를 솔솔 뿌리고 ⑤의 양념으로 속을 채운 다음에 꼬치로 입구를 막아 준다.
7. 오징어순대 전체 몸에 바늘침을 주고, 김이 오른 찜통에서 10분 동안 쪄낸 후에 식혀서 보기 좋게 썰고 나서 접시에 담는다.

빙떡

빙떡의 유래

빙떡은 메밀과 무가 어우러져 독특한 맛을 내는 음식으로, 연륜이 7백 년 가량 되는 제주 전통음식이다. 명절 때 즐겨 먹는 대표적인 음식이며 일명 멍석떡, 전기떡, 연빙, 쟁기떡 등으로 불리운다. 빙빙 마는 떡이라고 하여 빙떡이라고 불린다.

03 빙떡

요구사항

※ 밀전병은 4cm 길이로 6개를 잘라서 내시오.

1) 문제의 요구사항대로 작품이 만들어지지 않을 경우 실격 처리된다.

2) 해당 과제의 지급재료 외의 재료를 사용할 경우 득점에 관계없이 오작 처리된다.

주의사항 시험당일 요구사항에 따라 제출할 갯수를 만들어 낸다.

주재료 및 부재료

메밀가루 1컵, 물 1컵, 달걀 흰자 2개분, 소금 1/2작은술, 무 1/3개(300g)

양념 파 2작은술, 마늘 1작은술, 참기름 1작은술, 깨소금 2작은술, 소금 1/2작은술, 후춧가루 1/8작은술

조리방법

1. 메밀가루에 같은 양의 물을 붓고 달걀 흰자를 섞어서 소금 간을 하여 반죽을 하고 밀전병을 부친다. (메밀가루만 반죽하기도 한다.)
2. 무는 4cm×0.2cm×0.2cm 크기로 채 썬다.
3. 무채를 약한 불에 볶는다.
4. 밀전병에 무채를 올려놓고 직경 2.5cm 크기로 김밥 말듯이 만 후에, 4cm 길이로 잘라서 접시에 담아낸다.
5. 원래 제주도 빙떡은 밀전병을 크게 지져서 전체에 무채를 넣고 크게 말아 먹는 것인데, 외식용 음식점이나 손님상에 내놓을 때는 먹기 좋도록 작게 만든다.

밀쌈

밀쌈의 유래

밀전병에 여러가지 소를 넣고 둥글게 만 음식으로 유두절식의 하나이다. 만들기가 간편해서 모임에서 회식용으로 좋다.

04 밀쌈

요구사항

※ 밀전병에 재료를 싸서 길이 4cm 정도로 썰어 8개 정도 제출하시오.
1) 문제의 요구사항대로 작품이 만들어지지 않을 경우 실격 처리된다.
2) 해당 과제의 지급재료 외의 재료를 사용할 경우 득점에 관계없이 오작 처리된다.

주재료 및 부재료

오이 1/2개, 당근 50g, 건표고버섯 2장, 소고기 50g, 달걀 1개
소고기양념 간장 1/4작은술, 파 1/4작은술, 마늘 1/4작은술, 참기름 1/4작은술, 깨소금 1/4작은술, 후춧가루 1/8작은술
소양념 소금 1/4작은술, 참기름 1/2작은술, 깨소금 1작은술
밀전병 밀가루 1/2컵, 물 1/2컵, 소금 1/8작은술
겨자간장 간장 1작은술, 식초 2큰술, 발효겨자 1/2큰술, 설탕 1/2큰술, 소금 1/3작은술

조리방법

1. 오이는 가시를 제거하고 5cm 길이로 썰어 돌려깎기하여 5cm×0.1cm×0.1cm로 곱게 채 썬다.
2. 당근은 5cm×0.1cm×0.1cm로 곱게 채 썬다.
3. 건 표고버섯은 더운물에 불려서 기둥을 따낸 후에 가늘게 채 썰어 양념하여 둔다.
4. 소고기는 결대로 가늘게 채 썰어 양념하여 둔다.
5. 위의 재료를 각각 볶아서 식힌다.
6. 밀가루는 묽게 개어서 소금으로 간을 맞춘 후에 체에 내려서 열이 오른 팬을 기름종이로 닦아 내고, 밀전병을 넓게 부친 다음에 20cm×15cm로 썬다.
7. 달걀은 황백지단을 부쳐 채 썬다.
8. 밀전병에 밀쌈 재료를 가지런히 놓은 다음, 김밥 말듯이 직경 2cm로 말아 둔다.
9. 밀쌈 전병을 4cm 길이로 8개를 썰어서 접시에 담아 내고 겨자간장을 곁들인다.

주의사항

밀전병은 부칠 때 물에 밀가루를 섞어 개어서 바로 부치는 것보다 30여 분 실온에 두었다가 조리하면 밀가루가 충분히 수화되어 끈기와 탄력성이 증가되므로 부쳤을 때 훨씬 더 쫄깃하다.

삼색밀쌈

삼색밀쌈의 유래

삼색밀쌈은 시금치, 당근 등을 즙내 자연색을 낸 밀전병에 고기와 표고 등을 볶아서 말아 만든 음식으로 구절판을 응용한 음식이지만, 구절판과는 또 다른 멋과 맛이 있다.

05 삼색밀쌈

요구사항

※ 삼색밀쌈은 색깔별로 2cm×4cm 크기로 각각 3개씩 9개를 제출하시오. 겨자간장을 곁들여 내시오.
1) 문제의 요구사항대로 작품이 만들어지지 않을 경우 실격 처리된다.
2) 해당 과제의 지급재료 외의 재료를 사용할 경우 득점에 관계없이 오작 처리된다.

주재료 및 부재료

소고기(우둔) 80g, 표고버섯 2장, 오이 1/2개, 당근 50g, 소금 약간, 식용유 약간, 참기름 약간, 밀가루 1컵반
고기 · 표고 양념장 간장 1큰술, 설탕 1작은술, 다진 파 1/3작은술, 다진 마늘 1/3작은술, 참기름 1/2작은술, 깨소금 약간, 후춧가루 약간

조리방법

1. 당근과 오이는 반으로 나눠서 5cm 길이로 돌려 깎은 후에 곱게 채썰어 소금과 참기름으로 살짝 볶아내어 식힌다.
2. 황백지단을 부쳐 곱게 채 썬다.
3. 소고기는 결대로 가늘게 채 썰고, 표고버섯은 곱게 채 썬 다음에 각각 양념을 하여 팬에 볶아 내어 식힌다.
4. 채 썰고 남은 당근과 오이는 강판에 갈아서 즙을 낸다.
5. 밀가루는 3등분으로 반컵씩 나누어서 오이즙 3큰술과 당근즙 3큰술로 색을 내고 흰색은 물 3큰술로 반죽해서 각각 주황색, 초록색, 흰색의 밀가루 반죽을 만든다.
6. 팬에 기름을 두르고 각각의 색을 낸 반죽으로 밀전병을 얇게 부쳐서 가로 20cm, 세로 15cm 크기로 썬다.
7. 준비한 속재료를 소금 · 깨소금 · 참기름으로 간을 맞춘 후 밀전병 위에 가지런히 놓고 지름이 2cm 정도 되게 단단하게 말아서 4cm 길이로 썬다.
8. 접시에 밀쌈을 3개씩 보기 좋게 담아낸다.

메밀총떡

메밀총떡의 유래

메밀가루로 반죽하여 얇게 전병을 부치고 돼지고기와 김치를 넣고 말아 만든 음식이다. 강원도 지방의 향토음식으로 메밀전병이라고도 하는데 1600년대 말엽『주방문』에는 겸결병법이라 기록되어 있고, 1680년『요록』에는 연전병이라 하였으며, 1938년『조선요리』에 처음으로 총떡이라 하였다.

06 메밀총떡

요구사항

1) 문제의 요구사항대로 작품이 만들어지지 않을 경우 실격 처리된다.
2) 해당 과제의 지급재료 외의 재료를 사용할 경우 득점에 관계없이 오작 처리된다.

주재료 및 부재료

메밀가루 1컵, 소금 1g, 물 175g, 돼지고기(등심) 100g, 배추김치 100g, 참기름 2g, 식용유 26g,
양념장 청장 1/3작은술, 다진마늘 1/2작은술, 후춧가루 약간
초간장 간장 1큰술, 식초 1큰술, 물 1큰술

조리방법

1. 메밀가루는 체에 쳐서 소금과 물을 넣고 반죽한다. 돼지고기는 핏물을 닦고 5cm×0.3cm×0.3cm로 채 썰어 양념장을 넣고 양념하고, 김치는 속을 털어내 폭 0.3cm정도로 채 썰어서 물기를 짠 다음에 참기름과 깨소금으로 양념한다.
2. 팬을 달구어 식용유를 두르고 돼지고기를 약불에서 2분 정도 볶는다.
3. 돼지고기와 김치를 섞어 소를 만든다.
4. 팬을 달구어 메밀 반죽을 펴 놓고 약불로 낮추어 지름 20cm, 두께 0.2cm 정도로 얇게 부쳐서 2cm두께로 소를 길게 놓고 돌돌 만다.
5. 메밀총떡이 식으면 길이 4cm 정도로 8개를 썰어서 초간장과 함께 낸다.

주의사항

메밀총떡은 메밀전병으로 시험에 출제되기도 하며, 시험장에서 8개를 요구하면 8개를 낸다.

양지머리편육

양지머리편육의 유래

소의 양지를 삶아서 베보에 싸서 눌러 식힌 후, 썰어서 양념장 등에 찍어 먹는다. 술안주용으로 많이 이용된다. 편육이라고도 한다.

01 13 편육
양지머리편육

요구사항

※ 편육은 두께 0.3cm로 썰어서 재료 전량을 초간장과 함께 제출하시오.
1) 문제의 요구사항대로 작품이 만들어지지 않을 경우 실격 처리된다.
2) 해당 과제의 지급재료 외의 재료를 사용할 경우 득점에 관계없이 오작 처리된다.

주재료 및 부재료

양지머리 300g, 대파 1대, 마늘 1개, 소금 1/2큰술, 물 8컵
초간장 간장 1큰술, 식초 1/2큰술, 설탕 1/3작은술, 물 1/2큰술
겨자장 겨자가루 1/2큰술, 따뜻한 물 1/2큰술, 식초 2큰술, 설탕 1½큰술, 소금 1/2작은술, 간장 1/2작은술, 후춧가루 약간

조리방법

1. 양지머리는 찬물에 담가서 핏물을 뺀 다음, 끓는 물에 넣고 끓어오르면, 대파와 마늘편을 넣은 후에 불을 낮추어서 고기가 푹 무르도록 삶는다.
2. 겨자는 따뜻한 물에 개어 발효시켜서 겨자장을 만든다.
3. 고기가 푹 무르면 소금을 넣고 10분 정도 끓여서 고기를 건진 다음, 깨끗한 면보로 싼 후에 무거운 물건으로 눌러서 모양을 잡는다.
4. 편육이 식으면 가장자리를 다듬어 내고 2cm×4cm×0.3cm 크기로 썰어서 담는다.
5. 초간장이나 겨자장을 곁들인다.

주의사항

요구사항에 초간장을 내라고 했으면 반드시 초간장을 내야 한다.

대하잣즙무침

대하잣즙무침의 유래

대하는 찔 때 껍질째 쪄야 새우의 색이 선명하게 유지된다. 오이 · 죽순 · 편육을 넣고 잣즙으로 무친 것으로, 궁중에서 교자상에 올리는 귀한 음식이다.

01 ⑭ 숙채

대하잣즙무침

요구사항

※ 대하잣즙무침은 준비된 재료에 잣즙을 버무려서 제출하시오.
1) 문제의 요구사항대로 작품이 만들어지지 않을 경우 실격 처리된다.
2) 해당 과제의 지급재료 외의 재료를 사용할 경우 득점에 관계없이 오작 처리된다.

주재료 및 부재료

대하 2마리, 소고기 50g, 죽순 20g, 오이 60g, 생강 1쪽, 마늘 1쪽, 대파 5cm
잣즙 소스 실백 50g, 육수 2큰술, 소금 1/2작은술, 참기름 1/2작은술, 흰 후춧가루 1/8작은술

조리방법

1. 대하는 깨끗이 씻어서 등쪽의 내장을 빼고 소금과 흰 후춧가루를 뿌려 밑간한 후, 접시에 담아서 열 오른 찜통에 5분 정도 쪄서 식힌 후에 껍질을 벗겨서 반으로 갈라 저미고 육수는 체에 받쳐 놓는다.
2. 냄비에 파 · 마늘 · 생강 등을 넣고 물을 끓이다가 소고기를 삶아 낸 후 편육을 만들어서 6cm×2cm×0.3cm로 썰어 둔다.
3. 죽순과 오이도 소고기 편육과 같은 크기로 썰어서 죽순은 살짝 데쳐서 석회를 긁어내고, 오이는 소금에 약간 절인 후에 팬에서 재빨리 아삭하게 볶아 식힌다.
4. 새우 육수에 잣을 갈아 넣고 소금 · 흰 후춧가루 · 참기름을 넣어서 잣즙을 만든다.
5. 그릇에 저며 놓은 대하 · 편육 · 죽순 · 오이를 넣고 잣즙으로 버무려서 담고 잣가루를 남겼다가 위에 솔솔 뿌려 낸다.

새우겨자채

새우겨자채의 유래

새우에는 단백질이 많고 타우린, 호박산이 들어 있어서 시원한 감칠맛과 향기를 느끼게 하며 칼슘 등의 무기질과 비타민 A, B_1, B_2가 다량으로 들어 있다. 단백질은 새우의 뇌 · 정소 · 난자 등에 많이 들어 있으며 말린 새우에 더 많다. 새우를 익혔을 때에 선홍색의 색상을 나타내는 색소단백질은 조리 시에 다른 식품과의 조화를 이루게 한다.

02 새우겨자채

요구사항

※ 재료는 4cm×1cm×0.3cm 크기로 썰고 겨자장에 전량을 버무려서 제출하시오.
1) 문제의 요구사항대로 작품이 만들어지지 않을 경우 실격 처리된다.
2) 해당 과제의 지급재료 외의 재료를 사용할 경우 득점에 관계없이 오작 처리된다.
주의사항 당근은 썰어 살짝 데쳐서 사용하기도 한다. 요구사항에 데치라는 지시가 없으면 생으로 한다.

주재료 및 부재료

새우 200g, 양배추 50g, 당근 50g, 오이 1/2개, 배 50g, 밤 2개, 달걀 1개, 잣 1작은술
겨자장 겨자가루 1/2큰술, 식초 2큰술, 설탕 2큰술, 소금 1/3작은술

조리방법

1. 겨자가루는 미지근한 물에 갠 후에, 위의 재료를 섞어서 발효시킨다.
2. 새우는 내장을 제거한 후에 삶아서 껍질을 벗기고 편으로 썬다.
3. 당근과 오이는 1cm×4cm×0.3cm 크기로 썰어서 찬물에 담갔다가 물기를 제거한다.
4. 황백지단은 오이와 같은 크기로 썬다. 양배추도 같은 크기로 썰어서 찬물에 담갔다가 버무리기 전에 꺼내어서 수분을 빼 둔다.
5. 밤은 껍질을 벗긴 후에 모양대로 편썰기하고 배는 오이와 같은 크기로 썬다.
6. 위의 재료에 겨자장을 버무려 그릇에 담고 비늘잣을 얹는다.

주의사항

당근은 썰어 살짝 데쳐서 사용하기도 한다.
요구사항에 데치라는 지시가 없으면 생으로 한다.

소고기편채

소고기편채의 유래

부드러운 소고기와 아삭한 채소를 함께 즐길 수 있는 맛과 향이 담긴 정갈한 음식이다.

03 소고기편채

요구사항

※ 소고기편채는 채소를 얹어 말아서 9개를 제출하시오.

1) 문제의 요구사항대로 작품이 만들어지지 않을 경우 실격 처리된다.
2) 해당 과제의 지급재료 외의 재료를 사용할 경우 득점에 관계없이 오작 처리된다.

주재료 및 부재료

소고기(안심) 200g, 찹쌀가루 1/2컵, 오이 1/4개, 당근 40g, 깻잎 5장, 대파 1/2대, 양파 50g, 팽이버섯 30g, 무순 20g

소고기 밑간 소금 1작은술, 마늘즙 1작은술, 맛술 1큰술, 후춧가루 약간

겨자장 겨자가루 1/2큰술, 식초 2큰술, 설탕 1큰술, 소금 1/3작은술

조리방법

1. 소고기는 기름기가 없는 부위로 준비하여 7cm×7cm×0.1cm 크기로 얇게 포를 떠서 밑간을 한다.
2. 오이는 5cm 길이로 돌려 깎아서 가늘게 채 썰고, 당근과 깻잎도 오이 크기로 썬다.
3. 양파는 가늘게 채 썰어 찬물에 담가서 매운맛을 뺀다.
4. 소고기에 체에 내려 곱게 만든 찹쌀가루를 묻힌 다음, 고기에 찹쌀가루가 흡수될 때까지 둔다.
5. 겨자는 발효시켜서 겨자장을 만든다.
6. 달군 팬에 식용유를 약간 두르고 센 불에 찹쌀가루를 묻히고, 재워 둔 고기편을 재빨리 지져 낸 후에 식힌다.
7. 지져 낸 고기에 준비한 야채를 놓고 돌돌 만다.
8. 접시에 돌려 담고 겨자장을 곁들인다.

수삼말이

수삼말이의 유래

더운 계절에 원기회복을 위한 음식으로 전통 혼례음식에서도 이용된다.

04 수삼말이

요구사항

1) 문제의 요구사항대로 작품이 만들어지지 않을 경우 실격 처리된다.
2) 해당 과제의 지급재료 외의 재료를 사용할 경우 득점에 관계없이 오작 처리된다.

주재료 및 부재료

수삼, 밤, 대추, 오이, 배, 깨, 물, 식초, 소금, 설탕
겨자장 발효겨자 1/2큰술, 식초 2큰술, 설탕 1큰술, 소금 1/3작은술

조리방법

1. 수삼은 깨끗이 씻어서 3cm 길이로 썰어 돌려깎기 해서 단촛물에 담궈 둔다.
2. 밤과 배는 채 썰어 설탕물에 담궈 둔다.
3. 오이와 대추는 돌려깎기해서 설탕을 뿌려 둔다.
4. 단촛물에 담궈둔 수삼은 물기를 제거하고 채썬 재료들을 말아서 완성한다.
5. 겨자는 발효해서 간장, 식초, 설탕을 넣어 곁들여 낸다.

닭겨자냉채

닭겨자냉채

여성들이나 성장기 어린이들에게 영양간식으로 좋으며, 다이어트 음식으로도 좋다.

05 닭겨자냉채

요구사항

※ 닭겨자냉채의 재료는 4cm×1cm×0.3cm의 골패형으로 썰고, 재료들을 무친 후에 담아 제출하시오.
1) 문제의 요구사항대로 작품이 만들어지지 않을 경우 실격 처리된다.
2) 해당 과제의 지급재료 외의 재료를 사용할 경우 득점에 관계없이 오작 처리된다.

주재료 및 부재료

닭 가슴살 150g, 오이 1/4개, 당근 40g, 배 1/4개, 밤 2개, 달걀 1개, 소금 약간, 후춧가루 약간
닭고기 삶기 마늘 2쪽, 생강 1/2쪽, 대파 1/2대, 물 1컵
단촛물 식초 3큰술, 설탕 3큰술, 소금 2작은술, 생수 4/3컵
겨자장 겨자 가루 1큰술, 따뜻한 물 1큰술, 설탕 2큰술, 식초 3큰술, 소금 1작은술, 연유 1작은술, 간장 약간

조리방법

1. 찬물에 대파 · 마늘 · 생강을 넣고 끓으면 닭을 넣어 삶은 후에 식혀서 0.5cm 굵기로 찢어서 단촛물에 10분간 담군다.
2. 오이 · 당근은 4cm×1cm×0.3cm 크기로 썰고 단촛물에 담가 놓는다.
3. 배는 오이와 같은 크기로 썰고, 밤은 편으로 썰어 설탕물에 담근다.
4. 달걀은 황 · 백으로 나누어 지단을 부친 후에 오이 크기로 썬다.
5. 겨자는 따뜻한 물로 되직하게 개어 발효시켜 매운맛이 나면 겨자장을 만든다.
6. 채소의 물기를 제거하여 닭과 함께 겨자장에 무쳐서 담아낸다.

주의사항

지급재료목록에 죽순이 없으면 넣지 않는다. 사진 속에는 죽순이 들어갔으나
죽순은 호텔 등 외식음식점에서 사용이 가능하다.

죽순채

죽순채

죽순은 지하경에서 돋아나오는 어린 싹을 식용하며, 단백질과 비타민 B_1, B_2, 무기질이 풍부하다. 또한 섬유질이 많이 함유되어 있기 때문에 다이어트식품으로 좋다. 죽순에는 옥살산, 호모겐티신산(homogentisic acid) 등이 있어 좋지 않은 맛을 주는데, 이러한 잡맛을 제거하는 데는 삶을 때에 쌀뜨물을 이용하는 것이 가장 좋다.

06 죽순채

요구사항

※ 죽순채의 재료는 5cm 길이로 채 썰어 완성하여 제출하시오.

1) 문제의 요구사항대로 작품이 만들어지지 않을 경우 실격 처리된다.

2) 해당 과제의 지급재료 외의 재료를 사용할 경우 득점에 관계없이 오작 처리된다.

주재료 및 부재료

죽순 100g, 미나리 50g, 소고기 50g, 숙주 50g, 건표고(불린것) 1장, 홍고추 1/2개, 달걀 1개

소고기 양념 간장 1/2큰술, 설탕 1작은술, 파 1작은술, 마늘 1/2작은술, 깨소금 1작은술, 참기름 1작은술, 후춧가루 1/8작은술

초간장 양념 간장 1큰술, 식초 1큰술, 설탕 1작은술

조리방법

1. 죽순은 흰 석회가 떨어지도록 잘 씻어서 빗살 모양으로 5cm 길이로 썰고 나서 끓는 물에 데친 다음, 소금 간을 약간 하고 살짝 볶는다.
2. 소고기는 6cm 길이로 곱게 채 썰어서 양념하여 볶고, 표고도 불린 후에 채 썰어 소고기 양념하여 볶는다.
3. 미나리는 끓는 물에 소금을 약간 넣고 살짝 데친 후에 5cm로 썰고 숙주는 머리와 꼬리를 떼고 데쳐낸다.
4. 홍고추도 5cm 정도 길이로 채 썰어 둔다.
5. 준비한 재료들을 합하여 초간장 양념으로 살짝 버무린다.
6. 황백지단채를 고명으로 올린다.

월과채

월과채의 유래

『규합총서』에는 월과라고 소개되어 있으며 박과의 한해살이 덩굴풀로 참외의 한 변종이며 열매는 오이처럼 식용으로 사용한다. 월과 대신에 애호박을 쓰기도 한다.

07 월과채

요구사항

※ 월과채는 모든 재료를 가볍게 버무려서 잣가루를 뿌리고 제출하시오.
1) 문제의 요구사항대로 작품이 만들어지지 않을 경우 실격 처리된다.
2) 해당 과제의 지급재료 외의 재료를 사용할 경우 득점에 관계없이 오작 처리된다.

주재료 및 부재료

애호박 2/3개, 소금 1/2작은술, 소고기(우둔) 50g, 건표고버섯(불린것) 2장, 느타리버섯 50g, 홍고추 1/2개, 찹쌀가루 1/2컵, 달걀 1개, 밀가루 1T

소고기 · 버섯 양념 간장 1작은술, 설탕 1/4작은술, 파 1/2작은술, 마늘 1/4작은술, 참기름 1/2작은술, 깨소금 1/2작은술, 후춧가루 1/8작은술

조리방법

1. 애호박은 길게 반으로 썰어 씨를 빼고 눈썹 모양으로 고르게 썬 다음, 소금에 절이고 물기를 짠다.
2. 소고기는 다져서 양념하여 재우고, 표고버섯은 불린 후에 물기를 짜고 채 썰어 양념한다.
3. 느타리버섯은 끓는 물에 소금을 넣고 데쳐서 찬물에 헹구어 물기를 짜고 결대로 찢어서 소금과 참기름으로 무쳐 놓는다.
4. 홍고추는 반으로 갈라서 씨를 빼고 4×0.2×0.2cm로 채 썬다.
5. 찹쌀가루는 약간의 밀가루와 섞어 소금 간을 하여 익반죽해서 얇게 찰부꾸미를 부친 다음, 5cm×0.5cm×0.3cm로 굵게 채 썬다.
6. 달걀은 황 · 백으로 나누어서 부꾸미와 같은 크기로 썬다.
7. 재료를 각각 볶아서 식힌다.
8. 모든 재료를 골고루 섞어 담아낸다.

탕평채

탕평채의 유래

청포묵은 녹두의 전분으로 만든 묵이다. 조선시대 때 영조가 대신들이 당쟁으로 싸움을 많이 하자 탕평채 음식을 만들어 연회 시에 먹게 함으로써 대신들을 서로 화해시키고 정책을 상의했다는 일화가 전해오는 음식이다.

08 탕평채

요구사항

※ 청포묵 무침은 0.3cm×0.3cm×7cm로 채 썰고 그 외 부재료는 5cm로 썰어서 초간장으로 무친 후에 완성하여 제출하시오.

1) 문제의 요구사항대로 작품이 만들어지지 않을 경우 실격 처리된다.
2) 해당 과제의 지급재료 외의 재료를 사용할 경우 득점에 관계없이 오작 처리된다.

주재료 및 부재료

청포묵 150g, 숙주 50g, 소고기 50g, 오이 1/2개, 달걀 1개, 김 1/2장

소고기 양념 간장 1/3작은술, 설탕 1/5작은술, 다진 파 1/5작은술, 다진 마늘 1/5작은술, 깨소금, 참기름, 후춧가루

초간장 간장 1작은술, 식초 1/2작은술, 설탕 1/3작은술

조리방법

1. 청포묵은 0.4cm×0.4cm×7cm로 썬 후에, 데쳐서 소금과 참기름으로 밑간을 한다.
2. 소고기는 4~5cm 길이로 채 썰어서 양념하여 국물이 없어질 때까지 볶는다.
3. 숙주는 거두절미하고 물기를 제거하여 소금과 참기름을 넣어 무치고, 오이는 돌려 깎아 채 썰어서 소금에 살짝 절여 물기를 제거하고 살짝 볶는다.
4. 황백지단을 얇게 부쳐서 4cm 길이로 채 썰고, 김은 구워서 부순다.
5. 청포묵 · 숙주 · 오이 · 소고기를 합하여 초간장으로 무쳐 그릇에 담고 김과 황백지단을 고명으로 얹는다.

깨즙채

깨즙채

깨즙채는 닭육수에 깨를 갈아 만든 소스에 여러 가지 재료를 채 썰어서 버무린 냉채의 일종이다.

09 깨즙채

요구사항

※ 깨즙채는 깨즙을 곱게 만든 다음, 준비한 재료 위에 뿌려서 제출하시오.
1) 문제의 요구사항대로 작품이 만들어지지 않을 경우 실격 처리된다.
2) 해당 과제의 지급재료 외의 재료를 사용할 경우 득점에 관계없이 오작 처리된다.

주재료 및 부재료

닭고기 100g, 양상추 1/2포기, 셀러리 1줄기, 오이 1/4개, 물 1컵, 마늘 1톨, 생강 1/2톨, 파 10g, 밤 2개, 달걀 1개
깨즙 소스 볶은 깨 1/2컵, 물 1/2컵, 닭육수 1/2컵, 식초 2큰술, 설탕 1큰술, 소금 1작은술

조리방법

1. 양상추는 떡잎을 떼어 내고 씻어 손으로 뜯어서 찬물에 담가 놓는다.
2. 셀러리는 껍질을 벗겨 놓고, 오이도 반으로 길게 갈라서 4cm×1cm×0.3cm가 되도록 어슷하게 썬다.
3. 닭은 향미채소를 넣고 삶아서 살은 굵직하게 뜯고, 국물은 체에 밭쳐 놓는다.
4. 밤은 0.3cm로 편썰기한다.
5. 달걀은 황 · 백으로 나누어서 도톰하게 지단을 부친 후에 4cm×0.1cm의 골패형으로 썬다.
6. 믹서에 깨를 넣고 물과 함께 곱게 갈아 체에 밭친 후에 닭국물을 섞어서 간을 맞추어 깨즙 소스를 만든다.
7. 양상추를 볼에 담아서 셀러리 · 닭살 · 밤 · 오이 · 지단의 고명을 보기 좋게 얹어 깨즙 소스를 뿌린다.

어채

어채의 유래

『규합총서』, 『고려대규합총서』, 『시의전서』 등 많은 요리서에 '어채'가 거론된다. 채소와 여러 가지 어 · 육류가 들어갔으므로 일종의 '잡숙채'라 하겠는데, 생선이 주재료가 되기 때문에 숙회의 일종으로 '어채'라고 한다. 우리나라 문헌에서는 『동국세시기』와 『진연의궤』에 나와 있다.

10 어채

요구사항

※ 어채의 재료는 2cm×4cm 크기로 썰며, 준비한 모든 재료를 접시에 담고, 초고추장은 잣가루를 뿌려서 제출하시오.

1) 문제의 요구사항대로 작품이 만들어지지 않을 경우 실격 처리된다.
2) 해당 과제의 지급재료 외의 재료를 사용할 경우 득점에 관계없이 오작 처리된다.

주재료 및 부재료

흰살생선 200g, 홍고추 1개, 오이 1/2개, 표고버섯 2장, 석이버섯 2장, 달걀 1개, 녹말가루 1/3컵
초고추장 고추장 1큰술, 식초 1큰술, 설탕 2작은술, 마늘즙 1작은술, 잣가루 1/2작은술, 생강즙 1/2작은술

조리방법

1. 생선은 약 0.7cm 정도로 포를 떠서 2cm×4cm 크기로 썬 후에 소금과 후춧가루를 뿌린다.
2. 홍고추 · 오이 · 표고버섯은 손질하여 4cm×2cm×0.5cm로 썰어 놓는다.
3. 석이버섯은 따뜻한 물에 불린 후에 비벼 씻어 뒷면의 이끼와 돌을 따 내고 큰 것은 떼어 놓는다.
4. 달걀을 풀어서 황백지단으로 도톰하게 부치고, 홍고추와 같은 크기로 썬다.
5. ①~③의 재료에 녹말가루를 묻혀서 녹말가루가 수분을 완전히 흡수하도록 둔다.
6. 끓는 물에 생선을 먼저 넣고 생선이 뜨면 건진 다음, 찬물에 헹구어 식히고 나머지 재료도 같은 방법으로 2~3회 끓는 물에 튀겨 낸다.
7. 접시에 오색의 고명을 색색이 맞추어서 돌려 담은 후에 가운데에 익힌 생선 8개를 담는다.
8. 초고추장을 곁들인다.

주의사항

초고추장엔 요구사항대로 잣가루를 꼭 뿌려서 제출해야 하고,
재료에 전분을 고루 묻혀 데쳐야 한다.

미나리강회

미나리강회의 유래

술안주용으로 좋으며, 색감이 좋아서 예로부터 상차림에 어울리는 음식으로 여겨졌다.

01 ⑮ 회류
미나리강회

요구사항

※ 미나리강회는 1.5cm×5cm×0.5cm 전후의 크기로 하여 완성된 강회 8개와 초고추장을 곁들여서 제출하시오.

1) 문제의 요구사항대로 작품이 만들어지지 않을 경우 실격 처리된다.
2) 해당 과제의 지급재료 외의 재료를 사용할 경우 득점에 관계없이 오작 처리된다.

주재료 및 부재료

미나리 8줄기, 소고기 70g, 홍고추 1개, 달걀 1개
초고추장 고추장 1작은술, 식초 1작은술, 설탕 1/2작은술, 물 1작은술

조리방법

1. 소고기는 끓는 물에 삶아 면보에 싼 후에 눌러서 식히고 1.5cm×5cm×0.5cm로 썬다.
2. 미나리는 다듬고 나서 줄기 부분만 끓는 물에 소금을 넣고 살짝 데친 후, 찬물에 헹구어서 물기를 짠다. 굵은 것은 반으로 가른다.
3. 달걀은 황백지단을 두껍게 부친 후에 폭 1.5cm, 길이 5cm로 썬다.
4. 홍고추는 씨를 빼고 폭 0.5cm, 길이 4cm로 썬다.
5. 편육 · 백지단 · 황지단 · 홍고추의 순으로 포개어 잡고 미나리로 가운데를 감는다.
6. 접시에 담고 초고추장을 만들어서 곁들인다.

주의사항

시험장에선 초고추장을 꼭 제출한다. (요구사항의 지시대로 한다.)

무말이강회

무말이강회의 유래

『연세 규곤요람』과『시의전서』등 한말에야 강회가 비로소 나타난다. 재료를 준비하여 상투 모양으로 도르르 감는 것을 말하며, 초고추장이나 겨자장을 찍어 먹는다.

02 무말이강회

요구사항

※ 완성된 무말이강회는 7개를 제출하시오.
1) 문제의 요구사항대로 작품이 만들어지지 않을 경우 실격 처리된다.
2) 해당 과제의 지급재료 외의 재료를 사용할 경우 득점에 관계없이 오작 처리된다.
주의사항 시험장 요구사항의 숫자만큼만 제출하시오.

주재료 및 부재료

무 200g, 오이 1/2개, 표고버섯 1개, 셀러리 50g, 당근 30g, 무순 10g, 팽이버섯 1/3봉
단촛물 식초 1.5큰술, 설탕 1.5큰술, 소금 1작은술, 물 1/2컵
채소 양념 소금 1/2작은술, 설탕 1작은술

조리방법

1. 무는 직경 7cm, 두께 0.1cm로 얇게 떠서 단촛물에 재어 놓는다.
2. 오이는 4cm로 썰어서 돌려깎기하여 4cm×0.1cm×0.1cm로 곱게 채 썬다.
3. 표고는 따뜻한 물에 불려서 기둥을 따내고 가늘게 채 썬다.
4. 셀러리와 당근도 오이와 같은 크기로 채 썬다.
5. ②, ③, ④를 섞어 소금과 설탕을 넣고 간을 맞춘다.
6. ①의 물기를 짜서 펼쳐 놓고 ⑤를 가지런히 놓아서 무순과 팽이버섯을 올린 후에 원추형이 되도록 말아서 접시에 담는다.

꼬막회

꼬막회

꼬막에는 양질의 단백질과 비타민 및 필수아미노산이 균형있게 들어 있고, 특히 철분과 각종 무기질이 다량 함유되어 있어서 예로부터 어른에게는 조혈강장제로 애용되었으며, 어린이의 성장발육에도 효과가 크다.

03 꼬막회

요구사항

※ 꼬막은 해감하여 사용하시오. 껍질을 분리하여 양념한 후, 다시 위에 올려서 제출하시오.
1) 문제의 요구사항대로 작품이 만들어지지 않을 경우 실격 처리된다.
2) 해당 과제의 지급재료 외의 재료를 사용할 경우 득점에 관계없이 오작 처리된다.

주재료 및 부재료

꼬막 300g, 실고추 1g
양념장 진간장 3큰술, 파 1큰술, 마늘 1작은술, 고춧가루 1/2작은술, 생강즙 1/4작은술, 깨소금 1큰술, 참기름 2작은술

조리방법

1. 꼬막은 싹싹 비벼서 깨끗이 씻는다.
2. ①의 꼬막을 끓는 소금물에 넣고 한쪽 방향으로 저어 가며 잠깐 익힌 다음, 입이 벌어지기 직전에 건져서 식힌다.
3. 간장에 갖은 양념을 넣고 고루 섞어서 양념간장을 만든다.
4. 꼬막은 살이 붙은 쪽은 남기고 반대쪽의 껍질을 뗀다.
5. 접시에 ④를 가지런히 담은 후에 준비된 양념간장을 조금씩 끼얹어 낸다.

삼합초(장과)

삼합초(장과)의 유래

세 가지 해산물을 간장으로 달고 짭조름하게 조린 음식으로, 예로부터 술안주나 잔치음식 등으로 주로 올렸던 고급음식이다.

01

16 초류

삼합초(장과)

요구사항

※ 삼합초(장과)는 촉촉하게 보이도록 국물을 끼얹고 재료를 전량 제출하시오.
1) 문제의 요구사항대로 작품이 만들어지지 않을 경우 실격 처리된다.
2) 해당 과제의 지급재료 외의 재료를 사용할 경우 득점에 관계없이 오작 처리된다.

주재료 및 부재료

생홍합 80g, 전복 80g, 소고기(우둔) 50g, 불린 해삼 50g, 잣 1작은술, 대파 1/2대, 마늘, 생강
소고기 양념 간장 1작은술, 설탕 1/2작은술, 다진 파 1작은술, 다진 마늘 1/2작은술, 참기름 약간, 깨소금 약간
조림장 간장 2큰술, 설탕 1큰술, 대파 1/2대, 마늘 1개, 깨소금 약간, 참기름 약간, 물 3큰술, 후춧가루 약간, 물녹말(녹말 1작은술, 물 2작은술)

조리방법

1. 전복은 껍질째 솔로 깨끗이 씻고 살 바깥쪽의 검은 막을 굵은소금으로 문질러서 씻어 낸 다음, 껍질과 살 사이에 칼을 넣고 살을 떼어 낸 후에 내장을 제거하고 얇게 저민다.
2. 홍합은 안쪽의 잔털을 제거하고 옅은 소금물에 흔들어 씻어서 끓는 물에 데치고 찬물로 헹군다.
3. 불린 해삼은 길이로 반을 잘라서 내장을 빼고 깨끗이 씻어서 4cm 길이로 썬다.
4. 소고기는 홍합 크기로 저며서 양념을 한다.
5. 대파 흰 부분은 3cm 길이로 토막을 내고 마늘은 편으로 썬다.
6. 잣가루를 만든다.
7. 냄비에 조림장을 넣고 끓으면 양념한 소고기를 넣어서 조리다가 홍합 · 전복 · 해삼을 넣고 국물을 끼얹어 가며 서서히 조린다.
8. 국물이 자작해지면 물녹말을 넣어 섞은 다음에 참기름과 후춧가루를 넣고 마무리한다.
9. 그릇에 담은 다음에 잣가루를 만들어 뿌린다.

전복초

전복초의 유래

『훈몽자회』에 초(炒)란 원래 볶는다는 뜻이 있으나, 조림처럼 조리다가 윤기가 나도록 한다고 기록되어 있다.

02 전복초

요구사항

※ 해감을 시켜서 조리한다. 전량을 제출한다.
1) 문제의 요구사항대로 작품이 만들어지지 않을 경우 실격 처리된다.
2) 해당 과제의 지급재료 외의 재료를 사용할 경우 득점에 관계없이 오작 처리된다.

주재료 및 부재료

전복 200g, 은행 6알, 참기름 1/4작은술, 밤 2개, 대추 3개, 잣 5개
조림장(2큰술) 간장 2큰술, 설탕 1.5큰술, 물 2큰술, 파 1/4대, 마늘 1톨, 생강 1/3쪽

조리방법

1. 전복은 껍질과 내장을 떼어 내고 솔로 해감한 후에 마름모꼴 모양으로 0.3cm 간격의 칼집을 넣고 2~4 등분한다. (전복 껍질은 말끔히 씻어서 그릇으로 이용한다.)
2. 밤은 껍질을 깐 후에, 속껍질도 다듬고, 대추는 씨를 빼고 손질한 후에 속에 잣을 넣어 둔다.
3. 은행은 달구어진 팬에 기름을 두르고 파랗게 볶아서 속껍질을 벗긴다.
4. 조림장은 재료를 큼직하게 썰고 혼합하여 잠깐 끓여서 체에 밭친다.
5. 달구어진 팬에 기름을 두르고 전복을 넣어 볶다가 조림간장으로 재빨리 뒤적이듯이 볶아 낸다.
6. 전복이 반쯤 익으면 밤과 대추를 넣고 함께 조린다.
7. 참기름을 두르고 손질한 전복을 껍질에 조금씩 담은 후에 잣가루 고명을 뿌린다.

주의사항

시험장에서 전복 크기를 2~3cm로 자르라고 하면 잘라서 조리한다.

홍합초

홍합초

홍합초에서 '초'란 국물 없이 윤기가 나도록 달게 조리는 음식을 뜻한다.

03 홍합초

요구사항

※ 완성된 홍합초를 제시하되, 촉촉하게 보이도록 국물을 약간 끼얹어 내시오.
주어진 홍합은 모두 제시하시오. 잣가루를 뿌려서 내시오.

1) 문제의 요구사항대로 작품이 만들어지지 않을 경우 실격 처리된다.
2) 해당 과제의 지급재료 외의 재료를 사용할 경우 득점에 관계없이 오작 처리된다.

주재료 및 부재료

생홍합(굵고 싱싱한 것) 100g, 잣 1작은술, A4용지 1장
양념 대파 흰 부분(4cm 정도) 1토막, 깐 마늘 2쪽, 생강 반쪽, 진간장 1½큰술, 검은 후춧가루 2g, 설탕 2작은술, 생강 15g, 참기름 1작은술

조리방법

1. 생홍합은 안쪽의 수염 등 잔털을 제거하고 소금물에 흔들어 씻은 후에 끓는 물에 살짝 데친다.
2. 마늘과 생강은 편으로 썰고 파는 2cm 길이로 썰어 둔다.
3. 냄비에 양념장과 물 2큰술을 넣고 끓이다가 데친 홍합을 넣고 끓인다.
4. 중간 정도 조려지면 생강과 마늘을 넣고 중불로 줄인 후에 파를 넣어서 국물을 끼얹고 윤기 나게 조린다.
5. 국물이 조려지면 후춧가루와 참기름을 넣어 고루 섞는다.
6. 국물이 1큰술 정도가 되면 불을 끄고 그릇에 색을 맞추어 담고 나서 국물을 끼얹은 후 잣가루를 뿌린다.

주의사항

① 뚜껑을 열고 조려야 윤기가 난다.
② 잔털 등 이물질을 완전히 제거해 준다.
③ 잣가루를 뿌린다.

삼색나물

삼색나물의 유래

예로부터 제삿상에 올렸으며, 고사리는 봄철 햇고사리가 맛이 있으며, 석회질이 많아서 뼈와 치아에 좋고 섬유질이 많아 정장효과가 있는 좋은 식품이지만, 강력한 비타민 B_1 분해효소가 들어 있기 때문에 전분을 주식으로 하는 우리의 식생활에서는 티아민(비타민 B_1) 부족증을 초래할 수 있으므로 너무 많이 먹지 않는 것이 좋다.

01

17 나물류

삼색나물

요구사항

※ 도라지는 소금에 우려서 사용하시오. 고사리는 충분히 삶아서 손질하여 조리하시오.

1) 문제의 요구사항대로 작품이 만들어지지 않을 경우 실격 처리된다.

2) 해당 과제의 지급재료 외의 재료를 사용할 경우 득점에 관계없이 오작 처리된다.

주재료 및 부재료

고사리나물 고사리 200g, 참기름 1작은술, 국간장 2작은술, 다진 마늘 1작은술, 다진 파 1작은술, 참기름 1큰술, 후춧가루 1/8작은술

도라지나물 통도라지 200g, 파 2작은술, 다진 마늘 1작은술, 생강 1/6작은술, 깨소금 1작은술, 참기름 1큰술, 국간장 2작은술, 물 3큰술, 소금 1작은술

시금치나물 시금치 200g, 국간장 2작은술, 다진 파 1작은술, 다진 마늘 1작은술, 깨소금 2작은술, 참기름 1큰술, 후춧가루 1/8작은술, 물 3큰술, 진간장 2작은술

조리방법

1. 말린 고사리는 하룻밤 물에 불렸다가 충분히 연하게 될 때까지 삶아서 물에 담가 놓는다. 삶은 고사리의 줄기가 억세므로 단단한 부분을 다듬어서 5cm 정도의 길이로 잘라 놓는다.
2. 시금치도 다듬어서 살짝 삶아 헹군다.
3. 도라지도 얇게 채 쳐서 소금으로 조물락거린 뒤에 헹구어 놓는다.
4. 파와 마늘을 곱게 다지고 실고추는 3cm 길이로 끊는다.
5. 달구어진 팬에 식용유를 두르고 각각의 나물을 볶다가 양념을 넣고 물 3큰술을 넣은 후에 소금과 간장으로 간을 맞춘다. 도라지는 소금으로만 간한다.
6. 나물이 각각 익으면 깨소금, 참기름을 넣고 고루 섞어서 그릇에 담는다. 각각 따로 볶아서 식히고 그릇에 함께 담는다.

보름나물(9가지)

보름나물의 유래

보름음식 9가지 나물과 오곡밥은 겨울 동안 부족한 영양을 보충하기 위한 조상들의 지혜도 담겨 있지만 액운을 멀리하기 위한 벽사의 의미도 담겨 있는 전통 명절 음식이다.

02 보름나물(9가지)

요구사항

1) 문제의 요구사항대로 작품이 만들어지지 않을 경우 실격 처리된다.
2) 해당 과제의 지급재료 외의 재료를 사용할 경우 득점에 관계없이 오작 처리된다.

주재료 및 부재료

나물류(삶거나 데쳐 각각 200g)–가지오가리, 호박오가리, 박오가리, 표고, 고사리, 도라지, 시래기, 건취나물, 토란대

양념 다진 대파 흰 부분 3큰술, 다진 마늘 3큰술, 생강 1큰술, 깨소금 3큰술, 참기름 1/2컵, 청장 1컵, 물 2컵, 소금 2큰술, 들기름 1컵

조리방법

1. 말린 고사리는 하룻밤 물에 불렸다가 충분히 연해질 때까지 삶아서 그대로 식힌 다음, 물에 담가 놓는다. 토란대는 삶아서 2시간 정도 물에 담갔다가 헹군다. 가지도 잘 불려서 헹군다. 시래기는 충분히 삶아서 5시간 이상 물에 담가 놓은 것으로 조리한다.
2. 호박오가리는 너무 오래 불리지 말고 만졌을 때 쫄깃거리면 불림을 멈추고 여러 번 헹군다.
3. 도라지도 얇게 채 쳐서 소금으로 조물락하여 헹궈 놓는다.
4. 파 · 마늘 · 생강을 곱게 다진다. 1년 정도 숙성된 청장과 들기름을 준비한다.
5. 달구어진 팬에 들기름(참기름)을 두르고 각 나물을 볶다가 물 3~5큰술을 넣은 후에 청장 1큰술과 파와 다진 마늘 1/2작은술을 넣고 한 번 더 볶는다. 도라지는 소금으로만 간을 한다.
6. 나물이 각각 익으면 짧게 끊은 실고추와 깨소금을 넣고 고루 섞어서 그릇에 담는다. 각각 따로 볶아서 식힌 나물들을 그릇에 함께 담아낸다.
7. 전라도 지역에서는 들깨를 거피하여 가루낸 뒤에 나물(시래기나물, 호박오가리, 토란대) 등에 들깨즙을 만들어서 섞어 볶는다.

※ 영양도 좋고 맛있기 때문에 요즈음에는 지역에 상관없이 가정에서 많이 조리해 먹는다.

애호박나물

애호박나물의 유래

반달모양으로 썰은 애호박에 새우젓국물을 넣고 만드는 나물이다. 「규합총서」에는 "주먹같이 어리고 연한 호박을 갓 따서 두께를 알맞게 썬다."라고 기록되어 있다.

03 애호박나물

요구사항

1) 문제의 요구사항대로 작품이 만들어지지 않을 경우 실격 처리된다.
2) 해당 과제의 지급재료 외의 재료를 사용할 경우 득점에 관계없이 오작 처리된다.

주재료 및 부재료

애호박(중) 한 개 300g, 참기름 적량,
양념 새우젓 1큰술, 다진파 1큰술, 다진마늘 1작은술, 참기름 1큰술, 깨소금 1작은술, 실고추 약간

조리방법

1. 애호박은 반으로 갈라서 씨를 빼고 반달 모양으로 썬 다음에, 소금에 절였다가 찬물에 헹구어 물기를 제거해 놓는다.
2. 실고추는 3cm로 자른다.
3. 새우젓은 다져 놓는다.
4. 번철에 기름을 두르고 애호박을 볶고, 양념을 넣고 볶다가 다진 새우젓을 넣는다.
5. 그릇에 담고 실고추와 통깨를 고명으로 얹어 낸다.

도라지 대추나물

도라지 대추나물의 유래

도라지는 길경이라고도 하며 한방에서는 한약재로 사용한다. 도라지는 암의 증식을 지연시킨다는 국내 학자의 연구결과도 있다. 기관지 등 목질환을 예방하고 치료하기도 한다.

04 도라지 대추나물

요구사항

※ 도라지는 소금에 우려내서 사용하시오.

1) 문제의 요구사항대로 작품이 만들어지지 않을 경우 실격 처리된다.

2) 해당 과제의 지급재료 외의 재료를 사용할 경우 득점에 관계없이 오작 처리된다.

주의사항 시험장에선 대추가 안 나올 수도 있다.

주재료 및 부재료

도라지 2뿌리, 소금 1작은술, 대추 3개, 파 1/5작은술, 마늘 1/5작은술, 설탕 약간, 깨소금 약간, 참기름 1큰술, 식용유 약간

조리방법

1. 도라지는 껍질을 벗겨 내고 길이 5cm, 두께 0.3cm로 썰어 소금물에 주물러 담가 놓는다.
2. 파와 마늘은 다지고, 마른 대추는 씨를 빼고 밀대로 얇게 민 후에 채 썰어 둔다.
3. 냄비에 식용유를 두르고 도라지를 넣고 볶는다. 파 · 마늘 · 소금 · 설탕을 넣고 볶다가 국물을 약간 넣고 도라지가 익으면 대추채를 넣고, 깨소금과 참기름으로 간하여 낸다.

취나물

취나물

취나물은 단백질, 칼슘, 철, 인, 비타민 B_1, B_2 등이 함유되어 있는 알칼리성 식품으로 맛과 향기가 뛰어나다. 취나물은 혈액순환을 촉진시키고 콜레스테롤을 완화해 주는 식품으로 겨우내 땅속의 기운을 받고 봄에 싹을 내어 자란 식품이며 사람에게는 영양과 함께 땅의 기운을 전해주는 귀한 식품이다.

05 취나물

요구사항

※ 취나물은 깨소금을 뿌리고 그릇에 담아서 제출하시오.
1) 문제의 요구사항대로 작품이 만들어지지 않을 경우 실격 처리된다.
2) 해당 과제의 지급재료 외의 재료를 사용할 경우 득점에 관계없이 오작 처리된다.

주재료 및 부재료

취나물 200g, 다진 파 2작은술, 다진 마늘 1작은술, 국간장 2작은술, 식용유 1/2작은술, 깨소금 1/2큰술, 참기름 1큰술

조리방법

1. 취는 어린 것으로 고른 후에 줄기를 떼어 내고 잎만 손질하여 끓는 소금물에 넣어서 살짝 데쳐 낸다.
2. 데친 취나물은 찬물에 담가 떫은맛을 우려내고 물기를 꼭 짠다.
3. 취나물에 다진 파, 다진 마늘, 국간장을 넣고 간을 하여 조물조물 무친 후에 살짝 볶아서 깨소금과 참기름을 넣어 다시 한 번 버무린다.
4. 그릇에 담아낸다.

주의사항

시험장에선 통깨를 꼭 뿌려서 제출한다.

구절판

구절판의 유래

구절판은 진(젖은) 구절판과 건(마른) 구절판의 2가지로 나눈다. 구절판은 요리를 담는 용기 이름을 대신하기도 하는데, 둘레에 8개의 칸과 가운데 1개의 칸으로 모두 9가지를 담을 수 있게 되어 있는 목기로, 예로부터 나전칠기 미술공예품으로도 귀하게 여긴다. 젖은 구절판은 사진처럼 육류와 채소류를 볶아 만든 것이고, 건 구절판은 견과류 및 한과류와 육포 등 마른안주를 담은 음식을 말한다.

06 구절판

요구사항

※ 밀전병은 지름 6cm 크기로 7개 만드시오.
채소, 고기, 지단은 0.2cm×0.2cm×5cm로 곱게 채 썰어서 완성 후에 제출하시오.

1) 문제의 요구사항대로 작품이 만들어지지 않을 경우 실격 처리된다.
2) 해당 과제의 지급재료 외의 재료를 사용할 경우 득점에 관계없이 오작 처리된다.

주재료 및 부재료

소고기(우둔) 100g, 건표고버섯 5개, 오이 150g, 당근 80g, 숙주 100g, 달걀 3개
소고기 양념 간장 1작은술, 설탕 1/2작은술, 파 1작은술, 마늘 1/2작은술, 깨소금 1작은술, 참기름 1/2작은술, 후춧가루 1/8작은술
밀전병 밀가루 1컵, 소금 1/3작은술, 물 1¼컵
겨자장 간장 1작은술, 식초 1큰술, 설탕 1작은술, 물 1/2큰술, 발효겨자 1/2작은술, 소금 1/2작은술

조리방법

1. 소고기는 가늘게 채 썰어서 고기 양념장으로 양념한다.
2. 표고는 불렸다가 기둥을 떼어내고 가늘게 채 썰어서 간장과 참기름을 넣고 무친다.
3. 오이는 4cm로 썰어서 돌려깎기하여 5cm×0.2cm×0.2cm정도로 곱게 채 썬다.
4. 당근도 5cm×0.2cm×0.2cm정도로 채 썬다.
5. 버섯은 따뜻한 물에 담가서 손질하여 채 썰고 참기름과 간장으로 무친다.
6. 숙주는 거두절미하여 소금물에 살짝 데쳐서 참기름과 소금으로 무친다.
7. 달걀은 황 · 백으로 나누어서 소금을 조금 넣고 풀어 얇게 부쳐서 가늘게 채 썬다.
8. 위의 재료를 각각 볶아서 식힌다.
9. 밀가루에 소금을 넣고 체로 친 다음에 물을 넣고 묽게 풀어서 체에 거른 후 지름 6cm정도의 크기로 7개를 둥글고 얇게 부친 후에 식혀서 담을 때 밀전병 사이에 잣 또는 잣가루를 넣는다.
10. 준비한 8가지 재료의 색이 조화되게 구절판에 곁들인다.

숙주채

숙주채의 유래

숙주를 살짝 데친 후 갖은 양념하여 무친 음식이다. 숙주는 녹두를 싹 틔운 채소로 쉽게 상하므로 세종대왕의 총애를 받던 신숙주가 변절하는 모습에 빗대어 숙주나물이라 불렸다고 한다.

07 숙주채

요구사항

1) 문제의 요구사항대로 작품이 만들어지지 않을 경우 실격 처리된다.
2) 해당 과제의 지급재료 외의 재료를 사용할 경우 득점에 관계없이 오작 처리된다.

주재료 및 부재료

숙주 200g, 소고기 50g, 미나리 50g, 배 1/4개
양념장 소금 1작은술, 다진 파 2작은술, 다진 마늘 2작은술, 깨소금 1/2작은술, 참기름 1작은술

조리방법

1. 소고기는 찬물에서 핏물을 제거하고 끓는 물에 삶아 0.2cm×5cm로 채 썬다.
2. 숙주는 거두절미하여 끓는 물에 소금을 넣어 살짝 데쳐 재빨리 찬물에 헹구어 체에 받쳐서 물기를 뺀다.
3. 미나리는 연한 줄기만 준비하여 끓는 소금물에 살짝 데쳐 찬물에 헹구어 4cm길이로 썬다.
4. 배는 채를 썰어 설탕물에 담갔다가 물기를 뺀다.
5. 양념장을 만들어 위의 재료를 무친다.

주의사항

달걀지단이나 홍고추를 첨가해도 좋다.

미역자반

미역자반의 유래

미역은 선사시대부터 식용하였으며 원나라에 조공한 기록도 있다. 미역에는 칼슘, 인, 철분, 요오드 등의 무기질이 많으며 각종 아미노산의 질이 우수하다. 대두 단백질에 들어 있는 아미노산과 비교될 만큼 질 좋은 아미노산으로 구성되어 있다.

01

18 마른찬류

미역자반

요구사항

※ 미역자반은 타지 않게 볶아서 재료 전량을 제출하시오.

1) 문제의 요구사항대로 작품이 만들어지지 않을 경우 실격 처리된다.

2) 해당 과제의 지급재료 외의 재료를 사용할 경우 득점에 관계없이 오작 처리된다.

주재료 및 부재료

자반미역 50g, 식용유 2큰술

양념 설탕 1큰술, 깨소금 1작은술

조리방법

1. 미역은 4~5cm 길이가 되도록 자른다.
2. 달구어진 번철에 기름을 넉넉히 두른 후에 미역을 넣고 재빨리 저으면서 고루 볶는다.
3. 미역이 파릇하게 볶아지면 불에서 내리고, 뜨거울 때에 설탕을 넣어서 고루 섞고 마지막에 깨를 뿌린다.

주의사항

미역은 센 불에 조리하면 넣자마자 금방 탈 수 있으므로 불 조절을 잘 해야 한다.

북어보푸라기

북어보푸라기의 유래

노인이나 어린이들에게도 소화가 잘 되는 부드러운 음식이다. 북어는 우리나라 전통식품 재료로 많은 식품학자들의 단골 연구 자료로 활용되는 식재료이며 음식으로도 다양하게 활용되고 있다. 특히, 북어가 알코올 성분을 40%나 감소시켰다는 연구결과도 있어서 북어해장국이 시원하고 담백한 맛과 함께 몸속 질환을 예방하는 귀한 재료임을 알 수 있다. 특히 단백질이 두부나 우유보다 10배 이상 많다고 한다.

02 북어보푸라기

요구사항

※ 북어보푸라기는 소금, 간장, 고춧가루로 삼색을 구분하여 제출하시오.
1) 문제의 요구사항대로 작품이 만들어지지 않을 경우 실격 처리된다.
2) 해당 과제의 지급재료 외의 재료를 사용할 경우 득점에 관계없이 오작 처리된다.

주재료 및 부재료

북어(껍질 붙은 것) 1마리
소금 양념 소금 1/2작은술, 설탕 1작은술, 깨소금 1작은술, 참기름 1작은술
간장 양념 간장 1작은술, 설탕 1작은술, 깨소금 1작은술, 참기름 1작은술
고춧가루 양념 소금 1/2작은술, 설탕 1작은술, 깨소금 1작은술, 참기름 1작은술, 고운 고춧가루 1/2작은술

조리방법

1. 북어는 머리를 떼어 내고 뼈를 발라내고 나서 강판의 위에서 아래로 밀어 갈아 곱게 보푸라기로 만든 다음에 3등분한다.
2. 흰색 보푸라기에 소금 · 설탕 · 참기름 · 깨소금을 넣고 고루 비벼서 무친다.
3. 갈색 보푸라기에 간장 · 설탕 · 참기름 · 깨소금을 넣고 고루 비벼서 무친다.
4. 붉은색 보푸라기에 고운 고춧가루 · 소금 · 설탕 · 참기름 · 깨소금을 넣고 보슬보슬하게 무친다.
5. 삼색의 북어보푸라기를 한 접시에 보기 좋게 담아낸다.

주의사항
음식에서 삼색(세 가지 색)이 구분되도록 한다.

섭산삼

섭산삼의 유래

우리나라 최초의 한글로 된 전문 조리서인『음식디미방』에 섭산삼의 '섭(攝)'이란 '두드려 흩어진 것을 하나로 모은다'는 뜻으로 기록되어 있으며 더덕을 두들겨 튀긴 것을 '섭산삼'이라고 한다. 더덕은 인삼과 같은 사포닌 성분을 갖고 있는 자양강장식품이다. 더덕의 한자명은 사삼(沙蔘)인데 산삼이라고 붙여 '섭산삼'이라 한 것은 음식의 격을 높여주기 위한 것이며, 꿀이나 초장을 곁들여 낸다.

03 섭산삼

요구사항

※ 섭산삼은 하얗고 바삭하게 튀긴 후에 설탕을 뿌려서 재료 전량을 제출하시오.
1) 문제의 요구사항대로 작품이 만들어지지 않을 경우 실격 처리된다.
2) 해당 과제의 지급재료 외의 재료를 사용할 경우 득점에 관계없이 오작 처리된다.

주재료 및 부재료

더덕 100g, 소금 1작은술, 찹쌀가루 1/2컵, 식용유 2컵, 설탕 1큰술

조리방법

1. 더덕은 껍질을 벗기고 길이로 갈라서 방망이로 자근자근 두드려 펴고 소금물에 담근 후에 쓴맛을 우려낸다.
2. ①을 건져내어 물기를 뺀다.
3. 찹쌀가루는 체에 내려 준비한 후, ②의 더덕에 골고루 묻힌다.
4. 팬에 기름을 넣어 150℃~160℃ 정도로 뜨거워지면 하얗고 바삭하게 튀긴다.
5. 튀긴 더덕이 식으면 설탕을 뿌려 8개를 낸다.
6. 방망이로 두들길 때는 더덕이 쪼개지거나 부서지지 않게 조심한다.

주의사항

더덕은 소금물에 담갔다가 수분을 완전히 뺀 후에 찹쌀가루를 묻혀야 덩어리지지 않고 잘 묻는다.

마른안주

마른안주의 유래

호두, 은행, 밤이나 자반 등을 이용하여 간편하게 술과 함께 먹던 궁중 술안주이다. 최근에는 맥주의 주요 안주로 등장한다.

04 마른안주

요구사항

※ 마른안주에서 은행꽂이는 은행을 5개씩 꽂아서 5개, 생률 5개, 호두튀김 5개, 매듭자반 5개를 한 접시에 담아서 제출하시오.

1) 문제의 요구사항대로 작품이 만들어지지 않을 경우 실격 처리된다.
2) 해당 과제의 지급재료 외의 재료를 사용할 경우 득점에 관계없이 오작 처리된다.

주재료 및 부재료

호두튀김 호두 6개, 설탕 1/2작은술, 소금 1/8작은술, 식용유 1컵

은행꽂이 은행(깐 것) 50g, 잣 1작은술, 소금 1작은술, 식용유 1큰술, 꼬치 5개

생률 밤 20개(40g)

매듭자반 다시마(20×20cm) 1장, 잣 1.5큰술, 통후추 1작은술, 설탕 1작은술, 기름 1컵

조리방법

호두튀김

1. 호두는 따뜻한 물에 잠깐 불린 후에 두 쪽으로 쪼개서 껍질을 깨끗이 벗긴다.
2. ①의 호두는 물기를 제거하고 열이 오른 기름에 노릇하게 튀겨 낸다.
3. ②가 뜨거울 때 소금과 설탕을 뿌려서 담는다.

은행꽂이

1. 달군 팬에 식용유를 두르고 은행과 소금을 넣은 후에 파랗게 볶아서 마른 소창에 쏟아 비벼서 속껍질을 벗긴다.
2. 은행을 꼬치에 5개씩 꿰고 잣으로 마무리한다.

생률

1. 밤은 껍질을 벗기고 뜨물에 담가서 속껍질을 보기 좋게 돌려 가며 벗긴다.
2. 위아래를 평평하게 자르고, 돌려 가며 보기 좋게 까고 나서 물에 담근다.

매듭자반

1. 다시마는 굵은 부분으로 골라서 젖은 수건으로 닦아낸 후 8cm×1cm로 자르고, 양끝을 리본처럼 오린다.
2. ①을 한 줄씩 매듭을 짓고, 매듭 사이에 잣과 통후추 1개씩을 넣은 후에 빠지지 않도록 묶는다.
3. 열이 오른 기름 140℃에 ②를 넣고 기름 위로 떠오르면 바로 건져서 한지 위에 놓고 기름을 뺀다.
4. ③이 뜨거울 때, 설탕을 뿌려서 그릇에 담는다.

매듭자반

매듭자반

다시마를 잘라 매듭 모양으로 잡은 후 잣과 통후추를 넣어 기름에 튀긴 마른반찬이다.

05 매듭자반

요구사항

1) 문제의 요구사항대로 작품이 만들어지지 않을 경우 실격 처리된다.
2) 해당 과제의 지급재료 외의 재료를 사용할 경우 득점에 관계없이 오작 처리된다.

주재료 및 부재료

다시마 50g, 잣 1작은술, 통후추 1작은술, 설탕 2작은술, 식용유

조리방법

1. 다시마는 젖은 면보로 깨끗이 닦아서 결 방향으로 길이 8cm, 폭 1cm 정도로 자른다. 통후추는 면보로 닦고, 잣은 고깔을 떼고 면보로 닦는다.
2. 다시마는 매듭으로 묶고 매듭 사이에 잣과 통후추를 하나씩 끼운다.
3. 매듭으로 묶은 다시마의 양 끝을 모양내어 자른다.
4. 팬에 식용유를 붓고 중불에서 2분 정도 올려서 기름 온도가 150℃~160℃ 정도가 되면 다시마를 넣고 1분 정도 튀긴다.
5. 설탕을 뿌려 접시에 낸다.

주의사항

뜨거울 때 설탕을 뿌려야 잘 달라붙는다. 튀길 때는 한 번에 많은 양을 넣고 튀기면 기름 온도가 갑자기 내려가서 바삭하게 튀겨지지 않는다.

꼴뚜기젓갈

꼴뚜기젓갈

젓갈은 생선 · 조개 · 새우 · 생선내장 등을 소금에 짜게 절이거나 양념하여 삭힌 것으로 리신, 글루탐산, 글라이신, 알리닌, 류신 등 필수 아미노산과 핵산이 풍부하여 감칠맛이 난다. 또한 지방, 티아민, 니아신, 비타민B_1, B_2 등도 들어 있어서 훌륭한 식품으로 손꼽힌다.

01 ⑲ 젓갈류
꼴뚜기젓갈

요구사항

1) 문제의 요구사항대로 작품이 만들어지지 않을 경우 실격 처리된다.
2) 해당 과제의 지급재료 외의 재료를 사용할 경우 득점에 관계없이 오작 처리된다.

주재료 및 부재료

꼴뚜기 젓갈(오징어 작은 것) 300g, 실파 2줄기, 풋고추 1개

양념 다진 마늘 1작은술, 생강 1/4작은술, 고운 고춧가루 2큰술, 참기름 1/2큰술, 통깨 1큰술, 후춧가루 약간, 작은마늘 3개

조리방법

1. 꼴뚜기젓갈(오징어젓갈)에 고운 고춧가루와 나머지 재료를 섞어서 양념한다.
2. 실파는 손질하여 3cm로 썰고 풋고추는 반으로 갈라서 씨를 털고 3cm×0.1cm×0.1cm로 썬다.
3. 젓갈에 양념과 고춧가루를 넣고 통깨로 마무리한다.

어리굴젓

어리굴젓

어리굴젓은 조선중기 고추가 우리나라에 재배된 후부터 담가 먹은 것으로 추측된다. 서해안과 남해안에서 주로 채취 하며 통영 등지에서 양식하는데 가을부터 이듬해 봄까지 질좋은 굴이 생산된다.

02 어리굴젓

요구사항

1) 문제의 요구사항대로 작품이 만들어지지 않을 경우 실격 처리된다.
2) 해당 과제의 지급재료 외의 재료를 사용할 경우 득점에 관계없이 오작 처리된다.

주재료 및 부재료

깐 생굴 300g

양념 다진 흰파 1큰술, 작은 마늘 5개, 다진 생강 1큰술, 고춧가루 4큰술, 소금 2큰술, 설탕 1작은술, 다진 마늘 1작은술

조리방법

1. 생굴을 연한 소금물에 깨끗하게 씻어서 물을 뺀다.
2. 파 · 마늘 · 생강은 다진다.
3. 굴에 양념을 넣어서 버무린 후에 나머지 고춧가루를 넣고 소금으로 간을 맞춘다.

오이소박이

오이소박이

봄부터 여름에 걸쳐 먹는 별미음식이다. 오이에 3~4갈래로 칼집을 내어 소를 집어 넣어서 만든다.

01 ⑳ 김치류
오이소박이

요구사항

※ 주어진 재료를 사용하여 다음과 같이 오이소박이를 만드시오.
① 소박이 완성품의 길이는 6cm 정도로 하시오. (단, 지급된 재료의 크기에 따라 가감한다.)
② 소를 만들 때 부추의 길이는 0.5cm로 하시오.
③ 오이소박이는 3개를 제출하시오.

1) 오이에 3~4 갈래로 칼집을 넣을 때 양쪽이 약 1cm씩 남도록 잘리지 않게 한다.
2) 절여진 오이와 소의 간을 잘 맞춘다.
3) 그릇에 묻은 양념을 이용하여 김칫국을 만들어서 소박이 위에 붓는다.

주재료 및 부재료

가는 오이(20cm정도) 1개, 부추 20g, 대파 흰 부분(4cm 정도) 1토막, 마늘 중(깐 것) 1쪽, 생강 5g, 소금 정제염 15g, 고춧가루 10g

조리방법

1. 곧은 오이를 소금으로 문질러서 깨끗이 씻은 후에 오이소박이 길이가 6cm 정도 되도록 길이로 잘라 양끝을 1cm씩 남기고 3~4 갈래로 오이속을 열십자(+)가 되게 칼집을 넣어 소금물에 절이고 나서, 가끔 뒤집어 준다.
2. 부추는 깨끗히 씻어 0.5cm 길이로 썰어 두고 파 · 마늘 · 생강은 다진다.
3. 썰어 놓은 부추에 고춧가루 · 다진파 · 마늘 · 생강 · 소금물을 넣고 간을 맞추어 소를 만든다.
4. 절여진 오이는 헹군 후에 물기를 면보로 짜고 칼집 사이에는 소를 고루 채워 넣는다.
5. 오이소박이 3개를 오목한 그릇에 담고 속 버무린 그릇에 1큰술 정도의 물을 넣고 김치국물을 만들어서 오이소박이 완성품 위에 붓는다.
6. 완성된 오이소박이를 오목한 그릇에 담고 소박이 위에 국물을 부어 낸다.

부추김치

부추김치의 유래

부추는『본초강목』에 온신고정(溫腎固精)의 효과가 있다고 하였다. 즉, '몸을 따뜻하게 하고 기능을 항진시킨다.'라는 의미이다. 부추는 구황이라고 하며, 어린 것이 맛과 향이 좋다. 지방에 따라 부채, 부초, 솔, 정구지, 졸이라고도 불리며, 비타민 A, 비타민 B_2, 비타민 C가 풍부하여 체내에서 항산화기능을 한다. 곡류와 함께 섭취하면 비타민 B_1의 흡수를 도와주므로 우리 식생활에 적합하다.

02 부추김치

요구사항

※ 부추김치는 멸치액젓에 버무려서 제출하시오.
1) 문제의 요구사항대로 작품이 만들어지지 않을 경우 실격 처리된다.
2) 해당 과제의 지급재료 외의 재료를 사용할 경우 득점에 관계없이 오작 처리된다.

주재료 및 부재료

부추 100g, 홍고추 1개, 청고추 1개
양념 멸치액젓 1/3컵, 고춧가루 1/2컵
밀가루풀 밀가루 1큰술, 물 1컵

조리방법

1. 부추는 떡잎을 떼어 내고 손질하여 5cm 길이로 자른다. 밀가루풀을 끓여서 식힌다.
2. 홍고추와 청고추는 씨를 털어 내고 두께 0.5cm, 길이 2cm로 어슷 썬다.
3. 부추에 멸치액젓 반을 숨 죽을 만큼 부어서 버무린다.
4. 어슷썬 청 · 홍고추를 부추에 넣고 나머지 액젓은 밀가루풀에 섞어서 고춧가루를 넣고 다시 섞은 후에 부추에 넣어 버무린다.
5. 부추에 위의 양념으로 뭉치지 않도록 다시 버무린 후, 그릇에 담아서 통깨를 뿌려 낸다.

깍두기

깍두기의 유래

16세기 들어서 고추가 유입된 이후에 김치는 더욱 발전하게 되었으며, 조선 후기에는 다양한 김치류가 선보이며 음식이 섬세해졌다. 이 시기에 서민들의 밥상은 대개 김치를 비롯하여 깍두기나 산채나물류가 오르는 것이 기본 상차림이었다.

03 깍두기

요구사항

※ 깍두기 재단(크기)에 주의하여 썬다.
1) 문제의 요구사항대로 작품이 만들어지지 않을 경우 실격 처리된다.
2) 해당 과제의 지급재료 외의 재료를 사용할 경우 득점에 관계없이 오작 처리된다.

주재료 및 부재료

무 500g, 굵은소금 1/4, 실파 50g
양념장 고춧가루 3큰술, 마늘 20g, 생강 1/2톨, 새우젓 1큰술, 소금 1/4작은술, 설탕 1작은술

조리방법

1. 무는 손질하여 씻고 사방 2cm 크기로 깍둑썰기한 다음, 굵은소금을 고루 뿌려서 절였다가 체에 건져 놓는다.
2. 기타 재료를 씻어 놓는다.
3. 실파는 다듬어 씻어서 4cm 정도의 길이로 썰고, 마늘과 생강은 곱게 다진다.
4. 새우젓은 잡티를 골라내고 건더기만 건져서 곱게 다진다.
5. 무를 고춧가루로 고루 버무려서 갖은 양념을 하고 실파를 섞은 후에 살살 버무려 항아리에 담는다.

주의사항
시험장에서 쪽파가 지급되면, 이를 꼭 사용하여 깍두기를 버무린다.

배추김치

배추김치의 유래

김치는 혜(醯), 저(菹), 지(漬), 지염(漬鹽), 침채(沈菜), 딤채, 짐채, 김채 등의 이름으로 불리며 발전해 왔다. 삼국시대에 소금에 절이는 방법인 장아찌류에서 시작하여 고려시대 침채류로 발달하게 된다. 16세기에 고추가 유입된 이후, 고추와 양념이 혼합된 김치 담금법으로 커다란 변화를 가져왔다. 통배추가 처음으로 기록된 문헌은 1800년대 말의『시의전서』이며 다양한 담금법이 소개되어 있다.

04 배추김치

부식류

요구사항

※ 배추 사이사이에 소금을 뿌려서 절이시오. 너무 짜지 않게 적당히 양념을 하시오.

1) 문제의 요구사항대로 작품이 만들어지지 않을 경우 실격 처리된다.

2) 해당 과제의 지급재료 외의 재료를 사용할 경우 득점에 관계없이 오작 처리된다.

주재료 및 부재료

배추 1포기(2kg), 소금 1컵, 물 5컵

속 양념 무 100g, 실파 30g, 갓 20g, 미나리 30g, 마늘 1통, 양파 30g, 생강 1톨, 고춧가루 1컵, 새우젓 1/4컵, 멸치젓 1/4컵, 꽃소금 1/2작은술, 설탕 1큰술, 찹쌀풀 1/2컵(물 1/2컵+찹쌀가루 1/4컵)

조리방법

1. 배추는 밑동을 다듬고 반으로 쪼개서 소금물에 6~8시간 절인 다음에 씻어 물기를 뺀다.
2. 찹쌀가루에 적량의 물을 넣고 풀을 쑤어서 식힌다.
3. 무는 5cm로 굵게 채 썰고 낙지는 손질하여 잘게 썬다.
4. 실파 · 갓 · 미나리는 손질하여 4cm 길이로 썰어 준비한다.
5. 마늘 · 양파 · 생강은 물을 넣고 믹서에 갈아서 놓는다.
6. 새우젓을 다지고 멸치젓과 함께 고춧가루를 풀어 놓는다.
7. ②, ⑤, ⑥을 섞고 설탕과 소금으로 간을 맞춘다.
8. 배추 속재료를 고춧가루로 버무려서 속재료를 완성한다.
9. 배추 사이사이에 ⑧의 김치속 양념을 넣고 배춧잎으로 싼다.

주의사항

오래 저장할 배추김치는 찹쌀풀을 넣지 않는다.

장김치

장김치의 유래

장(醬)김치는 간장으로 간을 하는 것으로, 떡국이나 병과류와 함께 먹으면 어울리는 물김치이다. 예로부터 영양 있는 부재료를 다양하게 넣어서 담은 후 2~3일 만에 먹는 속성 김치이다.

05 장김치

요구사항

※ 장김치의 재료 중 무 · 배추 · 배는 3c,×2.5cm×0.2cm로 썰어서 완성하여 제출하시오.
1) 문제의 요구사항대로 작품이 만들어지지 않을 경우 실격 처리된다.
2) 해당 과제의 지급재료 외의 재료를 사용할 경우 득점에 관계없이 오작 처리된다.

주재료 및 부재료

무 50g, 배추 80g, 갓 20g, 미나리 10g(1줄기), 파 10g(1줄기), 건표고버섯 1개, 석이버섯 1장, 대추 1개, 생강 3g, 마늘 5개, 배 1/8개, 실고추 1줄기, 밤 20g, 잣 1작은술, 간장 2큰술, 물 1컵, 설탕 1작은술

조리방법

1. 무는 깨끗이 씻고 2.5cm×2.5cm×0.2cm로 썰어서 간장으로 살짝 절여 둔다.
2. 배추도 가로 2.5cm×2.5cm×0.2cm 크기로 나박나박 썰어 놓고 무가 어느 정도 절여진 후에 배추를 함께 넣어 절인다.
3. 밤과 배는 무 크기의 편으로 썰고 잣은 고깔을 떼어낸다. 실고추도 2.5cm 크기로 절단하여 물기 없는 곳에 둔다.
4. 미나리 · 갓 · 대파는 2.5cm로 절단하여 놓고, 석이버섯은 돌을 떼어 내고 손질하여 미리 불린 표고버섯과 함께 2.5cm 길이로 얇게 채 썰어 놓는다.
5. 대추도 돌려깎기하여 씨는 버리고 방망이로 밀어서 얇게 편편히 한 후에 채 썰고, 마늘, 생강도 2.5cm로 곱게 채 썰어 둔다.
6. 절여진 무와 배추에서 나온 간장 국물은 스텐볼에 부어서 설탕을 넣고 물을 더 부은 후에 맛나게 보이는 장김치 색을 만들어서 내어 놓는다.
7. 스텐볼의 국물에 장김치 재료를 무 · 배추 · 밤 · 미나리 · 갓 · 대파 · 마늘 · 생강 순으로 넣고 살짝 버무린 후, 그릇에 건더기부터 담고 국물을 부은 뒤에 실고추 · 석이채 · 대추채 · 잣을 올린다.

파김치

파김치의 유래

예로부터 파는 몸을 따뜻하게 해주고 위장의 기능을 도와준다고 알려져 왔으며, 감기가 악화되는 것을 예방하는 효과와 불면증에도 효과가 있다고 한다. 그뿐만 아니라 스트레스를 받았을 때, 파를 먹으면 흥분이 가라앉고 파뿌리에 알리신이 많이 함유되어 있기 때문에 혈액순환에도 도움이 된다.

06 파김치

요구사항

※ 양념에 버무려서 1인 분량을 손질하여 내시오.
1) 문제의 요구사항대로 작품이 만들어지지 않을 경우 실격 처리된다.
2) 해당 과제의 지급재료 외의 재료를 사용할 경우 득점에 관계없이 오작 처리된다.

주재료 및 부재료

쪽파 800g, 찹쌀풀 1/2컵, 고춧가루 1컵, 멸치액젓 3큰술, 새우젓 2큰술, 다진 마늘 1큰술, 다진 생강 1큰술, 통깨 1큰술

조리방법

1. 쪽파는 누런 잎을 떼고 흐르는 물에 깨끗이 씻는다.
2. 멸치액젓으로 쪽파를 20분 정도 절인다.
3. 찹쌀로 풀을 쑨 후에 새우젓과 각각의 양념을 혼합하여 파 무칠 양념을 만든다.
4. 절인 쪽파를 양념에 버무린다.
5. 한 번 먹을 양만큼 매듭을 지은 후, 김치통에 담아서 익힌다.

총각김치

총각김치

총각무는 '알타리'라고도 한다. 큰 무와는 맛이 전혀 다른 아삭아삭한 맛이 양념이 배합되어 익으면 아주 맛이 난다.
무에는 소화효소 디아스타아제가 들어 있어서 소화를 촉진시킨다. 또한, 시금치 6배 이상의 칼슘이 들어 있다. 골다공증 예방에 좋으며 매운맛은 항암효과가 있고 니코틴을 해독하는 효능도 있다.

07 총각김치

요구사항

※ 총각무는 통으로 다듬어서 소금에 절인 후에 조리하시오. 전량 제출하시오.

1) 문제의 요구사항대로 작품이 만들어지지 않을 경우 실격 처리된다.
2) 해당 과제의 지급재료 외의 재료를 사용할 경우 득점에 관계없이 오작 처리된다.

주재료 및 부재료

총각무 2kg, 찹쌀풀 1/2컵, 고춧가루 1/2컵, 멸치액젓 3큰술, 새우젓 2큰술, 다진 마늘 1큰술, 다진 생강 1큰술, 통깨 1큰술, 설탕 1큰술

조리방법

1. 총각무는 깨끗이 씻어서 천일염에 절여 놓는다.
2. 새우젓은 건더기를 곱게 다진다.
3. 멸치액젓과 새우젓국물에 고춧가루와 기타 양념을 다 넣고 총각김치용 양념을 만든다.
4. 절여서 물기를 빼둔 무에 양념을 버무려 넣고 입맛에 따라 고춧가루를 가감한 후에 설탕과 통깨를 넣어서 마무리한다.
5. 무에 잎새를 하나씩 감아서 꺼내기 쉽고 먹기 좋게 하여 그릇에 담아 보관한다.
6. 총각무가 익으면 꺼내 먹는다.

보쌈김치

보쌈김치의 유래

배추를 절여서 네모지게 썰고 무는 납작하게 썰어서 절인 뒤에 배 · 밤 · 잣 등의 과일과 낙지 · 굴 등의 해산물, 석이버섯 · 표고버섯 등의 산해진미를 모두 합하여 버무려서 보시기에 배춧잎을 깔고 하나씩 보자기처럼 싸서 익힌 호화로운 김치다. 예로부터 경기도 개성의 명물 김치인데, 개성에서는 쌈김치라고 한다.

08 보쌈김치

요구사항

1) 문제의 요구사항대로 작품이 만들어지지 않을 경우 실격 처리된다.
2) 해당 과제의 지급재료 외의 재료를 사용할 경우 득점에 관계없이 오작 처리된다.

주재료 및 부재료

배추 1/6포기, 무 50g, 소금 1/2컵, 실파 2뿌리, 갓 200g, 미나리 50g, 생굴 50g, 실고추 3g
낙지다리 2개, 배 1/4개, 밤 1개, 잣 1작은술, 마늘 2쪽, 다진 생강 5g, 마른 석이버섯 5g,
양념1 물 5컵, 소금 1컵
양념2 고춧가루 2큰술, 새우젓 20g, 소금 5g, 설탕 1작은술

조리방법

1. 배추는 잎이 넓고 많은 것으로 골라서 반으로 잘라 배추통김치 담는 요령으로 양념1의 소금물을 넣는다. 무는 깨끗이 씻어 잔뿌리만 떼고 껍질을 살짝 벗긴 다음, 3cm×3cm×0.3cm로 토막을 낸 후에 1cm 두께로 납작하게 썰어 소금에 절인다.
2. 배추가 충분히 절여지면 물에 씻어서 건져 물기를 빼고 커다란 잎을 떼어서 따로 두고 줄기는 3cm 폭으로 썬다. 실파 · 갓 · 미나리는 다듬어서 4cm 길이로 썬다.
3. 생굴은 소금물에 흔들어 깨끗이 씻고, 낙지는 소금으로 주물러 씻어서 3cm 길이로 끊어 놓는다.
4. 배는 껍질을 벗겨서 무와 같은 크기로 썰고 밤은 껍질을 벗겨 납작하게 썬다. 잣은 고깔을 따 놓는다. 대파는 어슷하게 채 썰고, 마늘과 생강은 다듬어서 곱게 다지고 새우젓은 대강 다진다.
5. 마른 석이버섯은 불려서 손질하여 굵은 채로 썰고, 실고추는 3cm 정도로 끊어 놓는다.
6. 큰 그릇에 절인 배추 · 무와 배를 담고 양념 ②중에서 먼저 고춧가루를 넣어 고루 버무린 다음, 이어서 준비한 양념과 젓갈을 섞고 설탕을 넣어 잘 섞은 후에 낙지와 생굴을 넣어 고루 살짝 버무린다.
7. 보시기에 절인 배춧잎을 3장 정도 고르게 펴놓고 ⑥의 버무린 김치를 안에 담고 그 위에 석이버섯, 밤, 잣, 실고추 등의 고명을 얹어서 배춧잎 끝은 뒤로 말아 보쌈김치 내용물이 보이도록 하고 김치국물을 가장자리에 부어 낸다.

우메기

우메기의 유래

가을철 쌀 수확기에 주로 만들어 먹던 간식으로 2~3일 동안은 쉬 굳지 않는다. 예로부터 이바지음식에 빠지지 않는 것으로 큼직하게 만들어 긴 대꼬치로 끼워 세우고 위에 작게 만든 주악을 얹는다.

01 1 떡 · 경단 · 부꾸미류

우메기

요구사항

※ 우메기는 지름 5cm×2cm 크기로 만들어서 6개 제출하시오.

1) 문제의 요구사항대로 작품이 만들어지지 않을 경우 실격 처리된다.

2) 해당 과제의 지급재료 외의 재료를 사용할 경우 득점에 관계없이 오작 처리된다.

주재료 및 부재료

찹쌀가루 1컵, 멥쌀가루 1/3컵, 소금 약간, 설탕 1큰술, 막걸리 2큰술, 대추 2개, 튀김기름 3컵

집청 시럽 물엿 1/2컵, 물 1/4컵, 생강편

조리방법

1. 찹쌀가루와 멥쌀가루를 합하여 설탕과 소금을 넣어 체에 내린다.
2. ①의 가루에 따듯하게 중탕한 막걸리를 넣어 버물버물 섞은 다음, 끓는 물을 넣어 끈기가 나게 오래 치댄다.
3. 찹쌀반죽을 젖은 행주로 덮어 30분 정도 두었다가 직경 3cm로 둥글게 빚어 150℃의 기름에 빚은 주악이 서로 붙지 않게 조심하면서 하나씩 서서히 넣어 노릇하게 튀긴다.
4. 튀겨진 주악을 건져서 기름을 빼고 집청 시럽에 담갔다가 건진다.
5. 대추를 작게 썰어 가운데 올린다.

주의사항

사진은 5개지만 요구사항대로 6개 제출해야 시험장에선 합격 처리된다.

수수부꾸미

수수부꾸미의 유래

부꾸미는 찹쌀가루, 수수가루 등으로 반죽하여 팥앙금이나 밤, 대추 등을 소로 넣어 팬에 지진 음식으로 쉽게 만들어 먹는 음식이라 하여 전라도에서는 허드레떡, 황해도는 막부치라고도 한다. 서울에서는 녹두빈대떡과 유사하게 빈대떡이라고 부른다.

02 수수부꾸미

요구사항

※ 수수부꾸미는 지름 6cm로 말아서 만들고 6개 제출하시오.
1) 문제의 요구사항대로 작품이 만들어지지 않을 경우 실격 처리된다.
2) 해당 과제의 지급재료 외의 재료를 사용할 경우 득점에 관계없이 오작 처리된다.

주재료 및 부재료

수수가루 1컵, 대추 2개, 쑥갓 10g
소 거피팥고물 1/2컵, 꿀 2큰술, 계핏가루 1작은술

조리방법

1. 미리 준비한 수수가루는 체에 내린다.
2. 거피한 팥은 불려서 찜통에 쪄서 으깬 뒤에 소금과 계핏가루, 설탕으로 팥소를 만들어 놓는다.
3. 대추는 돌려깎아 말아 꽃모양 고명을 만든다. 쑥갓은 잎을 떼어 놓는다.
4. 수수가루는 익반죽하여 직경 6cm 정도를 둥글게 빚어 놓는다.
5. 팬에 식용유를 두르고 수수전병을 뒤집으며 익힌다.
6. 익어서 투명해지면 팥소를 넣고 양쪽으로 붙인 다음, 뒤집어 위에 고명을 얹는다. 이때 대추는 꽃으로 장식하고 쑥갓은 잎으로 장식한다.

주의사항

시험장에서는 시간관계로 완성된 팥소가 나온다.

5색경단

5색경단의 유래

고물로 여러 가지 가루를 묻히거나 대추, 석이, 밤을 곱게 채 썰어 삼색채 경단을 만들면 고급스럽고, 자연스런 색채와 향기가 뛰어나서 예로부터 고급 다과상차림이나 폐백단자에 많이 쓰였다.

03 5색경단

요구사항

※ 빵가루는 체에 내리시오.
1) 문제의 요구사항대로 작품이 만들어지지 않을 경우 실격 처리된다.
2) 해당 과제의 지급재료 외의 재료를 사용할 경우 득점에 관계없이 오작 처리된다.

주재료 및 부재료

찹쌀 2컵, 뜨거운 물 3큰술, 실백 1큰술, 시럽 6큰술
고물 푸른 콩가루(볶은 것) 1/2컵, 케이크가루 1/2컵, 검은 깨가루 1/2컵(설탕 1큰술), 대추 5개, 밤 5개

조리방법

1. 찹쌀가루는 고운 체에 쳐서 뜨거운 물을 넣고 익반죽한다.
2. 푸른 콩가루는 볶아 가루낸 것으로 준비한다.
3. 케이크는 잘게 부수어 굵은 체에 내려 가루로 만든다.
4. 검은 깻가루에 설탕을 섞는다. 대추와 밤은 채쳐 놓는다.
5. 쌀반죽은 지름 2cm 크기로 떼어 내고 잣을 1알씩 넣어 동그랗게 빚는다.
6. 끓는 물에 경단을 삶아서 동동 뜨면 조리로 건져내고, 찬물에 담가 식혀서 물기를 빼고 시럽에 담근다.
7. 경단의 수분을 걷고 각각 5가지의 고물을 묻혀 보기 좋게 담는다.

주의사항
요구사항을 잘 읽어 수량대로 정확하게 제출해야 한다.
수량이 부족하면 실격 처리된다.

잣구리

잣구리의 유래

찹쌀가루를 뜨거운 물에 반쯤 익혀서 익반죽한 후 누에고치 모양으로 만들어 잣가루를 묻힌 떡이다. 옛날 혼례식 때 궁중음식으로 얼리던 음식이다.

04 잣구리

요구사항

※ 잣구리는 2cm×4cm 정도 크기의 누에고치 모양으로 8개 만들어 내시오.
1) 문제의 요구사항대로 작품이 만들어지지 않을 경우 실격 처리된다.
2) 해당 과제의 지급재료 외의 재료를 사용할 경우 득점에 관계없이 오작 처리된다.

주재료 및 부재료

찹쌀가루 1컵, 소금 1/2작은술
밤소 밤 3개, 소금 1/6작은술, 물엿 1큰술(꿀 1큰술), 계핏가루 1/4작은술
고물 잣 50g

조리방법

1. 찹쌀가루에 소금을 넣어 고운 가루가 되도록 체에 친 다음에 뜨거운 물로 익반죽한다.
2. 밤을 삶아서 으깬 후 체에 곱게 내려놓고, 물엿과 계핏가루를 뭉쳐서 소를 만든다.
3. 잣은 종이를 깔고 곱게 다진다.
4. 찹쌀가루반죽을 동전 크기로 떼어 내어 속에 밤소를 넣어 지름 2cm, 길이 4cm 정도가 되도록 누에고치 모양으로 도톰하게 성형한다.
5. 고치 모양으로 성형한 것을 끓는 물에 넣었다가 동동 떠오르자마자 얼른 꺼내 체로 건져서 면보를 체의 밑에 대고 물기를 거두어 수분을 없앤 후 떡에 잣가루를 골고루 묻혀 접시에 담아낸다.

주의사항

사진에는 5개지만 시험장에선 요구사항에 8개로 나와 있으면 8개 제출해야 한다.
넘치는 것은 상관없으나 한개라도 부족하면 실격으로 불합격 처리된다.
최근에는 제출 개수가 5개 정도로 줄어들었으나 상황에 따라 달라질 수 있으니
항상 요구사항을 참조한다.

삼색주악

삼색주악의 유래

언뜻 보기에 생긴 모양이 조약돌처럼 생겼다 해서 '주악'이란 이름을 붙였다. 궁중에서는 '조악'이라 불렀다고 한다. 주악은 찹쌀가루 반죽에 대추, 깨, 유자 다진 것을 넣고 작은 송편 모양으로 빚어 기름에 튀겨낸 것으로 회갑상이나 잔치 등 큰 상을 차릴 때 크게 썬 시루떡 위에 예쁘게 얹어 놓는 웃기떡이다.

05 삼색주악

요구사항

※ 주악은 3가지 색을 색깔별로 3개씩 집청하여 제출하시오.
1) 문제의 요구사항대로 작품이 만들어지지 않을 경우 실격 처리된다.
2) 해당 과제의 지급재료 외의 재료를 사용할 경우 득점에 관계없이 오작 처리된다.

주재료 및 부재료

찹쌀가루 300g, 치자물 1큰술, 딸기가루 10g, 쑥가루 10g, 꿀(물엿) 60g
깨소 깨소금 1큰술, 계핏가루, 꿀, 소금
대추소 대추 3개, 계핏가루, 꿀
집청 시럽 설탕 6큰술, 물 6큰술, 물엿 1큰술, 계핏가루

조리방법

1. 찹쌀가루에 소금을 약간 넣고 체에 쳐서 삼등분하여 각각 물을 들여서 익반죽한다.
2. 깨와 대추 다진 것에 꿀과 계핏가루를 섞어 소를 만든다.
3. ②의 각각 만든 깨소, 대추소를 콩알만하게 빚는다.
4. ①에 ③의 소를 넣어 작은 송편처럼 빚어 기름에 튀겨서 접시에 놓아 식힌다.
5. 살짝 굳으면 접시에 색을 맞추어 담아낸다.

찹쌀부꾸미

찹쌀부꾸미의 유래

부꾸미는 찹쌀가루, 수수가루 등으로 반죽하여 팥앙금이나 밤, 대추 등을 소로 넣어 팬에 지진 음식으로 예로부터 쉽게 만들어 먹던 음식이라고 하여 전라도에서는 허드레떡, 황해도는 막부치라고도 한다. 서울에서는 빈대떡과 유사하여 빈대떡이라고 부른다.

06 찹쌀부꾸미

요구사항

※ 찹쌀부꾸미는 지름 6cm로 말아서 만들고 6개 제출하시오.
1) 문제의 요구사항대로 작품이 만들어지지 않을 경우 실격 처리된다.
2) 해당 과제의 지급재료 외의 재료를 사용할 경우 득점에 관계없이 오작 처리된다.

주재료 및 부재료

찹쌀가루 1컵, 대추 2개, 쑥갓 10g
소 거피팥고물 1/2컵, 꿀 2큰술, 계핏가루 2작은술

조리방법

1. 찹쌀은 10시간 이상 불려 헹궈 물기를 뺀 후, 곱게 가루내 빻아서 체에 내린다.
2. 거피한 팥이나 녹두는 하룻밤 불리고 찜통에 쪄서 으깬 뒤에 소금과 설탕으로 팥소를 이용하여 대추 크기로 여러 알 만들어 놓는다.
3. 대추는 돌려깎아 말아 꽃모양 고명을 만든다. 쑥갓은 잎을 떼어 놓는다.
4. 찹쌀가루는 익반죽하여 직경 6cm 정도를 둥글게 빚어 놓는다.
5. 팬에 식용유를 두르고 약한 불로 찹쌀전병을 뒤집으며 익힌다. (불을 약하게 한다.)
6. 익어 투명해지면 팥소를 넣고 양쪽으로 붙인 다음, 뒤집어 위에 고명을 얹는다. 이때 대추는 꽃으로 장식하고 쑥갓은 잎으로 장식한다.

계강과

계강과의 유래

『시의전서』에 의하면 "계강과(桂薑果)는 찹쌀이나 메밀가루를 치대어 반죽하고 생강과 계핏가루를 꿀이나 설탕물에 개어 향을 돋운 떡이다." 라고 기록되어 있는데, 계핏가루에 생강즙과 물을 섞어서 잣과함께 소를 빚어 넣고, 잣가루 고물을 묻힌 과자이다.

01

② 한과류

계강과

요구사항

※ 계강과는 세 모서리에 뿔이 난 모양으로 납작하게 빚어 7개를 제출하시오.
1) 문제의 요구사항대로 작품이 만들어지지 않을 경우 실격 처리된다.
2) 해당 과제의 지급재료 외의 재료를 사용할 경우 득점에 관계없이 오작 처리된다.

주재료 및 부재료

메밀가루 1/2컵, 찹쌀가루 2/3컵, 소금 1/2작은술, 계핏가루 1/2작은술, 설탕 1/4컵,
잣가루 2큰술, 꿀 2큰술, 끓는 물 3큰술, 생강즙 1~2큰술

조리방법

1. 생강은 껍질을 벗기고 곱게 다진다.
2. 찹쌀가루, 메밀가루에 생강, 설탕, 계핏가루를 넣어 더운물로 송편 반죽 정도로 하여 세 뿔 난 생강 모양으로 빚어서 찜통에 쪄낸다.
3. ②가 다 익으면 꺼내어 꿀을 바르고 잣가루에 묻힌다.(찐 것을 다시 번철에 놓고 지져도 맛있다.)

강란

강란의 유래

강란(薑卵)은 생강을 곱게 갈아서 생강물을 가라앉혀 녹말앙금에 꿀이나 설탕을 반죽하여 잣가루 고물을 묻혀 만든 숙실과(熟實果)로 조선시대 양반가에서 건강을 위해 또는 취향으로 만들어 먹던 한과이다.

02 강란

요구사항

1) 문제의 요구사항대로 작품이 만들어지지 않을 경우 실격 처리된다.
2) 해당 과제의 지급재료 외의 재료를 사용할 경우 득점에 관계없이 오작 처리된다.

주재료 및 부재료

생강 100g, 설탕 50g, 물 1/2컵, 물엿(꿀) 1/2컵, 잣 1/3컵

조리방법

1. 생강은 깨끗이 씻어 썹질을 벗기고 강판에 곱게 간다.
2. ①을 물에 헹구어 매운 맛을 우려내고 건더기는 체에 밭쳐 주고 생강 물은 가라앉혀 녹말 앙금을 만들고 윗물은 따라 낸다.
3. 냄비에 생강 건더기와 설탕물을 넣어 센 불에서 끓이다가 중불로 끓인 다음, 약불로 낮추어서 거품을 걷어 가며 더 끓인다.
4. ②가 거의 졸여지면 물엿(꿀), 녹말물(녹말앙금)을 넣고 중불에서 조금 더 졸인 후 식힌다.
5. 잣은 고깔을 딴 후에, 도마 위에 깨끗한 종이를 깔고 곱게 다진다.
6. 생강 반죽을 밤톨만하게 떼어 뿔이 세개 난 것처럼 빚어서 잣가루를 입혀 낸다.

주의사항

녹말 앙금은 30분~1시간 정도 가라앉혀야 좋다.

모약과

모약과의 유래

모약과는 약과를 네모지게 만들어서 튀겨낸 것으로 예로부터 예식 때 많이 쓰인다. 유밀과의 일종으로 약과의 약(藥)이란 이름은 꿀이 많이 들어가는 음식에 붙였다.

03 모약과

요구사항

※ 모약과는 1cm×3.5cm×4cm 크기로 7개를 제출하시오.

1) 문제의 요구사항대로 작품이 만들어지지 않을 경우 실격 처리된다.
2) 해당 과제의 지급재료 외의 재료를 사용할 경우 득점에 관계없이 오작 처리된다.

주재료 및 부재료

밀가루(박력분) 1컵(200g), 참기름 2큰술, 꿀 2큰술, 청주 3큰술, 소금 1/4작은술, 잣 1작은 술, 생강즙 2큰술, 흰 후춧가루 1/4작은술, 계핏가루 1/4작은술

집청 시럽 쌀 1컵, 물 1/3컵, 생강 30g

조리방법

1. 밀가루와 소금, 흰 후춧가루를 체에 내린 다음, 참기름을 조금씩 넣으면서 손으로 고루 비벼서 다시 한 번 체에 내린다.
2. 꿀과 청주, 밀가루를 넣고 반죽하여 비닐에 넣어서 5~10분간 숙성시킨 후, 밀대로 밀어서 접어 밀기를 4~5번 반복한다. 4cm×4cm×0.8cm 크기로 썬다.
3. ②에 꼬치로 다섯군데 침을 준다.
4. 썰어 놓은 모약과를 90~110℃의 기름에 넣고 튀겨서 떠오르면 140℃ 정도의 온도에서 갈색이 나도록 튀긴다.
5. 집청 시럽을 만들어 약과를 넣어 스며들게 한다.
6. 집청한 약과를 꺼내 잣을 올려서 장식한다.

주의사항

요구사항에 고명으로 잣가루를 얹으라고 하면, 잣가루를 모약과 위에 뿌린다.

대추초

대추초의 유래

초는 조리듯 볶는 조리법을 의미한다. 예로부터 쌍둥이처럼 두 가지를 만들어 각색정과나 율란, 조란, 생란 등 여러 가지 숙실과와 나란히 담아 잔칫상을 장식하는데, 대추초는 태우지 말고 윤이 나게 만든다.

04 대추초

요구사항

※ 대추초 10개를 완성하여 제출하시오.
1) 문제의 요구사항대로 작품이 만들어지지 않을 경우 실격 처리된다.
2) 해당 과제의 지급재료 외의 재료를 사용할 경우 득점에 관계없이 오작 처리된다.

주재료 및 부재료

대추 10개, 잣 1큰술, 계핏가루 1/2큰술, 꿀 2큰술
시럽 물 1/3컵, 설탕 1큰술, 물엿 1/2큰술, 소금

조리방법

1. 대추는 젖은 면보로 닦아서 반으로 가르고 씨를 빼고, 김이 오른 찜통에서 5분 정도 찐다.
2. 대추 안쪽에 꿀을 바르고 잣을 4~5개 넣어 제 모양대로 오므린다.
3. 냄비에 분량의 시럽을 끓여서 계핏가루를 넣어 저은 후에 약한 불에 대추를 넣고 고루 조린다.
4. 국물이 거의 졸아지면 꿀을 넣고 계핏가루를 넣고 뿌려서 섞는다.
5. 대추초를 하나씩 떼어서 잣을 박은 쪽이 위로 가도록 담아낸다.

주의사항

대추가 너무 불려지지 않아 쪼글거리거나 타게 조려지면 안된다.
요구사항의 지시대로 대추 갯수를 제출한다.

도라지정과

도라지정과의 유래

정과는 식물의 뿌리나 열매를 꿀이나 물엿으로 쫄깃쫄깃하고 달콤하게 조린 것이다. 예로부터, 잔치 때에 꼭 만드는 조과로 보통 한 가지만 만들지 않고 여러 가지 재료를 각각 달게 조려서 완전히 식힌 후에 꾸덕꾸덕해지면 한 접시에 나란히 올려 담는다.

05 도라지정과

요구사항

※ 도라지는 5cm×1cm×0.6cm 정도로 자르고 데쳐서 사용하시오.
설탕과 물엿을 사용하여 윤기나게 조려 내시오.

1) 문제의 요구사항대로 작품이 만들어지지 않을 경우 실격 처리된다.
2) 해당 과제의 지급재료 외의 재료를 사용할 경우 득점에 관계없이 오작 처리된다.

주재료 및 부재료

통도라지 200g, 소금 1/2작은술, 물엿 2큰술, 설탕 100g, 물 1컵

조리방법

1. 껍질을 벗긴 통도라지를 5cm×1cm×0.6cm로 잘라서 굵은 것은 반이나 4등분하여 끓는 물에 소금을 넣고 살짝 데쳐서 찬물에 헹구어 놓는다.
2. 냄비에 설탕, 물, 소금, 도라지를 넣어 불을 약하게 하여 서서히 조리고, 도중에 생기는 거품은 수저로 걷어낸다.
3. 끓기 시작하여 조려지면 물엿을 넣어 노릇하고 윤기나게 조린다.
4. 윤기가 나고 투명하게 조려졌으면 꺼내어 시럽 물을 체에 받쳐 식힌 후에 그릇에 담는다.

밤초

밤초의 유래

초(炒)라는 말이 들어가는 숙실과로는 밤초와 대추초가 가장 유명하다. 초는 조리듯 볶는다는 조리법을 의미한다. 밤초는 밤의 색이 변하지 않게 말갛게 조리는 것이 요령이다.

06 밤초

요구사항

※ 밤초 10개를 완성하여 제출하시오.

1) 문제의 요구사항대로 작품이 만들어지지 않을 경우 실격 처리된다.
2) 해당 과제의 지급재료 외의 재료를 사용할 경우 득점에 관계없이 오작 처리된다.

주재료 및 부재료

밤 10개, 설탕 4큰술, 물엿 1큰술, 꿀 1큰술, 치자물, 잣가루 1작은술

조리방법

1. 밤은 껍질을 벗겨 물에 담가 둔다.
2. 끓는 물에 밤을 데쳐 헹군다.
3. 냄비에 설탕, 소금, 물, 치자물과 밤을 넣고 중불에서 한두 번 끓어오르면 불을 약불로 줄여서 서서히 조리고 물엿을 넣어서 조려서 국물이 없을 정도가 되면 꿀을 넣고 다시 서서히 조린다.
4. 뚜껑을 열고 윤기나게 조린다.
5. 너무 오래 조리면 타거나 시럽이 굳어지므로 주의해서 조린다. 그릇에 예쁘게 담아낸다.

만두과

만두과의 유래

만두과는 한과의 한 종류로 대추와 물, 계핏가루를 섞어 소를 만들어서 참기름을 넣어 만든 만두에 넣고 잣가루 고명을 뿌려 만든 음식이다. 약과 반죽보다 약간 부드러워야 소를 넣기 쉽다.

07 만두과

요구사항

※ 대추를 다져서 소로 넣어 기름에 튀겨 집청하시오. 개수는 7개를 제출하시오.
1) 문제의 요구사항대로 작품이 만들어지지 않을 경우 실격 처리된다.
2) 해당 과제의 지급재료 외의 재료를 사용할 경우 득점에 관계없이 오작 처리된다.

주재료 및 부재료

밀가루 200g, 소금 1/2작은술, 후춧가루 약간, 참기름 2큰술, 식용유, 잣가루 1작은술
반죽시럽 생강즙 2큰술, 꿀 2큰술, 청주 3큰술
소 대추 100g, 꿀 2큰술, 계핏가루 1/2 작은술
집청 설탕 1컵, 물 1컵, 꿀 2큰술, 계핏가루 1/2 작은술, 생강즙 1작은술

조리방법

1. 밀가루에 소금과 후춧가루를 넣고 체에 쳐 참기름을 넣고 고루 비벼서 섞는다.
2. 작은 그릇에 생강즙, 꿀, 청주를 고루 섞어서 ①의 밀가루에 고루 끼얹어 반죽을 한데 뭉치면서 덩어리가 되도록 눌러서 반죽을 한다.
3. 대추는 씨를 발라내고 곱게 다져서 꿀 계핏가루를 넣어 반죽하여 소를 조그맣게 만들어 놓는다.
4. 만두과 반죽을 밤톨크기로 떼어 소를 넣고 송편처럼 빚어 오므린 후 가장자리는 새끼처럼 꼬아 마무리 한다.
5. 집청할 시럽은 설탕 : 물 각각 1컵씩(2컵) 냄비에 담아 불에 올려서 젓지 말고 끓여서 설탕 시럽이 1컵 정도가 되면 적당하다
6. 설탕 시럽을 식힌 후에 꿀을 넣고 계핏가루 생강즙을 넣어 고루 섞는다.
7. 빚어 놓은 만두과는 140℃정도의 기름에 넣어 서서히 옅은 갈색이 날 때까지 튀겨 낸다. 튀긴 만두과는 ⑤의 시럽에 집청한 후에 꺼내서 잣가루를 뿌린다.

주의사항

요구사항에 잣가루를 고명으로 하라면 잣가루를 만두과 위에 뿌려 낸다.

삼색매작과

삼색매작과의 유래

매작과는 밀가루로 만드는 한과류로 색도 아름답고 맛도 좋기 때문에 예로부터 의례에 많이 쓰였으며 어린이에게 인기가 높다. 매엽과라고도 한다.

08 삼색매작과

요구사항

※ 삼색매작과의 완성품 크기는 5cm×2cm×0.3cm 정도로 하고 색깔별로 3개씩 완성하여 잣가루를 뿌려서 제출하시오.

1) 문제의 요구사항대로 작품이 만들어지지 않을 경우 실격 처리된다.
2) 해당 과제의 지급재료 외의 재료를 사용할 경우 득점에 관계없이 오작 처리된다.

주재료 및 부재료

밀가루 1½컵, 생강 1쪽, 잣 1작은술, 치자 1개, 녹차가루 1/4작은술, 당근 1/3뿌리
백련초가루 1/3작은술, 소금
설탕시럽 설탕 1/2컵, 물 1/2컵

조리방법

1. 생강즙을 만들어 놓는다.
2. 밀가루는 약간의 소금을 넣어 체에 내린 뒤 3등분하여 치자물, 녹차가루, 백련초가루 각각에 생강즙을 3등분하여 반죽하여 휴지시킨다.
3. 설탕 시럽은 물과 설탕을 동량으로 넣어 중불에서 젓지 말고 반 정도 되게 조린다.
4. 숙성된 반죽을 밀어 5cm×2cm×0.3cm 크기로 잘라서 3군데 칼집을 넣어 매작과 모양을 만든다.
5. 잣은 고깔을 떼고 종이 위에 놓고 곱게 다진다.
6. 기름 온도를 150℃로 맞추고 밀가루에 기포가 생기지 않게 노릇하게 튀겨 설탕 시럽에 집청을 한다.
7. 접시에 담고 잣가루를 뿌린다.

율란 · 조란

율란 · 조란의 유래

예전에는 주로 말린 밤(황률)을 가루로 내어 사용하였으나 최근에는 날밤을 삶아서 어레미에 내리거나 절구에 찧어 계핏가루와 꿀로 반죽해서 다시 밤 모양으로 빚어 잣가루를 무치거나 계핏가루를 묻혀 모양을 낸다. 조란은 대추살을 곱게 다져 설탕 등을 넣고 조린 것으로 꿀과 계핏가루를 섞어서 대추 모양으로 만든 것이다.

09 율란 · 조란

요구사항

1) 문제의 요구사항대로 작품이 만들어지지 않을 경우 실격 처리된다.
2) 해당 과제의 지급재료 외의 재료를 사용할 경우 득점에 관계없이 오작 처리된다.

주재료 및 부재료

율란 밤 7개, 계핏가루 1/4작은술, 꿀 1큰술, 잣가루 1작은술
조란 대추 10개, 잣 1작은술, 양념 꿀 1큰술, 설탕 1큰술, 소금, 계핏가루

조리방법

율란
1. 밤은 씻어 껍질을 다 벗겨 물을 넉넉히 붓고 푹 삶는다.
2. 밤이 다 익으면 뜨거울 때 어레미에 내린 후 계핏가루와 소금, 꿀을 넣고 고루 섞어서 덩어리로 꼭꼭 뭉친다.
3. 잣은 고깔을 떼어내고 칼로 곱게 다져 준비한다.
4. 밤반죽을 떼어 동그랗게 굴려 밤 모양으로 빚어 밑동부분에 꿀을 조금 바르고 잣가루를 묻혀서 7개 정도 만든다.

조란
1. 대추는 깨끗이 씻어 찜통에 살짝 쪄낸다.
2. 쪄낸 대추는 씨를 발라내고 곱게 다진 다음, 계핏가루와 설탕, 꿀을 넣고 약한 불에서 주걱으로 저으면서 조린 후에 덩어리지게 뭉친다.
3. 조린 대추덩어리를 보통 크기의 대추알만큼씩 떼어 대추 모양으로 빚는다.
4. 성형한 대추 한쪽 끝에 잣을 박아서 7개를 담아낸다.

주의사항

율란과 조란의 사진은 5개이지만 요구사항에서 7개를 제출하라고 하면 7개를 제출한다.
조란 만들기에서 불에 너무 오래 볶으면 대추가 타기도 하며, 색이 검게 변하므로 살짝만 볶는다.

편강

편강의 유래

편강은 생각을 얇게 저며서 설탕에 조려 만든다. 예로부터 양반가에서 간식이나 술안주로 선호하였다.

10 편강

요구사항

※ 생강 지급재료를 모두 사용하여 편강을 만들어 내시오.
1) 문제의 요구사항대로 작품이 만들어지지 않을 경우 실격 처리된다.
2) 해당 과제의 지급재료 외의 재료를 사용할 경우 득점에 관계없이 오작 처리된다.

주재료 및 부재료

생강 120g, 설탕 100g. 물 2컵

조리방법

1. 생강은 껍질을 벗긴 후 두께를 0.2cm 정도로 저며서 썬다.
2. 생강을 끓는 물에 데쳐 낸다.
3. 물 2컵을 끓이다 설탕을 넣고 다시 끓인 후에 데쳐 놓은 생강을 넣고 타지 않게 설탕 물이 자작하게 줄어들 때까지 조린다.
4. 조린생강은 체에 받쳐서 설탕물을 완전히 뺀 다음, 설탕가루에 버무려서 털어 낸다.

연근정과

연근정과의 유래

『규합총시』에 꿀에 졸이는 방법과 꿀에 재워서 만드는 방법이 소개되고 있다. 연근정과는 각종 과일이나 당근, 새앙(생강), 연근, 인삼 등을 꿀이나 설탕에 절이거나 조려서 만든 한국 고유 과자류의 총칭으로, 정과(正果) 또는 밀전(密煎)이라고도 한다.

11 연근정과

요구사항

※ 연근정과는 0.7cm 두께로 썰어 윤기나게 조려 7개를 제출하시오.
1) 문제의 요구사항대로 작품이 만들어지지 않을 경우 실격 처리된다.
2) 해당 과제의 지급재료 외의 재료를 사용할 경우 득점에 관계없이 오작 처리된다.

주재료 및 부재료

연근 200g, 물 2컵, 식초 1큰술, 물엿 2큰술
조림시럽 설탕 100g, 소금 1/2작은술, 물 3컵

조리방법

1. 연근은 껍질을 벗기고 두께 0.5cm로 얇게 썰어 끓는 물에 소금과 식초를 넣고 살짝 데쳐서 찬물에 헹구어 건진다.
2. 데친 연근을 냄비에 담고 조림시럽 재료를 넣고 처음에는 센 불에 올리고 끓기 시작하면 불을 약하게 하여 뚜껑을 열어놓은 채 서서히 조리며 끓이는 도중에 위에 떠오르는 거품을 말끔히 걷어낸다.
3. 설탕물이 거의 조려지면 물엿을 넣고 위, 아래로 섞으면서 잠시 더 윤기가 나도록 조린다.
4. 충분히 조려지면 굵은 체나 망에 하나씩 건져서 떼어 놓고 식혀서 그릇에 담는다.

주의사항

요구사항의 개수를 잘 보고 7개 제출한다. 수량 부족 시에는 탈락된다.

과편

과편의 유래

과편(果片)은 과일즙으로 쑨 일종의 묵으로, 맛이 달콤해서 식사를 마무리하는 후식이나 어린이 간식으로 좋다. 조선시대 궁중음식 문헌인 『진연의궤』, 『진찬의궤』에 의하면 궁중 연회상차림에 자주 사용되었다고 한다.

12 과편

요구사항

※ 과편은 굳혀서 4cm×2cm×0.7cm의 크기로 잘라서 7개를 제출하시오.

1) 문제의 요구사항대로 작품이 만들어지지 않을 경우 실격 처리된다.
2) 해당 과제의 지급재료 외의 재료를 사용할 경우 득점에 관계없이 오작 처리된다.

주재료 및 부재료

포도과편 포도 200g, 물 2컵, 설탕 1/2컵, 녹말가루 50g, 소금
딸기과편 딸기 200g, 물 2컵, 설탕 1/2컵, 녹말가루 50g, 소금
오렌지과편 오렌지 200g, 물 2컵, 설탕 1/2컵, 녹말가루 50g, 소금

조리방법

1. 포도는 알알이 떼어 깨끗이 씻어 건진 후 2컵 분량의 물을 붓고 끓여서 체에 걸러서 포도즙 2컵을 만든다(딸기와 오렌지도 같은 방법으로 과즙을 만든다).
2. 포도즙 1컵에 설탕과 소금, 녹말가루를 넣고 골고루 잘 섞어 놓는다.
3. 나머지 1컵의 포도물을 끓이다가 끓기 시작하면 ②를 천천히 붓고 나무주걱으로 저어 가며 중불에서 끓인다.
4. 액체가 투명해지고 윤기가 나고 끈기가 생기면 사기접시나 쟁반에 부어 상온에서 식혀 준다.
5. ④가 굳으면 4cm×2cm×0.7cm 크기로 잘라 접시에 담아낸다.
6. 오렌지와 딸기도 위의 포도즙과 같은 방법으로 각각 만들고 동일한 크기로 굳혀서 썰어 놓는다.

채소과

채소과의 유래

밀가루를 반죽하여 국수처럼 가늘게 늘여 타래실처럼 감아서 기름에 튀겨낸 한과이다. 모양이 가운데를 묶어 마치 채소같이 만들어 채소과 또는 채수과라고도 하며『이조궁정요리통고』에 의하면 색깔없이 하여 제사음식으로 사용하였다고 한다.

13 채소과

요구사항

1) 문제의 요구사항대로 작품이 만들어지지 않을 경우 실격 처리된다.
2) 해당과제의 지급재료 외의 재료를 사용할 경우 득점에 관계없이 오작 처리된다.

주재료 및 부재료

노란색 반죽 밀가루 35g, 소금 0.2g, 치자물 3g, 물 2큰술
분홍색 반죽 밀가루 35g, 소금 0.2g, 딸기가루 1.3g, 물 2큰술
쑥색 반죽 밀가루 35g, 소금 0.2g, 쑥가루 1g, 물 2큰술
식용유 5컵
시럽 설탕 1/2컵, 물 1/2컵

조리방법

1. 각각의 밀가루에 소금을 넣고 체에 내린 후에, 치자물과 딸기가루, 쑥가루를 각각 넣고 고루 섞은 다음에 물을 넣고 반죽한다.
2. 각각의 반죽은 싸서 20분 정도 숙성시킨 후 밀대로 두께 0.2cm 정도로 밀고, 길이 35cm, 폭 0.3cm. 정도로 썰어 타래실 감듯이 감아서 가운데를 묶는다.
3. 냄비에 설탕과 물을 붓고 약불에서 15분 정도 끓여서 시럽을 만든다.
4. 팬에 식용유를 붓고 중불에 5분 정도 올려 100~110℃가 되면, 반죽을 넣고 약불로 낮추어서 3분 정도 둔다.
5. 채소과가 익어 떠오르면 중불로 올려 2분 정도 뒤집어 가며 튀긴 후, 체에 건져서 기름을 뺀다.
6. 튀긴 채소과를 식혀서 시럽에 넣고 즙청한 후에 건져서 그릇에 담는다.

주의사항

채소과 위에 잣가루를 뿌리기도 한다.
즙청에 계핏가루를 넣기도 한다.

차수과

차수과의 유래

조선시대 궁중요리서인 『진잔의궤』나 『진언의궤』에 의하면 찬연상에 올렸다고 하며, 모양을 아름답게 하기 위해서 3색이나 4색을 낼 수도 있다. 집청을 하지 않고 설탕과 계핏가루를 섞어 뿌리기도 한다.

14 차수과

요구사항

1) 문제의 요구사항대로 작품이 만들어지지 않을 경우 실격 처리된다.
2) 해당과제의 지급재료 외의 재료를 사용할 경우 득점에 관계없이 오작 처리된다.

주재료 및 부재료

밀가루 1컵, 물 3큰술, 꿀 1/2컵, 유자 1/4개, 계핏가루, 소금, 잣가루 1큰술, 튀김기름

조리방법

1. 밀가루에 소금을 넣어 체에 내린 다음, 밀가루에 준비된 분량의 물을 넣어 고루 섞고 주물러서 반죽을 한다.
2. 반죽은 얇게 밀어서, 한 가지는 12cm×2.5cm×0.2cm로 가늘게 썰어 양쪽 끝을 붙여 모양을 내거나, 같은 모양으로 밀어 6cm 길이로 썰어서 끝을 1cm 정도 남기고 가늘게 썰어 모양을 낸다.
3. 120~130℃ 정도의 기름에 튀겨 내어서 갈색이 나면 기름을 빼고, 집청에 재웠다가 잣가루를 뿌려 낸다.

유자 배화채

유자 배화채의 유래

1957년에 발간된『이조궁정요리통고』에 유자채 만드는 방법이 설명되어 있다. 겨울철은 비타민이 부족해지기 쉬운 계절이라 미리 유자청(유자차)을 만들어 놓았다가 차로 우려 마시면 감기 예방에 효과적이다.구연산이 4% 정도나 있어 피로를 풀어주고 소화를 촉진한다. 혈액순환을 도우며 중풍 예방에 효과적이다.

01 ③ 음청류

유자 배화채

요구사항

1) 문제의 요구사항대로 작품이 만들어지지 않을 경우 실격 처리된다.
2) 해당 과제의 지급재료 외의 재료를 사용할 경우 득점에 관계없이 오작 처리된다.

주재료 및 부재료

유자 1개, 배 1개, 설탕 1½컵, 물 6컵, 석류알 2큰술, 잣 1큰술

조리방법

1. 유자는 껍질을 4등분하여 속을 다치지 않게 껍질을 벗기고, 속알맹이를 한 조각씩 떼어낸다. 흰 줄기는 뜯어내고 씨를 빼서 그릇에 한데 모은다.
2. 유자 껍질을 한 조각씩 도마에 놓고 안쪽의 흰 부분을 얇게 저며 내고 노란 부분을 가늘게 채로 썬다.
3. 배는 껍질을 벗겨서 얇게 저며 고운 채로 썬다.
4. 물과 설탕을 한데 끓여서 차게 식힌다.
5. 유자의 속은 깨끗한 행주에 싸서 즙을 짠 뒤 설탕물에 섞는다. 또는 씨를 뺀 알맹이를 설탕으로 버무려 큰 화채그릇에 먼저 담는다.
6. 큰 화채그릇에 채썬 유자와 배를 세 군데로 갈라서 담고, ④의 설탕물을 가만히 부어서 뚜껑을 덮어두어 유자향이 설탕물에 우러나도록 한다.
7. 설탕물에 유자향이 들면 석류알과 잣을 띄워서 상에 내고 국자로 잘 저어 작은 화채그릇에 나누어 담는다.

원소병

원소병의 유래

원소병은 한자로 元宵餠, 또는 圓小餠이라 쓴다. 원소(元宵)는 정월 보름달 저녁이라는 뜻이므로 이날 저녁에 먹는 떡이라 해석하고, 원소병(圓小餠)은 작고 동그란 떡이다. 조선왕조 창덕궁에 전래된 원소병이라 하면 떡수단과 동격인 음료에 속하며, 정월 보름날 만들어 먹는 것이다.

02 원소병

요구사항

※ 원소병은 3가지의 색으로 각각 5개씩 만들어서 설탕물에 잣을 올려 제출하시오.

1) 문제의 요구사항대로 작품이 만들어지지 않을 경우 실격 처리된다.

2) 해당 과제의 지급재료 외의 재료를 사용할 경우 득점에 관계없이 오작 처리된다.

주재료 및 부재료

찹쌀가루 1컵, 치자 1개, 쑥 30g, 딸기가루 10g, 녹말가루 2큰술

소 대추 2개, 유자청건지 1큰술, 계핏가루 1작은술

화채국물 물 1컵, 꿀(설탕) 2큰술, 잣 1작은술

조리방법

1. 찹쌀가루 1컵을 3등분한다.
2. 치자는 씻어 쪼개서 따뜻한 물 1/3컵에 우려내고 헝겊에 걸러서 노란색의 물을 만든다.
3. 딸기가루를 물에 풀어 면보에 짜서 딸기즙을 만들어 놓고 쑥가루도 같은 방법으로 만들어 놓는다.
4. 화채국물을 만들어서 식힌다.
5. 손질한 대추는 채 썰어 다시 곱게 다지고, 유자청건지도 즙을 짜내, 건지를 곱게 다진 후에 섞어서 계핏가루를 넣고 소를 만든다.
6. 찹쌀가루를 각각 앞에서 만든 세 가지 즙으로 반죽하여 노랑, 빨강, 초록색 떡반죽을 준비한다.
7. 반죽을 은행알 두 개 크기만큼씩 떼어 내 소를 넣고 뭉쳐서 구슬 모양으로 동그랗게 빚는다.
8. 반죽하여 빚은 것을 오목한 그릇에 담고 녹말가루를 넣어 끓는 물에 삶아 내어 재빠르게 찬물에 헹구어 건진다.
9. 원소병을 화채그릇에 담고, 미리 끓여 식힌 설탕물을 부은 다음 잣을 띄워 낸다.

떡수단

떡수단의 유래

수단은 여름을 알리는 유둣날에 만들어 먹었던 전통음료이다. 낮의 더위와 갈증에 꿀물이나 오미자물로 갈증을 달래며 찹쌀떡으로 허기진 뱃속을 살짝 달래주는 여유와 낭만이 있는 지혜로운 음료이다. 오미자를 만드는 전통음료 보리수단도 있다. 오미자는 기침이나 갈증의 증상을 완화하고 땀과 설사를 멎게 하는 민간요법의 약선음식이었다.

03 떡수단

요구사항

※ 떡수단의 떡은 1cm의 크기로 만들어서 제출하시오.
1) 문제의 요구사항대로 작품이 만들어지지 않을 경우 실격 처리된다.
2) 해당 과제의 지급재료 외의 재료를 사용할 경우 득점에 관계없이 오작 처리된다.

주재료 및 부재료

멥쌀가루 1/2컵, 녹말가루 1큰술, 잣 1/2작은술, 소금
꿀물 꿀 2큰술, 물 1컵

조리방법

1. 멥쌀가루에 연한 소금물을 뿌려 가며 골고루 비벼 체에 내린다.
2. 찜솥에 젖은 면보를 깔고 쌀가루를 넓게 펴서 안쳐 김이 오른 후 7~8분 정도 찐다.
3. 잘 쳐진 떡을 절구에 넣고 절구봉을 소금물에 묻혀가며 차지게 친다.
4. 흰떡은 1cm 굵기의 가래떡 형태로 만들어 나무칼로 1cm 크기로 잘라 동그란 떡을 만든다.
5. 떡에 녹말가루를 골고루 입혀 털어서 끓는 물에 살짝 삶아 내어 찬물에 헹구어 건진다.
6. 꿀물을 끓여 식힌 후 떡을 넣고 잣을 띄워 낸다.

수정과

수정과의 유래

1800년대 말엽 조리서인 『시의전서』를 보면, 조선시대 궁중연회상에 차려진 수정과 만드는 방법이 다음과 같이 소개되어 있다. 정초에 만드는 화채인 수정과는 계피, 생강을 각각 달인 물을 알맞게 섞어 설탕을 타서 차게 식힌 후 곶감, 배 등의 건지를 띄운 것이다.

04 수정과

요구사항

※ 계피와 생강을 각각 분리해 끓인 후 섞는다.
1) 문제의 요구사항대로 작품이 만들어지지 않을 경우 실격 처리된다.
2) 해당 과제의 지급재료 외의 재료를 사용할 경우 득점에 관계없이 오작 처리된다.

주재료 및 부재료

통계피 30g, 생강 50g, 물 4컵, 황설탕 1/2컵, 곶감 2개, 잣 1작은술

조리방법

1. 생강은 깨끗이 씻어 얇게 저민 뒤에 물 2컵을 붓고 향이 우러나도록 은은하게 끓인다.
2. 통계피도 깨끗이 씻어 나머지 물을 넣고 끓여 체에 거른다.
3. ①, ②를 섞어 설탕을 넣고(설탕이 녹을 정도로) 끓여 식힌다.
4. 곶감은 씨를 빼고 잘 다듬어서 모양대로 수정과 물에 담근다.
5. 수정과를 차게 식혀서 곶감을 넣고 실백을 고명으로 하여 그릇에 담아낸다.
6. 수정과 끓일 때 번거롭더라도 계피와 생강을 따로 끓인 뒤에 섞어야 각각의 향과 맛을 조화롭게 느낄 수 있다.

주의사항

계피와 생강을 따로 끓여 합한 후에 다시 한 번 끓인다. 혹시 지급재료에 호두가 나오면 곶감의 배를 갈라 씨를 빼내고 호두로 속을 넣어 김밥 말듯이 곶감쌈을 만든 후 0.5cm 두께로 썰어 수정과에 넣고 잣을 띄운다.

식혜

식혜의 유래

1984년의 『한국민속종합보고서-향토음식편』에 안동식혜 만드는 방법이 소개되어 있다. 식혜를 끓일 때는 건고추를 넣으면 엿기름의 잡내를 방지할 수 있으며 유자청, 생강 등을 넣으면 맛이 한결 상큼하다.

05 식혜

요구사항

1) 문제의 요구사항대로 작품이 만들어지지 않을 경우 실격 처리된다.
2) 해당 과제의 지급재료 외의 재료를 사용할 경우 득점에 관계없이 오작 처리된다.

주재료 및 부재료

엿기름 4컵, 멥쌀 3컵, 물 20컵, 설탕 3컵, 생강 10g, 잣 2큰술

조리방법

1. 따뜻한 물에 엿기름가루를 손으로 주물러서 체에 걸러서(2~3회 반복) 가라앉히고 앙금이 가라앉으면 맑은 윗물을 가만히 따라내어 엿기름물을 준비한다.
2. 멥쌀을 씻어 건져 찜통에 고슬고슬하게 쪄서 엿기름물에 섞고, 60~65℃의 밥통에서 4~5시간쯤 발효시켜 둔다.
3. 밥알이 4~5개 정도 뜨면 한소끔 끓여 밥알을 건져서 찬물에 담그고 단물이 완전히 빠지도록 헹구어 건져서 물기를 뺀다.
4. 밥알을 건져낸 식혜물에 설탕을 넣고 끓이며 이때 끓이면서 떠오르는 거품을 말끔히 걷어내고 생강 몇 쪽을 넣어 한소끔 끓여 낸다.
5. 식혜국물을 시원하게 식혀서 그릇에 담고 밥알과 잣을 띄워 낸다.
6. 밥알이 발효돼 당화되면 위로 떠오르는데 식혜원료인 보리싹(엿기름)에서도 당화가 돼 단맛이 우러나온다. 이 밥알을 찬물에 헹구지 않고 식혜물과 함께 끓여 섞어서 차게 두었다가 설탕을 타 먹으면 이것이 감주가 된다.

국가기술자격 한식기조리능장 시험 실기 기출문제 기본 예시

자격종목	조리기능장(한식)	과제명	사슬적, 두부전골, 도라지정과, 잣구리, 떡갈비구이

※ 시험시간 : [표준시간 : 2시간 20분, 연장시간 : 10분]

1. 요구사항

※ 주어진 재료를 사용하여 다음과 같이 만드시오.

가. 사슬적

1) 사슬적은 폭 6cm, 길이 6cm 정도 되게 하시오.

2) 사슬적은 2개 제출하고, 잣가루를 고명으로 하시오.

3) 초간장을 곁들여 내시오.

나. 두부전골

1) 두부의 길이는 3cm×2.5cm×0.5cm 정도로 하고 지진 두부와 두부 사이에 고기를 넣어 미나리로 묶어 7개 만드시오.

2) 완자는 지름 1.5cm 정도로 만드시오.

3) 모든 재료는 5cm 길이로 썰어 사용하고 육수를 부어 끓여 내시오.

다. 도라지정과

1) 도라지는 5cm×1cm×0.6cm 정도로 자르고 데쳐서 사용하시오.

2) 설탕과 물엿을 사용하여 윤기나게 조려 내시오.

라. 잣구리

1) 잣구리는 2cm×4cm 정도 크기의 누에고치 모양으로 5개 만들어 내시오.

마. 떡갈비구이

1) 양념한 갈비살이 뼈에서 떨어지지 않도록 구우시오.

2) 완성된 떡갈비는 2대 제출하시오.

자격종목	조리기능장(한식)	과제명	과제 공통

2. 수험자 유의사항

1) 조리 숙련도와 작품의 예술성을 나타내어야 한다.
2) 조리기구 중 가스레인지 및 칼등을 사용할 때에는 안전에 유념하여야 한다.
3) 지급재료는 1회에 한하여 지급되며 재 지급은 하지 않는다. (수험자가 조리작업 시작 전에 사전에 지급된 재료를 검수하여 불량재료 또는 지급량이 부족하다고 판단될 경우에는 즉시 시험위원에게 통보하여 교환 또는 추가지급을 받도록 한다.)
4) 지급재료는 최대한 활용한다.
5) 주어진 표준시간을 초과하여 연장시간을 사용한 경우, 전체 득점에서 감점한다.
6) 다음과 같은 경우, 채점대상에서 제외한다.
   (가) 시험시간 (표준시간 및 연장시간 포함) 내에 작품을 제출하지 못한 경우 : 미완성
   (나) 시험시간 내에 제출된 작품이라도 다음과 같은 경우
      ① 불을 사용하여 만든 조리작품이 작품특성에 벗어나는 정도로 타거나 익지 않은 경우 : **실격**
      ② 구이를 찜으로 조리하는 등과 같이 요리의 형태를 다르게 만든 경우 : **오작**
      ③ 요구사항대로 과제의 수량이 만들어 지지 않은 경우 : **미완성**
7) 완료 후 작품을 지정된 장소에 신속히 제출하여야 한다.
8) 작품을 제출한 다음 본인이 조리한 장소의 주변을 깨끗이 청소하고 조리 기구를 정리정돈하고 지시에 따라 퇴실한다.

1. 한식조리산업기사 기출문제 예시

2011년 5월 8일 산업기사 기출문제

1. 장김치, 두부선, 잡채, 너비아니, 콩나물밥
2. 두부선, 삼색경단, 어만두, 오이소박이, 수란

2011년 5월 9일 산업기사 기출문제

1. 양동구리, 제육구이, 장김치, 장국죽, 잡채
2. 꽃게찜, 사슬적, 두부젓국찌개, 무생채, 오이선

2011년 5월 10일 산업기사 기출문제

1. 장국죽, 나박김치, 명란젓찌개, 북어보푸라기, 다시마 매듭 자반
2. 두부전골, 무생채, 사슬적, 잡채, 매작과

2010년 산업기사 기출문제

1. 칼국수, 수란, 대추초, 수정과, 배추겉절이
2. 비빔밥, 나박김치, 오이생채, 장산적, 시금치토장국
3. 오이선, 깍두기, 장떡, 어채, 만둣국
4. 어선, 죽순찜, 화양적, 더덕생채, 애호박나물
5. 뱅어포구이, 칠절판, 더덕생채, 풋고추전, 연근조림
6. 월과채, 홍합초, 어알탕, 제육구이, 오이선
7. 두부선, 삼색북어보푸라기, 완자탕, 오이선, 호두정과
8. 율란 · 조란, 장산적, 무숙장아찌, 칠절판

2010년 4월 18일 산업기사 기출문제

1. 닭찜, 어알탕, 죽순채, 지짐누름적, 미나리강회

2010년 4월 19일 산업기사 기출문제

1. 해물된장찌개, 화전, 삼색북어보푸라기, 수정과, 육회

2005년 산업기사 기출문제

1. 새우전, 소갈비찜, 육회, 오이생채, 더덕구이
2. 북어양념구이, 느타리버섯나물, 소고기장조림, 더덕생채, 오이소박이
3. 탕평채, 깻잎전, 파강회, 오이숙장아찌, 두부조림
4. 죽순채, 생선전, 나박김치, 소고기장조림, 두부젓국찌개

2004년 산업기사 기출문제

1. 어선, 화양적, 눈썹나물, 죽순찜, 더덕생채
2. 무생채, 연근조림, 오징어볶음, 옥수수전, 미나리강회
3. 꽃게찜, 두부젓국찌개, 사슬적, 무생채, 오이선
4. 장산적, 미나리강회, 칠절판, 무숙장아찌, 율란 · 조란

2003년 산업기사 기출문제

1. 무생채, 삼치조림, 밀쌈, 너비아니구이,나박김치
2. 장국죽, 삼색북어보푸라기, 나박김치, 다시마매듭자반, 명란젓국찌개
3. 잔멸치볶음, 호박전, 알찜, 규아상, 오이소박이

2002년 산업기사 기출문제

1. 장떡, 깍두기, 오이선, 만둣국, 어채
2. 북어보푸라기, 화전, 해물된장찌개, 수정과, 육회
3. 비빔밥, 오이무침, 장산적, 시금치된장국, 나박김치

2001년 산업기사 기출문제

1. 두부선, 오징어구이, 표고전, 잡채, 삼색북어보푸라기
2. 수란, 미나리강회, 화전, 애탕국, 사슬적
3. 양파전, 된장찌개, 깍두기, 도라지정과, 사슬적

2. 한식조리기능장 기출문제 예시

2000년 조리기능장 기출문제

1. 면 신선로, 삼색밀쌈, 삼색전(생선전 · 표고전 · 호박전), 원소병, 호박죽
2. 다시마매듭자반, 어선, 오이선, 오징어솔방울구이, 장산적

2001년 조리기능장 기출문제

1. 대추초, 북어구이, 생률, 은행꽂이, 호두튀김
2. 대추초 · 밤초, 두부선, 소갈비구이, 편수
3. 대합구이, 버섯죽, 월과채, 주악, 준치만두

2002년 조리기능장 기출문제

1. 양지머리편육, 온면, 잡곡부침, 장김치, 파전
2. 골동반, 떡찜, 무맑은국, 어채, 우메기
3. 사슬적, 용봉탕, 장김치, 전복죽, 취나물
4. 구절판, 사슬적, 석류탕, 잣구리

2003년 조리기능장 기출문제

1. 느타리버섯산적, 닭고기겨자채, 도미찜, 대추죽, 아욱된장국, 영양밥
2. 과편, 깨즙채, 무말이강회, 오징어순대, 우설찜
3. 두부전골, 떡수단, 병시, 양동구리, 죽순채
4. 대추죽, 모약과, 소고기편채, 어만두, 장김치

2004년 조리기능장 기출문제

1. 대하잣즙무침, 도라지정과, 도미찜, 밀쌈, 석류탕
2. 게감정, 대하찜, 삼색매작과, 어만두, 월과채
3. 떡갈비구이, 삼계탕, 밀쌈, 어만두
4. 대하찜, 삼색전(새우전, 생선전, 호박전), 섭산삼, 조랭이떡국

2005년 조리기능장 기출문제

1. 두부선, 석류탕, 율란 · 조란, 장김치
2. 떡수단, 삼색북어보푸라기, 신선로, 양동구리, 월과채
3. 미나리강회, 임자수탕, 오이감정, 옥수수전, 청포묵무침
4. 골동반, 떡찜, 무맑은국, 어채, 우메기
5. 과편, 깨즙채, 무말이강회, 오징어순대, 우설찜
6. 대추초 · 밤초, 두부선, 소갈비구이, 편수

2006년 조리기능장 기출문제

1. 게감정, 대하찜, 삼색매작과, 어만두, 월과채
2. 사슬적, 용봉탕, 장김치, 전복죽, 취나물
3. 5첩반상(갈치조림 · 너비아니구이 · 녹두빈대떡 · 미역자반 · 명란젓찌개 · 두부김치 · 아욱된장국)
4. 대하잣즙무침, 도라지정과, 도미찜, 밀쌈, 석류탕
5. 병시, 떡수단, 두부전골, 양동구리, 죽순채

2007년 조리기능장 기출문제

1. 대추죽, 모약과, 소고기편채, 어만두, 장김치
2. 면 신선로, 삼색밀쌈, 삼색전(생선전, 호박전, 표고전), 원소병, 호박죽
3. 마른안주(다시마매듭자반 · 생률 · 은행꽂이 · 호두튀김), 젖은안주(북어구이 · 어선 · 오이선 · 오징어솔방울구이 · 호두튀김)
4. 두부선, 모약과, 편수
5. 밀쌈, 어만두, 삼계탕, 떡갈비
6. 율란 · 조란, 석류탕, 장김치, 두부선, 어만두

2008년 조리기능장 기출문제

1. 면상차림(닭찜, 새우겨자채, 양지머리편육, 온면, 장김치, 파전)
2. 대합구이, 버섯죽, 월과채, 주악, 준치만두
3. 구절판, 사슬적, 석류탕, 잣구리
4. 느타리버섯산적, 닭고기겨자채, 대추죽, 도미찜, 아욱된장국, 영양밥
5. 규아상, 연근정과, 임자수탕
6. 면 신선로, 삼색밀쌈, 삼색전(생선전 · 호박전 · 표고전), 원소병, 호박죽
7. 신선로, 율란 · 조란

2009년 조리기능장 기출문제

1. 미나리강회, 임자수탕, 오이감정, 옥수수전, 청포묵무침
2. 조랭이떡국, 대합찜, 삼색전(새우전 · 생선전 · 호박전), 섭산삼
3. 떡갈비구이, 삼계탕, 밀쌈, 어만두
4. 떡수단, 삼색북어보푸라기, 신선로, 양동구리, 월과채
5. 석류탕, 도미찜, 대하잣즙무침, 밀쌈, 도라지정과
6. 느타리버섯산적, 닭고기겨자채, 대추죽, 도미찜, 아욱된장국, 영양밥
7. 두부선, 석류탕, 율란 · 조란, 장김치, 어만두
8. 게감정, 대하찜, 삼색매작과, 어만두, 월과채

2010년 조리기능장 기출문제

1. 구절판, 사슬적, 석류탕, 잣구리
2. 대추죽, 모약과, 소고기편채, 어만두, 장김치
3. 신선로, 율란 · 조란
4. 사슬적, 용봉탕, 장김치, 전복죽, 취나물
5. 대합구이, 버섯죽, 어만두, 월과채, 주악
6. 두부선, 석류탕, 율란 · 조란, 장김치, 어만두
7. 대추초 · 밤초, 두부선, 소갈비구이, 편수
8. 면 신선로, 삼색밀쌈, 삼색전(생선전 · 호박전 · 표고전), 원소병, 호박죽

3. 한 눈에 보는 기출문제

떡갈비구이 : 2대 제출

갈비살을 떼어 다지고 양념 후 찹쌀가루 섞어 치대기→갈비뼈를 끓는 물에 데쳐 밀가루 발라 살 붙이기→양념장 만들기→석쇠에 굽기→반쯤 익으면 불을 낮추고 양념장 바르며 굽기→속까지 완전히 익히기

밀쌈 : 직경 2cm × 길이 4cm 8개 제출

당근과 오이를 5cm 길이로 돌려깎기한 뒤, 채 썰어 살짝 볶기→황 · 백 지단채 썰기→소고기채, 표고채 각각 양념→팬에 볶기→당근과 오이를 강판에 갈아 즙내기→밀가루 3등분하여 반죽→팬에 밀전병을 얇게 부쳐 가로 20cm×15cm 크기로 재단→속재료의 간을 맞춘 후 밀전병 위에 놓고 직경 2cm로 말아 4cm 길이로 썰기→밀쌈 8개 담기

삼계탕

닭 씻기→다리 안쪽에 칼집 넣기→닭뼈, 닭발, 마늘, 파, 생강을 넣고 육수를 끓여 면보 체 거르기→닭 뱃속에 불린 찹쌀과 마늘, 수삼을 넣고 칼집 사이 다리 서로 엇갈려 끼우기→냄비에 닭을 넣고 육수에 수삼, 대추를 넣고 센 불에 끓이기→한소끔 끓으면 불을 줄여 푹 삶기→익으면 건져 국물은 식혀 면보로 기름기 걷기→닭과 수삼, 은행, 대추를 담고 소금, 후춧가루 넣어 국물 붓기

어만두

생선을 7cm×5cm×0.4cm 크기로 포 떠서 소금후추 뿌리기→소고기는 다지고 목이, 표고는 채 썰어 고기 양념→숙주 데쳐 썰어 양념하기→오이는 채 썰어 각각의 재료를 볶아 양념하여 만두소 만들기 - 포 뜬 생선 펼쳐 녹말 묻힌 뒤 소를 놓아 둥그렇게 만들기→표면에 녹말을 묻혀 수분이 흡수될 때까지 두기→열 오른 찜통에 10분 동안 쪄내기→겨자초장을 곁들여 냄

궁중닭찜

닭 머리, 닭발, 내장을 빼고 뼈 분리하기→5컵 정도 끓는 물에 삶다가 파, 마늘, 생강을 넣기→닭이 익으면 건진 뒤 뼈와 껍질을 발라내 살만 모아 굵직하게 뜯어놓기→국물을 식혀 기름을 걷고 깨끗한 면보에 받기→표고, 목이버섯, 석이버섯을 손질 후 굵은 채 썰기→냄비에 닭 국물을 4컵 담아 끓여 소금, 후춧가루 간 맞추고 표고와 목이버섯을 넣어 끓이다가 물에 푼 밀가루를 주걱으로 저어가며 조금씩 넣어 걸쭉하게 만들기→닭살 양념에 버무린 후 국물에 넣어 끓어오르면 달걀을 풀어 줄알을 치고 석이버섯을 얹어 그릇에 담기

꽃게찜

게 다리와 등딱지는 솔로 깨끗이 씻은 후 삼각모양의 등딱지를 따고 양옆 털처럼 생긴 것들을 떼어내 헹구기→몸체는 게살을 밀대로 밀어 살을 발라내고 곱게 다지기→소고기도 곱게 다지고, 두부도 면보에 짜 수분을 거둠→양파, 청 · 홍고추를 곱게 다지고 게살 다진 것과 혼합하여 양념 후 섞기→게 등쪽과 안쪽은 씻어 물기를 닦아둔 후 안쪽에 식용유를 바른 뒤, 밀가루를 뿌려 양념한 게살을 차곡차곡 채운 후, 찹쌀가루를 훌훌 뿌린 후 대추 고명 위에 올리기→김 오른 찜통에 10분 정도 쪄내기

백합죽

쌀 씻어 불리기→백합은 소금물에 해감하여 살을 발라 씻은 후 다지기→ 불린 쌀 건져 반쯤 싸라기를 만들기→냄비에 참기름을 두르고 백합살을 볶다가 쌀을 넣고 함께 볶은 후 쌀 분량의 6배인 6컵을 넣고 은근히 끓이기→김을 구워 부수고, 깨소금도 준비→죽이 퍼지면 그릇에 담고 김과 깨소금을 올림

장떡

찹쌀가루에 물, 고추장, 된장을 넣고 섞이도록 치대기→청 · 홍고추는 둥글게 썰기→팬에 기름을 두른 뒤 장떡을 놓고 5cm로 둥글게 한쪽 면을 지진 후 뒤집어 위에 풋고추, 홍고추 고명으로 올려 지져냄→장떡을 접시에 예쁘게 담아 냄

장김치

무와 배추를 2.5cm×2.5cm, 너비 0.2cm로 썰어 간장에 절이기→무가 절여지면 배추도 절임→밤, 배, 무 크기는 편 썰기→잣의 고깔 떼기→실고추, 미나리, 갓, 대파는 2.5cm 단위로 절단, 석이는 손질하여 채 썰기, 표고는 2.5cm 길이로 채 썰기→대추, 마늘, 생강 2.5cm로 채 썰기→무와 배추에서 나온 간장국물볼에 설탕을 넣고 물을 부어 장김치 색 내기→볼에 재료를 넣어 살짝 버무려 건더기를 담고, 물을 부어 실고추 석이, 대추채, 잣을 올림

두부전골

두부를 세로 3cm, 가로 2.5cm, 두께 0.5cm으로 자르고 소금과 후추 간을 한 뒤, 한쪽만 전분 묻혀 지지기 →양지육수를 준비→살코기를 샌드위치 모양으로 다져서 양념→미나리를 데쳐 묶기→채소류와 지단5cm× 2cm로 썰기→전골 모양 채우기→완자 만들기→두부 샌드를 7개 준비하기→육수 붓기

떡수단

멥쌀가루에 물 넣어 비벼 체에 내리기→찜솥에 7~8분 정도 찌기→절구에 소금물 묻혀가며 차지게 침, 둥글고 가늘어지게 비벼 직경 1cm 굵기의 가는 구슬 모양 떡 만들기→녹말을 묻혀 끓는 물에 삶아 찬물 헹궈 물기 빼기→꿀물을 넣어 식힌 후 떡을 넣고 잣을 띄우기

병시

밀가루를 반죽 후 7cm 크기의 만두피로 만듦→육수는 맑게 만듦→편육 썰기→우둔 다지기→표고채, 배추김치는 송송썰기→두부는 으깨고, 숙주는 삶아 썰기→지단을 부쳐 3cm,두께 0.1cm로 채 썰기→석이 썰어 볶기→ 실고추는 2cm 크기로 끊어 놓기→다진 고기에 두부, 배추, 숙주를 섞어 양념 후 만두소 만들기→직경 7cm 만두피에 소를 넣고 반달 모양으로 빚기→국물은 끓여 만두가 떠오르면 한 번 더 끓인 후 불을 끄고 그릇에 담아 석이채, 지단채 실고추 얹기

양동구리

소 양을 소금과 밀가루로 번갈아 주물러 씻고 끓는 물에 튀겨서 안쪽의 기름덩이와 막을 벗겨 깨끗이 씻은 후 물기를 제거하여 곱게 다지기→다져 놓은 양에 양념(파, 마늘, 대파 다진 것, 후추, 소금)을 섞고, 녹말가루를 섞은 후 달걀을 깨어 양동구리에 섞어 수저로 뜰 수 있는 농도로 조절 하기→열이 오른 팬에 기름을 두르고 양동구리를 한 수저씩 떠서 지름 4cm 크기로 노릇하게 7개 지지기→초간장을 곁들여 냄

죽순채

죽순을 빗살모양으로 5cm씩 썰어 끓는 물에 데쳐 소금과 참기름을 넣고 살짝 볶기→소고기는 곱게 채 썰어 양념하여 볶고, 표고를 불려 채 썰어 양념하여 볶기→미나리는 살짝 데쳐 5cm 크기로 자름→숙주 데치기→재료를 합하여 초간장에 살짝 버무려 냄

대하잣즙무침

대하의 등쪽 내장을 빼고 소금, 흰 후춧가루를 뿌려 밑간함→찜통에 5분 정도 찌기→새우를 꺼내 식힌 후 옆으로 저미며 썰기→찜통에서 흘러나온 육수 체에 밭기→냄비에 파, 마늘, 생강 등을 넣고 끓이다 고기를 삶아 편육 6cm×2cm×0.3cm로 썰기→죽순은 오이 같은 크기로 썰어 볶고, 오이는 소금에 절여 팬에서 아삭하게 볶기→새우 육수에 잣을 갈아 넣고 소금, 흰 후춧가루, 참기름을 넣어 잣즙 만들기→스텐 볼에 저미어놓은 대하, 편육, 죽순, 오이를 넣고 잣즙으로 버무려 그릇에 담고 잣가루를 뿌려 냄

도라지정과

도라지는 길이 5cm, 폭 1cm, 두께 0.6cm로 자르고 소금물에 우린 후 끓는 물에 데치기→도라지를 물, 소금, 설탕에 반쯤 익히기→물엿 넣기→정과 체에 밭아 시럽 빼기

도미찜

도미의 꼬리 손질→2cm 간격으로 양면에 칼집 냄→소금, 후춧가루로 간하기→소고기의 기름기를 떼어 내고 다져서 양념 칼집 낸 도미 사이에 가지런히 끼워 찜통에 찌기→지단을 부쳐 채썰기→미나리 데쳐서 양념하여 무침→홍고추채, 석이채는 볶기→고명 색에 맞추어 몸통 위에 장식하기

밀쌈 : 직경 2cm×길이 4cm 8개 제출

당근과 오이를 5cm 길이로 돌려깎기한 뒤, 채 썰어 살짝 볶기→황 · 백 지단채 썰기→소고기채, 표고채 각각 양념→팬에 볶기→당근과 오이를 강판에 갈아 즙내기→밀가루 3등분하여 반죽→팬에 밀전병을 얇게 부쳐 가로20cm×15cm 크기로 재단→속재료의 간을 맞춘 후 밀전병 위에 놓고 직경2cm로 말아 4cm 길이로 썰기→밀쌈 8개 담기

석류탕

소고기, 닭고기를 다져 양념→무를 채 썰어 물에 데치기→숙주, 미나리는 데쳐 썰기→표고 채 썰기→두부는 으깨어 섞기→양념 후 만두소 만들기→양지머리는 육수 체에 밭쳐 간→황백지단 1.5cm의 완자형으로 만듦→반죽직경 6cm인 소를 넣고 잣을 넣어 석류 모양만두로 빚음→양지 육수로 석류 만두 끓이기→그릇에 석류만두를 5개 떠 놓고 육수 붓고 지단을 띄움

규아상

밀가루 반죽을 0.1cm의 두께로 밀어 7cm 크기의 만두피로 만듦→오이는 통 4cm, 길이 0.1cm로 채 썬 다음 소금에 살짝 절여 물기를 꼭 짠 후 재빨리 팬에 볶기→표고는 채 썰어 고기 양념하여 볶아둠→ 소고기는 길이 5cm, 0.1cm 두께로 채 썰어 양념 볶기→만두피에 만두소와 잣을 넣고 반으로 접어 등에 주름지게 올록볼록 성형→김 오른 찜통에 젖은 행주를 깔고 만두를 넣어 8분간 찌기→6개의 규아상을 담고 초간장을 곁들임

어선

흰살 생선의 수분을 제거하여 3장 포 뜨기→후춧가루와 소금 뿌리기→오이는 5cm로 채 썰고 당근, 표고도 채 썰어 살짝 볶기→황 · 백 지단 채 썰기→김발을 펴고 위에 면보를 깔고 포 떠놓은 동태살을 펼쳐 김처럼 놓기→동태포 위에 녹말가루를 뿌리고 각각의 채소 재료를 색 맞추어 길게 꼭꼭 눌러 김밥 말듯 직경 3cm, 높이 2cm로 말기→김발에 감은 채 찜통에 넣어 10분간 쪄낸 다음 식힘→6개를 접시에 담고 겨자장을 곁들여 냄

연근정과

연근은 껍질을 벗기고 두께 0.5cm로 저밈→끓는 물과 소금, 식초에 데쳐 찬물에 헹궈 냄비에 담고 설탕과 소금을 넣어 끓이기→서서히 약하게 하며 뚜껑 열어 조리기→떠오르는 거품은 걷어냄→설탕물이 거의 졸아들면 꿀을 넣어 위, 아래 섞으면서 잠시 동안 더 윤기가 나도록 조림→충분히 조려지면 굵은 체나 망에 하나씩 건져 떼어 놓고 식혀 그릇에 담기

율란

밤은 씻어서 껍질을 벗겨 푹 삶기→뜨거울 때 체에 내린 후 계핏가루와 꿀을 넣고 고루 섞어 덩어리로 꼭꼭 뭉침→잣은 고깔을 떼어낸 뒤 칼로 곱게 다져 면보 등으로 기름기를 거둠→밤 반죽을 떼어 동그랗게 굴려 밤 모양으로 빚어 밑동 부분에 꿀을 조금 바르고 잣가루를 묻혀 5개 정도를 만듦

임자수탕

닭과 파, 마늘을 넣고 삶아서 찢어 소금과 후춧가루로 양념→닭 국물 기름기 걷기→볶은참깨를 닭 육수 2컵에 곱게 갈아 겹체에 걸러 고운 국물로 만듦→육수를 섞어 소금 간하고, 소고기는 다져 양념→직경 1.5 cm크기로 완자를 지지고, 미나리 초대, 황백지단은 가로1.5cm×세로3cm 직사각형으로 썰기→홍고추, 표고, 오이는 손질하여 녹말 묻혀 끓는 물에 투명하게 데쳐내어 냉수로 헹굼→고기를 그릇에 담고 위에 표고, 고추, 완자, 황백지단을 담고 닭 국물을 그릇에 붓고 잣을 올림

강란

생강을 껍질 벗겨서 믹서에 곱게 갈기→체에 건지고 걸러 헹궈 매운맛 빼기→생강 헹군 물에 녹말 가라앉히기→녹말 분리→냄비에 생강을 건져 넣고 설탕물을 붓고 중불에 조리기→물엿 넣기→생강 녹말 1작은술에 물 1작은술을 섞고 끓여 끈기 있고 투명한 상태가 되면 불을 끄고 차게 식힘→생강 2cm 정도의 세 뿔난 생강 모양 만들기

녹두죽

녹두를 씻어 물을 붓고 삶아 으깨기→ 체에 걸러 녹두물과 앙금 받기→냄비에 불린 쌀, 녹두물을 붓고 뭉근한 불에 쌀알이 퍼지게 끓임→쌀죽이 퍼지면 앙금을 조금씩 나누어 부으면서 서서히 죽을 끓임→죽이 뜸 들면 그릇에 냄

떡찜

사태를 삶아 썰어서 양념하고 당근과 무는 4cm×4cm로 썰어 삶음→소고기를 다지고 표고는 은행잎 모양으로 썰어 양념→미나리초대 만들기→황 · 백지단을 완자형으로 만들어 고명 준비→떡은 4cm 크기→가운데에 칼집 냄→떡을 데친 후 칼집 사이에 양념한 고기 넣기→은행 볶아서 껍질을 제거→표고, 당근, 무에 양념장을 붓고 끓여 조리기→떡과 부재료 넣고 조리기→고명 얹기

석류탕

소고기, 닭고기를 다져 양념→무채 썰어서 데침→표고는 불려서 곱게 채 썸→숙주, 미나리는 데쳐서 곱게 썰고 두부를 으깨 양념 후 만두소 만듦→양지머리로 육수를 냄→황 · 백지단을 1.5cm 크기 완자형으로 만듦→밀가루 반죽은 직경 6cm 정도로 얇게 밀어 만두소를 넣고 잣을 넣어 석류 모양으로 빚기→육수에 만두를 넣어 끓여서 위로 떠오르면 한 번 더 끓인 후 불을 끔→석류만두 5개를 떠 놓고 육수를 붓고 지단 얹어 냄

도라지 대추나물

도라지 껍질을 벗기고 길이 5cm, 두께 0.3cm로 썰어 소금물에 주물러 담기→마늘은 다지고, 마른 대추는 씨를 빼서 얇게 밀대로 민 후 채 썰기→도라지를 넣어 볶다가 파, 마늘, 소금, 설탕을 넣고 익으면 대추채를 넣고 깨소금과 참기름으로 간 함

어채

동태는 두께 0.7cm, 길이 2cm×4cm로 포를떠 소금과 후춧가루를 뿌림→홍고추, 오이, 표고는 4cm×2cm로 썰어 놓기→석이는 손질하여 넓게 펴 불림→황 · 백지단은 부쳐 홍고추 크기로 썰기→채소 재료에 녹말가루 묻혀 데치기→냉수로 헹구기→생선포도 녹말가루를 묻혀 데쳐 헹구기→어채는 가운데 담기→오색 고명 담기→초고추장을 곁들여 냄

우메기

찹쌀가루와 멥쌀가루를 합치고 소금과 설탕을 넣어 체에 내림→이 가루에 중탕한 막걸리를 넣어 버무려 섞은 후 뜨거운 물을 넣어 끈기가 생기도록 오래도록 치댐→ 찹쌀반죽은 젖은 행주로 덮어 30분 정도 두었다가 지름 3cm로 둥글게 빚어 기름 150℃로 튀김→집청시럽에 담갔다 건짐→대추를 썰어 가운데 고명으로 올림

떡찜

사태를 삶아 썰어서 양념하고 당근, 무는 4cm×4cm로 썰어 삶음→소고기를 다지고 표고는 은행잎 모양으로 썰어 양념→미나리 초대 만들기→황 · 백지단을 완자형으로 만들어 고명 준비→떡은 4cm 크기→가운데에 칼집 냄→떡을 데친 후 칼집 사이에 양념한 고기 넣기→은행을 볶아서 껍질 제거→표고, 당근, 무에 양념장을 붓고 끓여 조리기→떡과 부재료 넣고 조리기→고명 얹기

무맑은국

무는 2.5cm×2.5cm×0.3cm로 썰고 대파는 동그랗게 썰기→파, 마늘은 다지기→참기름을 넣고 소고기와 함께 무를 넣고 볶은 후 물을 부어 투명해질 때까지 끓임→국이 다 끓으면 탕파를 넣고 국간장과 소금으로 간하여 완성

골동반

소고기와 표고를 채 썬 다음 양념 후 볶기→애호박은 돌려깎기 하여 5cm×0.2cm×0.2cm로 채 썰어 절인 다음 물기 제거→고사리와 도라지도 손질하여 각각 볶기→숙주 거두절미하여 데치기→동태전 하기→다시마는 튀겨서 부숴 놓기→황 · 백지단은 채 썰기→밥은 고슬고슬하게 지어 참기름과 소금 약간을 넣고 위에 얹을 재료만 남기고 나머지 재료를 모두 넣어 비빔→그릇에 비빈 밥을 담고 지단, 적, 튀각, 나물 등을 색색이 얹은 후 볶은 약고추장을 얹어 냄

대합찜

대합은 소금으로 문질러 씻기→대합 삶기→살을 떼어낸 후 곱게 썰고 대합 껍데기는 깨끗이 씻어 놓음→두부는 으깨고, 소고기는 곱게 다져 대합살과 섞어 양념→대합 껍데기 안쪽에 식용유를 바르고 밀가루도 발라 양념한 대합살을 담고, 밀가루를 바른 후 달걀물을 입혀 찜솥에 10분간 찜→고추는 3cm 길이로 곱게 채 썰어 살짝 볶고, 소금과 참기름으로 간→황 · 백 지단 부쳐서 3cm 길이로 곱게 채 썰기→찐 대합 위에 고명 얹기

무맑은국

무는 2.5cm×2.5cm×0.3cm로 썰고 대파는 동그랗게 썰기→파, 마늘은 다지기→참기름을 넣고 소고기와 함께 무를 넣고 볶은 후 물을 부어 투명해질 때까지 끓임→국이 다 끓으면 탕파를 넣고 국간장과 소금으로 간하여 완성

삼색전

호박은 0.5cm 두께로 썰기→밀가루와 달걀에 적셔 팬에 지짐→표고는 물기를 제거하고 간장, 참기름, 유장 처리→생선은 세장뜨기로 가로 5cm 세로 4cm 크기로 포 떠서 소금과 흰 후춧가루 뿌림→생선살은 밀가루와 달걀옷을 입혀서 팬에 지짐→새우는 껍질까서 내장을 제거 후 배를 갈라 잔 칼집을 내고 소금 뿌리기→새우 수분걷기→밀가루와 계란 입혀 지지기→각각 3개씩 초간장 곁들여서 냄

섭산삼

더덕은 껍질을 벗겨 일정한 길이로 가르고 소금물에 담가 쓴맛 우리기→더덕을 건져내 물기를 닦아 두들겨 펴서 준비함→찹쌀가루는 체에 내려 더덕에 찹쌀가루를 골고루 묻힘→팬에 기름을 넣어 뜨거워지면 하얗고 바삭하게 튀김→튀긴 더덕이 식으면 8개 이상을 설탕을 뿌려 냄

조랭이떡국

멥쌀가루에 소금물을 넣고 버무려 찜통에 찌기→소금물 묻혀가며 차지게 치기→소고기와 파, 생강, 마늘을 넣고 육수 끓이기→익은 소고기는 건져서 편으로 썰어 양념하기→육수는 체에 받쳐 국간장과 소금으로 간하기→친 떡 반죽을 길게 만든 다음 대나무칼로 2.5cm×1.5cm로 잘라 가운데를 젓가락으로 문질러 누에고치 모양으로 15개 이상 만들기→달걀을 황 · 백지단으로 부치고 미나리 초대에 부쳐서 마름모꼴로 썰기→육수에 조랭이 떡을 넣고 끓이기→그릇에 담고 고명 얹기

면 신선로

사태를 삶기→국간장과 소금으로 간을 맞춰 육수는 면보에 걸러 준비→고기는 얇게 저며 양념함→패주는 막을 뗀 다음 씻어 3~4쪽 저미기→새우는 거두절미 하고 내장과 껍질을 제거하여 저미기→미리 삶아 불려 손질된 해삼은 납작하게 저며 썲→죽순을 데쳐 0.3cm 두께로 썲→실파와 쑥갓은 신선로 길이에 맞추어 썰고, 미나리 초대와 황 · 백 지단은 도톰하게 부쳐 5cm×2cm×0.3cm 크기로 썲→고기는 신선로 바닥에 깔고 준비한 재료 색 맞추어 돌려 담은 뒤 육수를 붓고 끓임→국수는 삶아서 헹궈 육수에 토렴하여 별도 그릇에 담아 냄

어채

동태는 2cm×4cm×0.7cm로 포를 떠 소금과 후춧가루를 뿌림→홍고추, 오이, 표고는 4cm×2cm로 썰어 놓기→석이는 손질하여 넓게 펴 불림→황 · 백지단은 부쳐 홍고추 크기로 썰기→채소 재료에 녹말가루 묻혀 데치기→냉수로 헹구기→생선포도 녹말가루를 묻혀 데쳐 헹구기→어채는 가운데 담기→오색 고명 담기→초고추장을 곁들여 냄

우메기

찹쌀가루와 멥쌀가루를 합치고 소금과 설탕을 넣어 체에 내림→이 가루에 중탕한 막걸리를 넣어 버무려 섞은 후 뜨거운 물을 넣어 끈기가 생기도록 오래도록 치댐→ 찹쌀반죽은 젖은 행주로 덮어 30분 정도 두었다 지름 3cm로 둥글게 빚어 기름 150℃로 튀김→집청 시럽에 담갔다 건짐→대추를 썰어 가운데 고명으로 올림

편수

밀가루를 소금물로 반죽→호박은 3cm×0.1cm×0.1cm로 채 썰어 소금에 절여 물기를 꼭 짬→표고는 채 썲→고기는 다져 갖은 양념함→각각 볶아 식힌 뒤 양념하여 소를 만듦→반죽을 0.1cm의 두께로 얇게 밀어 8cm×8cm의 크기의 만두피를 만듦→ 만두피에 소와 잣을 놓고 네 귀를 한데 모아 마주 붙여서 네모나게 빚음→끓는 물에 편수를 삶아서 냉수에 헹구어 건짐→황 · 백지단은 2cm로 완자형 썰기함→그릇에 담고 찬 육수를 부은 후 지단을 올리고 초간장을 곁들임

대합구이

대합 해감하기→끓는 물에 데쳐서 입이 벌어지면 살을 떼어 내 팬에서 잠시 볶아 물기를 제거하여 곱게 다짐→소고기도 곱게 다지고, 두부도 물기를 빼고 으깨어 다진 대합을 함께 섞어 양념→대합 껍데기에 기름을 묻혀 밀가루를 뿌리고 소를 편편하게 채워 살 부분에 밀가루를 약간 묻힌 후 달걀물을 씌워 지짐→석쇠에 올려 속이 익도록 굽기→고명으로는 황백지단, 풋고추, 홍고추를 얹음

게감정

게의 몸체는 밀어서 살을 발라냄→잘라낸 게 다리와 몸체에 마늘과 파를 넣고 끓여 국물은 체에 받침→소고기는 다지고 숙주는 데쳐서 송송 썰고 두부를 으깨어 게살과 섞어 양념→무는 2.5cm×2cm×0.4cm 크기로 나박썰기하여 파는 어슷 썰기해서 올림→게딱지는 물에 씻어 안쪽에 밀가루를 솔솔 뿌려 소를 가득히 담고 살 쪽에 밀가루, 달걀을 씌워 지짐→게육수에 된장, 고추장을 풀어 무와 함께 끓이다 게를 넣고 파도 넣어 끓여 냄

대하잣즙무침

대하의 등쪽 내장을 빼고 소금, 흰 후춧가루를 뿌려 밑간함→찜통에 5분 정도 찌기→새우를 꺼내 식힌 후 옆으로 저미며 썰기→찜통에서 흘러나온 육수 체에 밭기→냄비에 파, 마늘, 생강 등을 넣고 끓이다 고기를 삶아 편육 6cm×2cm로 썰기→죽순은 오이 같은 크기로 썰어 볶고, 오이는 소금에 절여 팬에서 아삭하게 볶기→새우 육수에 잣을 갈아 넣고 소금, 흰 후춧가루, 참기름을 넣어 잣즙 만들기→스텐 볼에 저미어 놓은 대하, 편육, 죽순, 오이를 넣고 잣즙으로 버무려 그릇에 담고 잣가루를 뿌려 냄

삼색매작과

생강즙 만들어두기→밀가루는 체에 내려 삼등분→치자물, 녹차가루, 백련초를 각각 넣어 생강즙에 반죽한 후 방치→물과 설탕은 동량으로 하여 중불에 시럽을 조림→반죽을 밀어 5cm×2cm×0.3cm 크기로 잘라 3군데에 칼집내서 매작과 모양을 만듦→잣가루 만들기→기름 온도는 150℃로 하여 밀가루 기포 없이 노릇하게 튀겨 설탕 시럽을 집청함→담아내고 잣가루를 뿌림

어만두

생선을 7cm×5cm×0.4cm 크기로 포 떠서 소금후추 뿌리기→소고기는 다지고 목이, 표고는 채 썰어 고기 양념→숙주 데쳐 썰어 양념하기→오이는 채 썰어 각각의 재료를 볶아 양념하여 만두소 만들기→포 뜬 생선 펼쳐 녹말 묻힌 뒤 소를 놓아 둥그렇게 만들기→표면에 녹말을 묻혀 수분이 흡수될 때까지 두기→열 오른 찜통에 10분 동안 쪄내기→겨자초장을 곁들임

월과채

애호박은 눈썹모양으로 썰고 절인 뒤 물기 짜기→소고기는 다지고 표고는 채 썰어 양념→느타리버섯은 데친 후 결대로 찢어서 양념→고추는 5cm×0.3cm×0.3cm로 채 썰기→찹부꾸미는 5cm×0.3cm×0.3cm로 채 썲→황 · 백지단은 부꾸미와 같은 크기로 썰기→재료를 각각 볶아 식혀서 모두 버무리기→그릇에 담기

떡갈비구이 : 2대 제출

갈비살을 떼어 다지고 양념 후 찹쌀가루 섞어 치대기→갈비뼈를 끓는 물에 데쳐 밀가루 발라 살 붙이기→양념장 만들기→석쇠 길들여 굽기→반쯤 익으면 불을 낮추고 양념장 바르며 굽기→떡갈비 2대를 담아내기

사슬적 : 가로 · 세로 6cm

생선은 세장뜨기로 포 뜨고 길이 8cm×1.2cm×0.7cm로 썰어서 소금, 후춧가루 뿌리기→소고기는 다지고, 두부는 물기를 짜고 섞어 양념 후 치댄 뒤 생선크기로 모양 만들기→꼬치에 생선, 고기, 생선, 고기, 생선 순서로 끼우기→팬에 익혀 잣가루 뿌리기→식으면 꼬치 빼기→초간장 곁들이기

도라지정과

도라지는 길이 5cm, 폭 1cm, 두께 0.6cm로 자르고 소금에 주물러 끓는 물에 데치기→도라지를 소금, 설탕에 반쯤 익히기→물엿 넣기→정과 체에 받쳐 시럽 빼기

잣구리

찹쌀가루에 소금을 넣어 체에 내리고 뜨거운 물로 익반죽→밤은 삶아서 체에 내려 계피와 물엿을 넣어 소 만들기→잣은 고깔을 떼고 면보로 닦아 곱게 다진 뒤 고물 만들기→두께 2cm, 길이 4cm로 소를 넣어 누에고치모양처럼 만들어 삶기→찬물에 헹구어 수분 걷기→잣가루 묻히기→5개 준비

두부전골

두부를 2.5cm×3cm×0.5cm로 자르고 소금과 후추 간하고, 한쪽만 전분을 묻혀 지지기→양지육수는 간장으로 간→살코기는 다져서 양념→샌드위치 모양 완자 만들기→미나리는 데쳐서 묶기→채소류와 지단은 5cm×1.5cm로 썰기→전골 모양 채우기→두부샌드를 7개 준비→육수 붓기

대추죽

대추는 돌려깎아서 씨와 살을 분리→대추씨에 물을 2컵 넣고 먼저 끓인 후 체에 받쳐 국물 따라내기→대추와 물 3컵을 넣고 다시 부드러워질 때까지 끓인 후 식힘→체에 받침→찹쌀가루를 물 1컵에 개어 멍울지지 않도록 체에 받침→체에 받친 대추 물을 끓이다가 찹쌀 물을 저으면서 끓임→대추죽에 꿀과 소금으로 간을 하여 그릇에 담고 대추 고명을 올림

모약과

밀가루는 소금, 흰 후추와 함께 체에 내려 참기름을 조금씩 넣고 손으로 비벼 한번 더 체에 내림→꿀과 청주, 밀가루를 넣고 뭉치듯 반죽을 하여 겹치듯이 4~5번 밀어 0.8cm×4cm×4cm 크기로 썰어 모양낸 약과 위에 군데군데 바늘침을 놓아 줌→식용유의 온도 110℃에서 튀기다가 떠오르면 140℃에서 튀김→집청 시럽을 만들어 집청하기→잣가루 뿌리기

소고기편채

소고기는 기름기 없는 부위로 준비하여 6cm×6cm×0.1 두께로 포 떠서 밑간하기→오이는 5cm 길이로 돌려 채 썰고, 당근과 깻잎도 오이 크기로 썲→양파는 채 썰어 찬물에 담가 매운 맛 빼기→찹쌀가루는 체에 내려서 소고기에 고루 묻혀 고기에 찹쌀가루가 흡수될 때까지 둠→겨자는 발효시켜 겨자장을 만듦→팬에 식용유를 두르고 센 불에 재빨리 지져내기→지져낸 고기에 준비한 야채를 놓고 돌돌 말기→접시에 돌려 담고 겨자장을 곁들여 냄

어만두

생선을 7cm×5cm×0.4cm 크기로 포 떠서 소금후추 뿌리기→소고기는 다지고 목이, 표고는 채 썰어 고기 양념→숙주 데쳐 썰어 양념하기→오이는 채 썰어 각각의 재료를 볶아 양념하여 만두소 만들기 - 포 뜬 생선 펼쳐 녹말 묻힌 뒤 소를 놓아 둥그렇게 만들기→표면에 녹말을 묻혀 수분이 흡수될 때까지 두기→열 오른 찜통에 10분 동안 쪄내기→겨자초장을 곁들임

장김치

무와 배추를 2.5cm×2.5cm, 너비 0.2cm로 썰어 간장에 절이기→무가 절여지면 배추도 절임→밤, 배, 무 크기는 편 썰기→잣의 고깔 떼기→실고추, 미나리, 갓, 대파는 2.5cm 단위로 절단, 석이는 손질하여 채 썰기, 표고는 2.5cm 길이로 채 썰기→대추, 마늘, 생강 2.5cm로 채 썰기→무와 배추에서 나온 간장 국물을 볼에 설탕을 넣고 물을 부어 장김치 색 내기→볼에 재료를 넣어 살짝 버무려 건더기를 담고, 물을 부어 실고추 석이, 대추채, 잣을 올림

게감정

게의 몸체는 밀어서 살을 발라냄→잘라낸 게 다리와 몸체에 마늘과 파를 넣고 끓여 국물은 체에 받침→소고기는 다지고 숙주는 데쳐서 송송 썰고 두부를 으깨어 게살과 섞어 양념→무는 2.5cm×2cm×0.4cm 크기로 나박썰기하여 파는 어슷 썰기해서 올림→게딱지는 물에 씻어 안쪽에 밀가루를 솔솔 뿌려 소를 가득히 담고 살 쪽에 밀가루, 달걀을 씌워 지짐→게육수에 된장, 고추장을 풀어 무와 함께 끓이다 게를 넣고 파도 넣어 끓여 냄

도라지정과

도라지는 길이 5cm, 폭 1cm, 두께 0.6cm로 자르고 소금에 주물러 끓는 물에 데치기→도라지를 소금, 설탕에 반쯤 익히기→물엿 넣기 →정과 체에 받쳐 시럽 빼기

석류탕

소고기, 닭고기를 다져 양념→무를 채 썰어 데치기→숙주, 미나리는 데쳐 썰기→표고 채 썰기→두부는 으깨어 섞기→양념 후 만두소 만들기→양지머리는 육수 체에 받쳐 간→황백지단 1.5cm의 완자형으로 만듦→반죽직경 6cm인 소를 넣고 잣을 넣어 석류 모양으로 빚음→육수에 만두를 넣고 위로 떠오르면 한 번 더 끓인 후 불을 끔→그릇에 석류만두를 5개 떠 놓고 육수 붓고 지단을 띄움

월과채

애호박은 눈썹모양으로 썰고 절인 뒤 물기 짜기→소고기는 다지고 표고는 채 썰어 양념→느타리버섯은 데친 후 결대로 찢어서 양념→고추는 5cm×0.3cm×0.3cm로 채 썰기→찰부꾸미는 5cm×0.3cm×0.3cm로 채 썲→황 · 백지단은 부꾸미와 같은 크기로 썰기→재료를 각각 볶아 식혀서 모두 버무리기→그릇에 담기

골동반

소고기와 표고를 채 썬 다음 양념 후 볶기→애호박은 돌려깎기 5cm×0.2cm×0.2cm로 채 썰어 절인 다음 물기 제거→고사리와 도라지도 손질하여 각각 볶기→숙주 거두절미하여 데치기→동태전 하기→다시마는 튀겨서 부숴놓기→황 · 백지단은 채 썰기→밥은 고슬고슬하게 지어 참기름과 소금 약간을 넣고 위에 얹을 재료만 남기고 나머지 재료를 모두 넣어 비빔→그릇에 비빈 밥을 담고 지단, 적, 튀각, 나물 등을 색색이 얹은 후 볶은 약고추장을 얹어 냄

느타리버섯산적

소고기는 8cm×2cm×0.5cm로 결의 반대방향으로 자르기→칼집 넣고 양념하기→느타리버섯은 손질하여 데쳐 물기를 뺀 후 소금, 참기름으로 양념→쪽파는 깨끗이 다듬어 7cm 잘라 소금과 참기름으로 밑간→산적 꼬치에 버섯과 쪽파, 소고기를 번갈아 끼우고 팬에 지져 익힌 뒤 2개의 느타리버섯산적을 냄

닭겨자냉채

닭을 삶아서 살만 발라 결대로 0.5cm 두께로 찢음→오이는 손질 후 4cm×1cm×0.3cm의 골패형으로 썲→당근, 배, 오이는 같은 크기로 썲→황 · 백지단을 부쳐 채소와 같은 크기로 썰기→겨자에 설탕, 식초, 간장, 닭국물, 소금을 섞어 겨자소스를 만듦→준비한 재료를 겨자장으로 무쳐 담기

대추죽

대추는 돌려깎아서 씨와 살을 분리→대추씨에 물을 2컵 넣고 먼저 끓인 후 체에 받쳐 국물 따라내기→대추와 물 3컵을 넣고 다시 부드러워질 때까지 끓인 후 식힘→체에 받침→찹쌀가루를 물 1컵에 개어 멍울지지 않도록 체에 받침→체에 받친 대추 물을 끓이다가 찹쌀 물을 저으면서 끓임→대추죽에 꿀과 소금으로 간을 하여 그릇에 담고 대추 고명을 올림

도미찜

도미의 꼬리 손질→2cm 간격으로 양면에 칼집 냄→소금, 후춧가루로 간하기→소고기의 기름기를 떼어 내고 다져서 양념 칼집 낸 도미 사이에 가지런히 끼워 찜통에 찌기→지단을 부쳐 채 썰기→미나리 데쳐서 4cm로 잘라 소금과 참기름으로 무침→홍고추채, 석이채는 볶기→ 쪄낸 도미를 식혀 고명 색에 맞추어 몸통 위에 장식하기

아욱된장국

멸치는 머리와 내장을 제거하고, 마른 팬에서 잠시 볶은 후 찬물을 부어 끓여서 체에 거름→아욱은 줄기와 껍질을 벗긴 후 깨끗이 주물러 씻음→육수에 된장을 풀어 걸러 놓음→아욱국을 끓이다가 어슷 썬 대파와 고춧가루, 다진마늘을 넣고 완성

떡찜

사태를 삶아 썰어서 양념하고 당근, 무는 4cm×4cm로 썰어 삶음→소고기를 다지고 표고는 은행잎 모양으로 썰어 양념→미나리 초대 만들기→황 · 백지단을 완자형으로 만들어 고명 준비→떡은 4cm 크기→가운데에 칼집 냄→떡을 데친 후 칼집 사이에 양념한 고기 넣기→은행을 볶아서 껍질 제거→표고, 당근, 무에 양념장을 붓고 끓여 조리기→떡과 부재료 넣고 조리기→고명 얹기

삼색밀쌈 : 직경2cm × 길이 4cm 8개

당근과 오이를 5cm 길이로 돌려깎기한 뒤, 채 썰어 살짝 볶기→황 · 백지단채 썰기→소고기채, 표고채 각각 양념→팬에 볶기→당근과 오이를 강판에 갈아 즙내기→밀가루 3등분하여 반죽→팬에 밀전병을 얇게 부쳐 가로10cm×세로8cm 크기로 재단→속재료의 간을 맞춘 후 밀전병 위에 놓고 직경 2cm로 말아서 4cm 길이로 썰기→밀쌈 8개 담기

새우겨자채

겨자를 발효시켜 겨자장 만들기→새우 내장을 제거 후 끓는 물에 삶아 껍질을 벗겨 편으로 썲→당근, 양배추, 오이는 1cm×4cm×0.3cm 크기로 썰어 찬물에 담근 후 수분 제거→황 · 백지단은 오이와 같은 크기로 썲→밤 편썰기→배도 같은 크기로 썰기→재료에 겨자장을 고루 무침→비늘잣을 얹음

조랭이떡국

멥쌀가루에 소금물을 넣고 버무려 찜통에 찌기→소금물 묻혀가며 차지게 치기→소고기와 파, 생강, 마늘을 넣고 육수 끓이기→익은 소고기는 건져서 편으로 썰어 양념하기→육수는 체에 받쳐 국간장과 소금으로 간하기→친 떡 반죽을 길게 만든 다음 대나무칼로 2.5cm×1.5cm로 잘라 가운데를 젓가락으로 문질러 누에고치 모양으로 15개 이상 만들기→달걀을 황 · 백지단으로 부치고 미나리 초대에 부쳐서 마름모꼴로 썰기→육수에 조랭이 떡을 넣고 끓이기→그릇에 담고 고명 얹기

탕평채(청포묵 무침)

청포묵을 0.3cm×0.3cm×7cm로 썰어 데친 후 소금과 참기름으로 밑간→소고기는 4cm~5cm 길이로 채 썰어 양념 후 볶기→숙주는 거두절미하고 참기름으로 밑간→오이는 돌려깎아 채 썰어 절이고 물기 제거한 뒤 살짝 볶기→ 황 · 백 지단을 얇게 부쳐 4cm 길이로 채 썰고, 김을 구워서 부숨→청포묵, 숙주, 오이, 소고기를 합하여 초간장으로 무쳐 그릇에 담고 김과 황 · 백 지단을 고명으로 얹음

두부선

닭고기 다지기→두부는 으깨어 체에 내림→실고추는 2cm로 자름→표고, 석이버섯은 돌을 제거하고 채 썲→ 잣을 손질함→황 · 백지단은 채 썰기→닭고기, 두부에 소금과 후춧가루, 파, 마늘, 참기름, 깨소금을 양념으로 섞음→두께 1cm로 만들어 젖은 면보를 깔고 펴 놓기→사방 10cm 만들기→고명으로 표고, 석이채, 황 · 백지단채, 비늘잣을 뿌려 눌러 주고 김 오른 찜통에 넣고 중불로 10분 쪄낸 후 실고추를 올리고 뜸들임→두부선이 식으면 가로 · 세로 3cm에 두께 1cm로 9조각 썰기→겨자초장을 곁들임

쇠갈비구이

갈비의 핏물을 빼고 4~5cm로 자름→양파와 배를 갈아서 즙낸 뒤 양념과 섞어 양념장을 만듦→손질한 갈비에 양념이 골고루 잘 스며 들도록 재워 30분 정도 둠→석쇠를 뜨겁게 하여 갈비를 놓고 한 면이 거의 익었을 때 뒤집어 다른 한 면을 구움→구운 갈비는 그릇에 담고 잣가루를 뿌림

밤초

밤을 껍질 벗겨 물에 데쳐서 헹구기→설탕물에 밤을 넣고 설탕, 소금, 치자물, 물을 넣고 약불에서 서서히 졸이고, 국물이 없을 정도가 되면 꿀을 넣어 다시 서서히 조림→그릇에 예쁘게 담음

대추초

대추를 씻어서 물기 제거 후 씨 빼기→대추 안쪽에 꿀을 바르고 잣을 4~5개 넣어 제 모양대로 오므림→냄비에 적당한 분량의 꿀과 계핏가루를 넣어 젓고난 뒤 약한 불에서 대추를 넣고 골고루 조린다.

편수

밀가루를 소금물로 반죽→호박은 3cm×0.1cm×0.1cm로 채 썰어 소금에 절여 물기를 꼭 짬→표고는 채 썲→고기는 다져 갖은 양념함→각각 볶아 식힌 뒤 양념하여 소를 만듦→반죽을 0.1cm의 두께로 얇게 밀어 8cm×8cm의 크기의 만두피를 만듦→ 만두피에 소와 잣을 놓고 네 귀를 한데 모아 마주 붙여서 네모나게 빚음→끓는 물에 편수를 삶아서 냉수에 헹구어 건짐→황 · 백지단은 2cm로 완자형 썰기함→그릇에 담고 찬 육수를 부은 후 지단을 올리고 초간장을 곁들임

국가기술자격 한식조리기능장 시험 실기 기출문제 기본 예시2

자격종목	조리기능장(한식)	과제명	호박죽, 삼색밀쌈, 생선전, 면 신선로, 원소병

※ 시험시간 : [표준시간 : 2시간 20분, 연장시간 : 10분]

1. 요구사항

※ 주어진 재료를 사용하여 다음과 같이 만드시오.

가. 호박죽

1) 호박죽의 농도에 유의하시오.

나. 삼색밀쌈

1) 밀쌈의 삼색은 당근과 오이의 즙을 사용하여 주황색, 녹색, 흰색으로 하되 각각 3개씩 내시오.

다. 생선전/표고전/애호박전

1) 초간장을 곁들이고 각각 3개씩 만들어 내시오.

라. 면 신선로

1) 면 신선로의 국수는 토렴하여 별도의 그릇에 담아서 신선로와 함께 내시오

마. 원소병

1) 경단의 색은 황색, 홍색, 녹색의 삼색으로 하고 크기는 지름이 2cm 정도 되게 각각 3개씩 만드시오.(치자 · 쑥가루 · 홍색색소 이용)

국가기술자격 한식조리기능장 시험 실기 기출문제 기본 예시3

자격종목	조리기능장(한식)	과제명	버섯죽, 월과채, 대합구이 준치만두, 주악병

※ 시험시간 : [표준시간 : 2시간 20분, 연장시간 : 10분]

1. 요구사항

※ 주어진 재료를 사용하여 다음과 같이 만드시오.

가. 버섯죽

1) 소고기는 다지고, 불린 표고는 3cm 정도의 길이로 채를 써시오.
2) 불린 쌀을 싸라기로 갈아서 죽을 쑤시오.

나. 월과채

1) 소고기는 다지고 애호박 · 표고버섯 · 지단은 채 썰고 느타리버섯은 적당한 길이로 찢어서 사용하시오(단, 지급된 재료의 크기에 따라 가감한다).

다. 대합구이

1) 대합 · 괴고기 · 두부 · 표고버섯 · 양파는 곱게 다져서 만드시오.
2) 황 · 백지단, 청 · 홍고추를 고명으로 사용하시오.
3) 대합구이 수량은 3개 이상 제출하고 초간장을 곁들여 내시오.

라. 준치만두

1) 준치만두의 크기는 직경 3cm × 길이 4.5cm의 둥근 모양으로 만드시오.
2) 완성된 준치만두 수량은 8개 이상을 제출하고 초간장을 곁들여 내시오.

마. 주악병

1) 주악은 삼색(노랑색 · 분홍색 · 초록색)물을 들여서 만드시오.
2) 주악소는 깨소와 대추 다진 것을 사용하여 주악을 9개 이상 제출하시오.

참고 문헌

- 강인회 · 김경복, "한국식생활풍속", 신성인쇄, 1984.
- 강인희, "한국식생활사", 삼영사, 1979.
- "한국의 맛", 대한교과서주식회사, 2000.
- "한국인의 보양식", 대한교과서주식회사, 2000.
- 김매순, "열양세시기(洌陽歲時記)", 1819.
- 김유, "수운잡방(需雲雜方)", 1530.
- 김태홍, "견육요리(犬肉料理)의 연구(Ⅰ) 문헌고찰", 한국식문화학회지 4(4), 1989.
- 김태홍, "우리나라 양육조리법의 역사적 고찰", 식생활문화학회지 9(1) 23~42p, 1994.
- 방신영, "만가필비", 朝鮮料理製法, 1917.
- 방신영, "主婦의동무", 朝鮮料理製法, 1938.
- 방신영, "우리나라 음식 만드는 법", 1954.
- "현풍 곽씨 언간", 백두현 역, 태학사, 2003.
- 복혜자, "박사학위논문 9p", 고려대학교, 2007.
- 복혜자 · 이귀주 · 송주은, "약선음식 개발을 위한 전통식품재료와 한의학 이론의 적용방향에 관한 연구", 동아시아식생활학회, 15(3) 346~356p, 2005.
- 빙허각 이씨, "술방문", 고대규합총서, 1815.
- "규합총서(閨閤叢書)", 1815.
- "부인필지(婦人必知)", 1915.
- 샤를바라(Charles Varat), "조선기행(성귀수 옮김)", 눈빛, 2006.
- 서유구, "임원십육지(林園十六志)"1840, 규장각본.
- 선사생활관, "한국생활사박물관1", 사계절, 2006.
- 선사생활관, "한국생활사박물관2", 사계절, 2006.
- 성현, "용재총화", 1500.
- 송찬섭 · 홍순권, "한국사의 이해", 한국방송통신대학교출판부, 2006.
- 수원시 역주, "원행을묘정리의궤(園行乙卯整理儀軌)", 2005.
- 안덕균, "한국본초도감(韓國本草圖鑑)", 교문사, 2003.
- 안동장씨, "음식디미방", 경북대학교, 2003.

- 오휘문, "쇄미록(상하)", 이민수 역, 1990.
- 유득공, "경도잡지(京都雜志)", 1800.
- 유중림, 원숙자 옮김, "증보산림경제(增補山林經濟)", 지구문화사, 2013.
- 유희춘, "미암일기(眉巖日記)"(1권~5권), 담양향토문화연구회, 1992.
- 윤서석, "식생활문화의 역사", 신광출판사, 2001.
- 윤서석·조후종, "조선시대 후기 음식법의 해설 Ⅰ", 한국식문화학회지 8(1), 1993.
- 윤서석·조후종, "조선시대 후기 음식법의 해설 Ⅱ", 한국식문화학회지 8(2), 159~165p, 1993.
- 윤서석·조후종, "조선시대 후기 음식법의 해설 Ⅲ", 한국식문화학회지 8(3), 301~308p, 1993.
- 윤서석, "벼 잡곡 참깨 전파의길," 신광출판사, 2000.
- 윤숙자, "한국의 떡·한과·음청류", 지구문화사, 2016.
- 윤숙자, "한국의 시절음식", 지구문화사, 2015.
- 윤숙자, "한국의 혼례음식", 지구문화사, 2014.
- 윤숙자, "왕실의 식사요법", 지구문화사, 2015.
- 이귀주, "서울의 전통 일상음식 연구", 비교민속학 20호 233~250p, 2001.
- "서울의 전통 의례음식 연구 민속학(9)" 7~32p, 국립민속 박물관, 2001.
- 이석만, "간편 조선 요리제법", 1934.
- "신영양 요리법(新榮養料理法)", 1935.
- 이석호, "조선세시기(朝鮮歲時記)", 1991.
- 이성우, "고려 이전의 한국 식생활사 연구", 향문사, 1978.
- "동아시아 속의 한국 면류사고", 동아시아식생활학회지 2(2) 181~200p, 1992.
- "조선기의 궁중음식건기에 관한 고찰", 한국식문화학회지 3(1), 1988.
- "조선시대 조리서의 분석적 연구", 한국정신문화연구원, 1982.
- "한국식경대전(韓國食經大典)", 향문사, 1998.
- "한국요리문화사", 교문사, 1999.
- 이순신, "난중일기(亂中日記)".
- 이용기, "조선무쌍신식요리제법(朝鮮無雙新式料理製法)", 1920.
- 이제마, "동의수세보원", 이민수 역, 을유문화사, 2002.
- 이춘녕, "한국 농학사", 민음사, 1989.
- 이해준 외 5인, "전통사회와 생활문화", 한국방송통신대학교출판부, 2006.
- 이효지 외, "시의전서", 신광출판사, 2003.

- 임양순, “우리나라절식에 관한연구”, 식생활문화학회지 1(4), 361~370 p, 1986.
- 장지현, “한국전래 대두이용 음식의 조리가공사적 연구”, 수학사. 1994.
- “한국전래 면음식사 연구(韓國傳來 麵類飮食史硏究)”, 수학사, 2004.
- 전순의, “산가요록(山家要錄)”, 1450, 농촌진흥청, 2003.
- “식료찬요(食療纂要)”, 1460, 농촌진흥청, 2004.
- 정연식, “조선시대의 끼니”, 한국사연구회 112호, 2001. 3.
- 정연식, “조선후기 주식에 관한 시론”, 인문논총 4호 322~346p, 서울여자대학교, 1997.12.
- 조자호, “조선요리법(朝鮮料理法)”, 1938.
- 주영하, “그림속의 음식·음식속의 역사”, 사계절, 2005.
- 작자미상, “증보구황촬요”.
- 작자미상, “술 만드는 법”, 1700년대.
- 작자미상, “술 빚는 법”, 1880.
- 작자미상, “시의전서(是議全書)”, 1854.
- 작자미상, “신간구황촬요(新刊救荒撮要)”, 1660.
- 작자미상, “연대규곤요람”, 1854.
- 작자미상, “요록(澆綠)”.
- 작자미상, “윤씨음식법”, 1854.
- 작자미상, “음식방문”, 1860.
- 작자미상, “음식보”, 1790.
- 작자미상, “이씨음식법”, 1890.
- 작자미상, “정일당잡식”, 1856.
- 작자미상, “주방(酒方)”, 1850.
- 작자미상, “주방문(酒方文)”.
- 작자미상, “흥부전(興夫傳)”, 1800년대말
- 최남선(1946), “조선상식문답”, 동명사, 64p 발췌.
- 최준식, “한국인에게 밥은 무엇인가”, 휴머니스트, 2004.
- 한글학회, “우리말 큰사전”, 옛말과 이두, 어문각, 1992.
- 한복진, “조선시대 궁중의 식생활문화,” 서울대학교출판부, 2006.
- “한국식품사연구”, 신광출판사, 1974.
- “한국음식에서 참깨와 참기름의 전통적 이용,” 동아시아식생활학회지 15(2) 137~151p, 20

05.
- "한국의 음식용어", 1991.
- "한국의 전통적 기능성 식품의 이용에 대한 역사적 고찰", 동아시아식식활학회지, 1991.
- "한국의 전통적 기능성 식품의 이용에 대한 역사적 고찰", 동아시아식생활학회지 6(9) 235 ~ 255p, 1996.
- 한용봉, "상용식물Ⅰ(성분과 생리활성)", 고려대학교 출판부, 2006.
- 한용봉, "상용식물Ⅱ(성분과 생리활성"), 고려대학교 출판부, 2006.
- "향약집성방".
- 허균, "도문대작(屠門大嚼)성소부고 제26권", 민족문화추진회번역, 2003.
- 허준, "동의보감(東醫寶鑑) 1~5권", 푸른사상, 1611
- 홍만선, "신림경제(山林經濟)", 1718.
- 홍석모, "동국세시기(東國歲時記)", 1849.
- 황해성, "궁중음식, 궁중음식연구원", 2001.
- 황해성, "한국의 전통음식", 교문사, 2003.
- 황호관, "한의학에 있어서 소갈병(당뇨병)에 대한 식이요법의 고찰", 식생활문화학회지 1(4) 311~320p, 1986.

고급 한국요리

2018년 1월 5일 초판 인쇄
2018년 1월 10일 초판 발행

저 자 복혜자 · 정순영 · 정정희 · 김경애 · 전혜경
곽정순 · 권귀숙 · 한순임 · 최성웅 · 정문영

발행인 주 병 오

발행처 ㈜지구문화
JIGU CULTURE Co.Ltd

경기도 파주시 회동길 209(문발동)
파주출판문화도시

영업팀 (031) 955－7566 · 7577
편집팀 (031) 955－7731
FAX (031) 955－7730
홈페이지 www.ji-gu.co.kr
전자우편 jigupub@hanmail.net
등록번호 1979년 7월 13일 제 9－57호

ISBN 978－89－7006－835－0 값 28,000원

집필자 소개

복혜자

- 고려대학교 석사, 이학박사
- 원광 디지털 웰빙 문화대학원 자연건강학 석사 부전공
- 한식조리기능장, 약선음식 약용식물관리사자격
- 조리기능장 실기감독,
  "한국전통음식전시경연 대통령상"
- 경동대, 고려대, 세종대, 교통대, 경기대 강사
- 한국의 음식문화와 스토리텔링 연구, 다수 저서출간
- 한방병원 암환자 면역 치료식 연구 및 메뉴개발 쉐프

정순영

- 숙명여자대학교 식품영양학과, 이학박사
- 연세대학교 기능성 식품영양전공, 이학석사
- 한식조리기능장 / 영양사
- 조리기능장 조리산업기사 실기 감독위원
- WACS 요리대회 금상 수상
- 광운대학교 경영대학원 외식프렌차이즈과 외래교수
- 장안대학교 식품영양학과 교수

정정희

- 경희대학교 조리외식경영학 박사
- THE CULINARY INSTITUTE OF AMERICA
  (미국 요리학교)
- CAFA FORMATIONS(프랑스와인학교)
- 한식조리기능장, 김치명인, COFFEE MASTER
- 한식스타쉐프, 음식평론전문가, 외식경영관리사
- 연성대학교호텔조리과 호텔외식경영전공 교수

김경애

- 동의대학교 외식경영 석사
- 한식조리기능장, 영양사
- 한국조리사회 부산시 부회장, 조리실기 감독위원
- 창원문성대학 호텔외식조리과 겸임교수
- 부산 여성회관 조리과 강사

전혜경

- 동의대학교 외식산업경영학 박사
- 국가공인 한식조리기능장, 조리산업기사,
  조리기능장 실기감독위원, WSCS요리대회 심사위원
- 부산여대 호텔외식조리학과 겸임교수
  가야대외래교수
- 동래요리학원 원장
- 동의대학교 외식산업경역학과 겸임교수

곽정순

- 동아대학교 식품영양학과 이학석사/박사
- 한식조리기능장
- 조리기능장, 조리기능사 감독위원
- 대동대학교 외식조리학과 겸임교수
- 순이네곱창 대표
- 부산여자대학교 외식조리학과 겸임교수

권귀숙

- 광운대 대학원 외식컨설팅 석사
- 한식조리기능장, 조리산업기사, 기능사
- (사)세계 한식문화 관광협회 의사
- 명인명품김치협회 부회장, 명인명품김치 대표
- 종로요리학원 원장

한순임

- 경성대학교 일반대학원 외식경영학과 석사
- 대한민국 국제요리경연대회 전시부문 금상
- 2012중국상하이국제요리경연대회 스페샬 금상
- 2013중국상하이국제요리경연대회 라이브 은상
- (사)한국음식관광협회 경남지회 김해 · 양산 지부장

최성웅

- 경기대학교 관광학박사
- 한식조리기능장, 조리기능장 실기감독
- 호원대학교 호텔조리과 산업체위탁 책임교수
- 소상공인 비법전수 컨설턴트
- 신안산대학교 호텔조리과 교수

정문영

- 대한민국 한식조리기능장
- 세계 국제요리 경연대회 대통령상 수상
- 전국 라이브요리 경연대회 금상 수상
- 안산시 시장 표창
- 사조회 참치 안산고잔점 대표